追赶型工业战略的比较政治经济学

Comparative Political Economy of Catching-up Strategies

宋磊 著

北京大学出版社
PEKING UNIVERSITY PRESS

图书在版编目(CIP)数据

追赶型工业战略的比较政治经济学/宋磊著.—北京:北京大学出版社,2016.3
ISBN 978-7-301-26958-9

Ⅰ.①追… Ⅱ.①宋… Ⅲ.①工业经济—经济发展战略—研究—中国
Ⅳ.①F420

中国版本图书馆CIP数据核字(2016)第040321号

书　　名 追赶型工业战略的比较政治经济学
ZHUIGANXING GONGYE ZHANLUE DE BIJIAO ZHENGZHIJINGJIXUE
著作责任者 宋　磊　著
责任编辑 刘　京
标准书号 ISBN 978-7-301-26958-9
出版发行 北京大学出版社
地　　址 北京市海淀区成府路205号　100871
网　　址 http://www.pup.cn
电子信箱 em@pup.cn　　QQ:552063295
新浪微博 @北京大学出版社　@北京大学出版社经管图书
电　　话 邮购部62752015　发行部62750672　编辑部62752926
印 刷 者 北京大学印刷厂
经 销 者 新华书店
730毫米×1020毫米　16开本　15.75印张　215千字
2016年3月第1版　2016年3月第1次印刷
定　　价 48.00元

只有管理者,而非自然、经济法,或者政府,能够使资源变得有效。

彼得·F.德鲁克

(转引自约翰逊,2010:i)

X效率确实存在、对于X效率的改进是产出增加的主要来源。一般而言,我们可以识别出改进X效率的三个主要因素。第一个是企业内部的动机效率,第二个是外部的动机效率,第三个是非市场投入的效率。

数据表明,在很多情况下,改进资源配置效率所带来的收益并不显著,而改进X效率所带来的收益则很明显。

哈维·莱宾斯坦(1966:406,413)

目　录 CONTENTS

第一篇　问题意识、理论框架、分析工具

第二篇　政策诱导租的分配与利益协调

第三篇　熊彼特租的实现与经济发展

第一篇

问题意识、理论框架、分析工具

制度安排上的细微变动可能加速经济成长。但是实现长期成长所需的深入而广泛的制度改革却需要时间来实施并发挥作用。由于这些制度革新并不是直接针对经济体系中的最紧急的制约或机会，在短时间内，这些制度改革未必是提高产出的最有效的方法。同时，这些制度更容易在经济成长而不是经济停滞的过程中实施。成功的成长战略应该由两种努力构成：一种是启动成长（投资）的短期战略，另一种是维持成长的中长期（制度革新）战略。

丹尼·罗德里克(2003：19)

通常的寻租模型只分析了寻租过程的一个侧面——寻租活动所消耗的社会资源。我们需要理解为什么寻租过程在不同的国家有不同的结果，正是这种结果上的差异导致了寻租活动的纯效果的差异。

穆斯塔克·H. 汗(2000：139)

第一章 | 问题意识

第一节 研究领域

一、产业政策实践和产业政策研究的兴衰

在经过长期的沉寂之后,产业政策重新进入政策制定者的视野,国内外学术界也再次密集地讨论这一充满争议的主题。[①] 在政策领域,当今世界的三大经济体在2006年之后开始集体关注产业政策。在美国,时隔二十余年之后,奥巴马政府重提“美国制造”(made in America)[②]的理念,倡导“再工业化战略”;在中国,经过激烈的争论之后,“自主创新”于2006年

① 关于产业政策,存在大量的定义。这些定义大体上可以分为两种类型。一种定义依据新古典经济学的分析框架,将产业政策理解为在市场机制发生障碍的情况下,政府对特定产业间的资源配置进行介入或对特定产业内部的竞争进行限制的政策(伊藤元重等,1988:8)。另一种定义则从演化经济学的逻辑出发,将产业政策理解为所有有关产业发展的政策,认为产业政策具有制度工程学(institutional engineering)的特征(Cimoli *et al.*, 2007:1—2)。笔者认为,第一种定义是为了在新古典经济学的分析框架下分析产业政策而做出的,实际上将不符合新古典经济学的学术立场的政策实践排除在产业政策之外。具体而言,这种定义实际上将政府对于产业发展的介入限定在市场失败的前提之下。但是,正如本书的相关章节所提及的那样,产业政策不但是一个经济学问题,而且是一个政治学现象。换言之,现实世界的政策实践并不一定以市场失败为前提。进一步地,对于特定产业而言,市场本身可能并不存在,政府必须担负创造市场的责任(Mazzucato,2013)。因此,本书对于产业政策采取第二种定义。

② 关于美国学术界在20世纪80年代后期围绕“美国制造”问题的讨论,请参考Dertouzos *et al.*(1989)和Johnson *et al.*(1989)。

前后正式成为经济政策的主轴之一,“中国制造 2025”也成为当下的政策主题;在日本,广受争议的安倍经济学的“第三支箭”实际上与产业振兴密不可分①。另外,发展中国家近年来也对产业政策再次表现出兴趣(OECD,2013)。

在国际学术界,赛默里、赖纳特和斯蒂格里茨等具有重要影响的理论家近年来再次集中地讨论产业政策问题(Cimoli *et al.*, 2007;赖纳特,2010; Stiglitz and Lin, 2013),我国学者贾根良、林毅夫等人也开始重新评估产业政策的必要性(贾根良,2011,2012;林毅夫,2014)。② 在学理上,重新关注产业政策的学者主要有两类:一类采取主流经济学的分析工具,但是对长期指导后进国家发展的华盛顿共识持批判态度;另一类则依据演化经济学和制度经济学的分析框架,试图重构推动后进国家发展的政治经济逻辑。在我国,前一类学者的代表是林毅夫,后一类学者的代表是贾根良。如果说第一类学者更多的是对主流经济学的分析框架和政策措施进行微调的话③,那么第二类学者则比较激进。由于与李斯特经济学具有直接的联系,后一类学者的研究逐渐汇聚为可以称为新李斯特主义的学术潮流。④

---

① 安倍经济学的另外两支箭分别是超级量化宽松的金融政策和灵活的财政政策。

② 顾昕近年来在《读书》发表的多篇关于产业政策的评论(顾昕,2013a,2013b,2013c)不但将这一研究领域的大量基础性文献介绍给国内学术界,而且在比较大的范围内引起了对于产业政策的关注。

③ 林毅夫认为,他倡导的新结构经济学与主流经济学的区别在于前者强调先进国家与后进国家存在结构性不同,后进国家的资本劳动比是动态变化的。在此基础上,他指出,后进国家政府应该致力于改善基础设施、对先驱企业的探索行为所产生的外部性进行补偿(林毅夫,2014: 16,19—20)。在产业政策方面,林毅夫认为,后进国家应该发展和本国具有类似的资源禀赋、人均收入稍高于本国的国家所成功地发展的产业(林毅夫,2014: 194—198)。就上述内容而言,新结构经济学的政策措施与主流经济学有所不同。这种不同主要源于新结构经济学对于基于比较优势的产业升级过程或动态比较优势给予了更多的关注。与林毅夫的早期研究(林毅夫等,1994)相比较,在新结构经济学的分析框架之下,企业自生能力(林毅夫、刘培林,2001)占有关键地位,而决定企业是否具有自生能力的是企业所进行的经济活动是否基本符合后进国家的动态比较优势。在这个意义上来说,新结构经济学是对主流经济学的政策措施的微调。

④ 新李斯特学派视野宽广,所讨论的问题超越了旧李斯特学派的范围,涉及了国内制度改革等问题,但是政府介入或产业政策仍然是其中心议题。关于中国学者倡导的新李斯特学派,可以参考《学习与探索》2014 年第 1 期和《教学与研究》2015 年第 3 期的相关专题。

面对上述变化，熟悉产业政策实践和产业政策研究史的学者大概难免会有河西河东之叹。发端于战后日本的产业政策实践和滥觞于以日本政府的介入为早期素材的发展型国家论的产业政策研究在 20 世纪 80 年代和 90 年代前期都曾经盛极一时（约翰逊，2010；Amsden，1989；Wade，1990；Chang，1994；Evans，1995）。但是，在 90 年代中期之后，随着亚洲金融危机的爆发，政府对于产业发展的介入所隐含的负面因素逐渐被认识，发展型国家似乎开始衰退（朱天飚，2005），发展型国家论也风光不再。

在产业政策重回聚光灯之下的今天，提及产业政策实践和产业政策研究的兴衰起伏的用意当然不是简单地否定进行中的产业政策实践和正在复兴的产业政策研究。但是，回顾产业政策在世界各国的复杂实践和产业政策研究中的长期争论显然具有重要的意义。实际上，在世界各国的产业政策实践之中，既有成功的经验，也有失败的教训；在长期的产业政策研究之中，若干重大的理论问题远远没有解决。因此，如果无法客观地把握世界各国的政策实践并从理论上厘清一些关键问题，那么新一轮产业政策热潮未必会产生预期的效果。对于美日而言，新一轮产业政策的成败所涉及的是本来已经非常强劲的企业竞争力能否得到持续提升的问题。但是，对于正处在经济结构调整和企业竞争力升级的关键期的中国而言，新一轮产业政策的成败或许将影响中国企业和中国经济的发展前景。

二、开拓型产业政策对追赶型产业政策：关于研究领域的界定(1)

产业政策是一个宽泛的研究主题。对于产业政策的类型的把握，可以从不同的角度进行。

如表 1-1 所示，从政府介入的方向和政府介入的性质两个角度出发，我们可以把产业政策区分为四种类型。发展型国家论的早期理论家曾经将美国和日本归纳为规制型国家和发展型国家(约翰逊，2010)。①② 需要注意的是，尽管介入的强度不同，但是所谓规制型国家和发展型国家实际上在全部四个领域都进行介入。比如，在2008年金融危机发生之后，无论规制型国家还是发展型国家都在表1-1中(b)、(d)两个领域进行了介入，对陷入危机的金融机构和陷入衰退的产业(企业)进行救助。另外，在表1-1中(a)领域维持竞争秩序，即制定反垄断法也是规制型国家和发展型国家常见的政策现象。③ 在上述意义上来说，简单的两分法难以体现政企关系的特征。实际上，发展型国家论的早期理论家所讨论的规制型国家和发展型国家的区别主要存在于表1-1中(c)领域。

表1-1　产业政策的类型学(1)：介入的方向和性质

		介入的方向	
		横向的(功能性的)	纵向的(战略性的)
介入的性质	主动	典型政策：维持竞争秩序的政策 (a)	典型政策：促进战略性产业发展的政策 (c)
	被动	典型政策：修复或改变竞争秩序的政策 (b)	典型政策：衰退产业援助政策 (d)

资料来源：根据宋磊(2013：233)改写。

在相当长的时期内，学术界倾向于将美日两国政府在表1-1中(c)领域的区别理解为美国政府很少针对战略性产业制定和执行产业政策，而日本政府则积极地针对战略性产业推行产业政策。然而，近期的研究表明，这种认识没有反映美国政企关系的本质。实际上，美国政府同样在表1-1

① 正如一些学者指出的那样，所谓规制型国家和发展型国家并非全然对立，美国与日本都存在规制型国家和发展型国家的要素。因此，这样的分类并不清晰。

② 一般来说，英国的经济体制被认为接近美国。但是英国也推行产业政策(Coates，1996)。

③ 关于表1-1中(a)、(b)、(d)领域中的政府介入，参见韦登鲍姆(2006)。

中(c)领域内制定和执行产业政策。比如,美国政府不但对于半导体、制药、纳米技术投入了大量的资金,而且影响了这些产业的商业模式,被认为代表了美国企业的创新能力的苹果公司的兴起也和美国政府直接或间接的介入密切相关(Mazzucato, 2013)。[①]

在笔者看来,将战略性产业区分为成熟产业和新兴产业有助于我们理解美日产业政策的本质区别。成熟产业和新兴产业的特征可以借助厄特拜克关于创新的经典定义来理解。厄特拜克认为,不同于进行发明或试制样品,所谓创新是技术的实际采用或首次应用(Utterback, 1974: 621)。[②]依据这一定义,所谓成熟产业指已经在国际市场上获得了发展的产业,而所谓新兴产业指尚未在国际市场上获得充分发展的产业。

借助上述区分,我们可以发现,在获得世界经济霸主地位之后,尽管美国政府也针对成熟产业制定产业政策,但是,美国政府的产业政策的重点在于促进新兴产业的发展。在这个意义上来说,美国产业政策的重点是开拓型产业政策。相对地,尽管在20世纪90年代达到国际技术前沿之后,日本政府也开始重视新兴产业,但是在从战后恢复到90年代初期,日本产业政策的重点主要指向成熟产业。在这个意义上来说,在90年代初期之前,日本产业政策的重点是追赶型产业政策。进而言之,尽管中国等发展中国家也在推动开拓型产业政策,但是与90年代之前的日本一样,这些发展中国家的产业政策的主体是针对成熟产业的政策,即追赶型产业政策。

对于发展中国家而言,促进新兴产业的发展,即推行本书所说的开拓型产业政策当然具有重要意义,但是在成熟产业之中实现赶超,即执行本书所说的追赶型产业政策显然是更为现实的问题。与上述认识相关,笔者将本书的研究对象限定在表1-2中的(b)领域,主要对日本和中国的追赶

---

① 将后进国家和先进国家的产业政策纳入统一的分析框架具有重要的意义。受篇幅限制,本书集中讨论后进国家的产业政策问题。关于美国产业政策,特别是美国的开拓型产业政策的详细讨论,参见Block(2008)、Lazonick(2012)和Mazzucato(2013)。

② 弗里曼和苏特也有类似的定义。在他们看来,创新指在经济中采用和推广经过改进的产品和工艺(弗里曼、苏特,2004: 4)。

型产业政策进行比较分析。①

表 1-2　产业政策的类型学(2):目标产业和介入的主体

		目标产业	
		成熟产业	新兴产业
介入的主体	发达国家	典型政策:美国的“制造业回归”战略;安倍经济学的第三支箭 (a)	开拓型产业政策类型一 典型政策:美国的高科技产业政策;20 世纪 90 年代之后日本的高科技产业政策 (c)
	发展中国家	典型政策:高度成长期的日本的产业政策;20 世纪 80 年代以来针对成熟产业的中国产业政策 (b)	开拓型产业政策类型二 典型政策:21 世纪的中国高科技产业政策 (d)

三、日本的追赶型产业政策对中国的追赶型产业政策:关于研究领域的界定(2)

本书酝酿于 20 世纪 90 年代末产业政策研究的低潮期,完成于 21 世纪产业政策的重新兴起期。写作时间的跨度在一定程度上塑造了笔者观察产业政策的一个视角,即重视时间维度的影响。借用惠特克的用语,时间维度具有时间(time)和时机(timing)两层含义。这里所说的时间是一种历史演进的刻画尺度,而所谓时机则指历史演进中的关键时刻(Whittaker *et al.*, 2015)。中日两国的追赶型产业政策是 20 世纪后半期之后发展中国家在产业政策领域的两次典型尝试。如果说这种时间上的连续性意味

① 关于追赶型产业政策和开拓型产业政策的区别,可以从两种政策所处理的不确定性问题的性质来理解。在理论上,两种政策都需要处理产业发展的不确定性问题。由于具有参照系,所以追赶型产业政策所处理的不确定性实际上是结构化的不确定性,问题的本质是如何创造性地模仿先进国家政府和企业的实践。但是,由于缺乏参照系,开拓型产业政策所处理的不确定性是纳特意义上的不确定性(Knightian uncertainty)。

着两国的产业政策具有可比性的话，那么，两国的追赶型产业政策启动时期的差异则在相当程度上规定了两者的差异，是关于两国追赶型产业政策的比较分析的重点。[①]

20 世纪后半期以来，世界经济体系中最为重要的变化当属东亚经济体的连续崛起。在这种崛起过程之中，20 世纪 50 年代至 90 年代初期的日本的发展和 80 年代之后中国的发展都具有关键影响。更为重要的是，在中日两国的发展过程中，追赶型产业政策都占有重要的位置。在这个意义上来说，中日两国的追赶型产业政策是发展中大国面对同样问题所做出的类似回应。[②] 但是，对于本书而言，时间维度的意义并不仅限于此。

中日两国的追赶型产业政策出现在不同的国际政治经济背景、国际技术-生产体制之下，而后者对于前者的性质和效果具有重要的影响。换言之，中日两国的追赶型产业政策具有不同的形成时机，而这种时机在相当程度上决定了两国追赶型产业政策的应然形态。一些学者指出了时代背景对于中日两国的经济发展和产业政策的影响。在这些学者之中，有的重视主流经济意识形态的变迁（高柏，2006），有的强调发展模式的变化（Whittaker, *et al.*, 2010）。本书试图在这些研究的基础之上，发展能够更为细致、准确、全面地反映中日两国追赶型工业战略的异同的理论视角。

四、产业政策对工业战略：关于研究领域的界定（3）

本书的主体部分同时使用工业战略和产业政策两个术语。做出这一选择的原因与笔者对于产业政策的政策主体和产业政策的政策过程的本质的理解有关。

一般而言，产业政策往往被视为一个主要由政府主导的资源配置过程。在这种视角之下，政府是唯一的政策主体。同时，尽管这种视角强调

---

① 无疑，两国的国内制度环境存在明显的不同，而这种不同当然是关于两国产业政策的比较分析的组成部分。但是，这样的视角显然过于直观。本书试图从这些显而易见的视角出发，构筑更为广阔的分析框架。

② 严格地说，在英国（或英国和法国）之后实现经济发展的国家都曾经是或仍然是发展中国家。因此，建国初期的美国和 20 世纪 70 年代之前的日本都曾经是发展中国家。

政府和企业的互动，但是这种互动实际上被认为主要发生在配置资源的过程之中。

在产业政策的政策主体和产业政策的政策过程的本质两个问题上，本书分别倡导双主体说和两阶段说。所谓双主体说指政府和企业共同构成产业政策的政策主体，而所谓两阶段说指产业政策的政策过程由政府配置政策资源的阶段和企业运用政策资源的阶段组成。很明显，双主体说和两阶段说具有亲和性。[①][②]

在双主体说和两阶段说的视角之下，产业政策的政策过程具有分别由政府和企业主导的两个阶段。由于关于产业政策的现有研究基本上排除了企业主导的阶段，所以，在笔者看来，已经约定俗成的产业政策一词无法完整而准确地表现产业政策的政策过程，本书采用工业战略——政府主导的产业政策和企业主导的企业战略的综合体——的原因即在于此。

总的来说，本书试图从政府主导的政策资源配置和企业控制的政策资源运用两个角度出发，在构筑一个关于产业层面的政企互动的一般性的分析框架的基础上，对日本和中国的追赶型工业战略进行比较分析。对产业政策的政策主体和政策过程的本质的认识方式决定了本书将同时采用政治经济学[③]和管理学的研究方法：对主要由政府主导的政策资源分配过程的重视，意味着本书的分析方法是政治经济学的；对主要由企业控制的政策资源的运用过程的强调，意味着本书的分析方法含有管理学的成分。在

---

① 如下文所述，冈泽宏（1984）认为企业参与了政策制定过程，所以产业政策研究应该将企业纳入分析框架。这种认识可以称为双主体说的早期形态。笔者倡导的双主体说与冈泽宏的研究的共同点在于同时关注政府和企业，区别则在于笔者将企业运用政策资源的过程视为产业政策过程的一个组成部分。

② 正如本书第一篇的题记所表明的那样，罗德里克注意到产业政策的阶段性问题。尽管他主要是从政府如何进行制度建设的角度指出成长战略或产业政策应该被视为一个由两阶段的努力构成的过程，并没有直接将第二阶段的实质理解为企业通过生产活动将政府提供的资源转化为企业能力或竞争力，但是这一认识对于笔者倡导的两阶段说具有重要的启发。

③ 在中国学术界，政治经济学往往指作为理论经济学的马克思主义经济学。但是，在国际学术界，除作为理论经济学的马克思主义经济学之外，政治经济学也指关于政企互动和政治经济体系的研究（朱天飚，2006）。本书在上述两个意义上使用政治经济学这一术语。

笔者的阅读范围之内,本领域的先行研究尚未明确地提出这样的研究方法。本书第二章的第二节将详细讨论这一问题。

第二节 问题意识

本书的研究问题源于两个相互关联的、与上文提出的产业政策的双主体说和两阶段说相对应的问题意识。

第一个问题意识与政府介入的所得分配效果有关。政府在产业层面的介入是一个典型的政治经济学现象。由于后进国家一般面临资金紧缺的约束条件,所以政府对于资源配置的介入的本质是将有限资源导向特定的产业或企业。很明显,在资金紧缺的背景下,这种介入具有所得分配效果。因此,这种介入必然在直接和间接的利益相关者之间引发矛盾。①

正如著名经济学家、产业政策的早期研究者之一小宫隆太郎所指出的那样,在后进国家,政府支持的产业或企业所获得的资源实际上是另外的产业或企业的负担(小宫隆太郎,1975:321)。如果政府介入以保护特定产业的形式出现,那么不同产业的收益也将有所不同(速水佑次郎、神门善久,2009:215)。在这种情况下,必然出现围绕政府介入的“公正问题”。产业界和社会、产业界和消费者、大型企业与中小企业、企业从业员与股东(小宫隆太郎,1975:324—327)、资本家与劳动者、作为资金提供者的家庭和作为资金使用者的企业之间的矛盾(速水佑次郎、神门善久,2009:216,217,229)即是这种问题的典型反映。②

理论上,上述矛盾大多围绕政策资源展开。在很多场合,这些矛盾以寻租成本的形式表现出来。如果这种矛盾不能被有效地化解、这种寻租成本不能被有效地抑制,那么政府介入的效果将大打折扣,在一些情况下,政

① 在原则上,无论发达国家还是发展中国家,上述逻辑当然都是成立的。但是,由于发展中国家的经济资源尤为紧缺,所以这一问题在发展中国家表现得尤为明显。

② 高柏曾经在讨论后进国家的生产主义倾向的时候提及生产者和消费者之间的矛盾(高柏,2008:35—36)。但是,他并没有涉及产业政策的所得分配效果。

府介入这一行为本身甚至无法完成。①②

但是,尽管在逻辑上政府介入所具有的所得分配效果必然引起利益冲突,但是在不同的国家,这种冲突的程度明显不同。在日本,围绕政府介入所出现的利益集团之间的冲突基本上被抑制,寻租成本的规模也比较小(速水佑次郎、神门善久,2009:220,233;World Bank, 1993:167—180)。相反,在其他国家,比如中国,围绕政府介入所出现的利益集团之间的冲突则比较明显,寻租成本的规模也比较高(万安培,1995)。在其他发展中国家,寻租成本的规模更高(Kruger, 1974)。**本书的第一个问题意识即和上述问题有关:既然以产业政策为代表的政府介入必然引起利益冲突和寻租成本,那么为什么在同样实施追赶型产业政策的国家,利益冲突的程度和寻租成本的规模有所不同?**在这样的视角之下,政府自然是分析的主要对象,但是政府和其他经济主体之间的关系也值得关注。

第二个问题意识与政府介入的效果有关。在观察产业政策的实践时,我们发现,不但不同国家的政策收益不同,而且同一国家针对不同产业的产业政策的政策收益也有所不同。

首先,尽管产业政策广泛地存在于不同国家的政策实践之中(Ohno, 2014),但是这种政策的收益在不同国家是不同的。一般而言,日本、韩国和中国台湾地区等东亚经济体的产业政策被认为具有正面效果或者没有阻碍经济发展(World Bank, 1993; Aoki, *et al.*, 1996),但是,其他发展中经济体所推行的产业政策往往被认为没有取得明显的效果或者阻碍了经济发展。

其次,即使在同一个经济体内部,政府介入对不同产业所产生的影响也有所不同。具体而言,正如产业政策的反对者所反复指出的那样,在日

① 鹤田俊正(1980)指出,长期来看,政府在推行产业政策的过程中,必须在效率基准和公正基准之间保持平衡。

② 关于产业政策的所得分配效果的讨论并不充分。比如,关于日本的产业政策的所得分配效果,直到近年来才有学者进行比较深入的分析(秋场胜彦、中川浩宣,2013);关于中国的产业政策的所得分配效果,在笔者的阅读范围之内,江小涓提及了这一问题,但是并没有展开分析(江小涓,1996)。

本,一些受到支持的产业似乎并没有实现明显的发展,而没有受到支持的产业,比如消费者电子产业则发展为具有国际竞争力的产业(Beason and Weinstein, 1996; Porter *et al.* , 2000)。[①] 进一步地,在同样成为政策支持对象的产业内部,不同产业的发展水平也有所不同。更为重要的是,这些产业的发展水平和政府提供的政策资源的规模之间并不总是存在明显的对应关系。

最后,在受到政府支持的特定产业,不同类型的企业能力的发展也有区别。比如,如果将企业能力区分为生产能力和技术能力,我们可以发现,在一些国家,受到政府支持的特定产业的企业的生产能力和技术能力与政府介入之间的关系明显不同:生产能力和政府介入之间的关系是比较明确的,技术能力和政府介入之间的关系则不是确定的。

本书的第二个研究问题即来自上述现象:为什么类似的政策措施在不同国家的效果不同?在同一个国家内部,为什么类似的政策资源在不同的产业所产生的效果并不相同?进一步地,即使在同一个国家的同一个产业之中,为什么政策资源对于不同企业的能力以及同一企业的不同类型的能力的影响并不相同?在这样的视角之下,政府之外的制度环境、其他经济主体在政策过程之中的地位以及产业的技术特征对于政策效果的影响开始浮现出来。[②]

上述两个研究问题实际上涉及追赶型工业战略研究中的两个关键问题:政策的主体问题和政策的阶段性问题。尽管在20世纪80年代即有学者对于前者进行了正面论述,但是却没有受到应有的重视;而后者在近年来才开始进入学界的视野。

---

① 受到政策支持的产业是否实现了明显的发展是一个非常关键的问题。关于这一问题,参见本书的第三篇。

② 在笔者的阅读范围之内,齐斯曼在关于法国电子产业政策的研究中提出的问题和本书的第二个研究问题最为接近。齐斯曼指出,尽管法国政府针对不同产业推出了相似的产业政策,但是这些政策在某些产业中成功,在另外一些产业中失败。针对这一现象,齐斯曼将企业战略和政府战略之间的紧张关系视为主要解释变量(Zysman, 1977)。本书试图通过在产品建构理论的分析框架之下将企业战略和政府战略联系在一起的方式来回应齐斯曼的研究。

所谓政策的主体问题可以从政策的制定主体和执行主体两个角度进行把握。

冈泽宏在整理相关先行研究(Tinbergen, 1956: 33—34)的基础上,指出在中央政府之外,地方政府、行会等商业团体、工会和企业等也可以构成政策的主体。在此基础上,他将政府称为狭义的政策主体,将其他经济主体称为广义的政策主体(冈泽宏,1984: 60—61)。但是这种将企业也视为政策主体的研究强调的是企业参与政策的制定(冈泽宏,1984: 75),而不是从政策过程由政策制定和政策执行两个阶段构成,企业不但是政策制定过程而且是政策执行阶段的主体之一的角度来把握企业的地位。

罗德里克在论及成长战略的时候指出,启动成长和维持成长的可能是不同的企业(Rodrik, 2003)。这一观点包含两重意义:第一,成长战略可以区分为不同的阶段;第二,在不同的阶段存在不同的战略主体。这两重含义在以下论述中体现得更为清楚。

> 关于产业政策的正确模式不是一个自动地实施庇古税或提供补助金的政府,而是公私部门之间以发现阻碍经济重建的最重要的障碍之所在以及发现清除这些障碍的最好方法为目的的战略合作。因此,产业政策分析的焦点不应该是事前不可预知的政策结果,而应该是如何设计正确的政策过程。在这样的政策过程之中,公私部门一起解决生产领域的问题,了解双方面临的机会和制约,而不是讨论具体的政策工具和支持对象。
>
> 因此,关于产业政策的正确认识是将其视为一个企业与政府一起发现成本和机会并进行战略合作的过程。在我们采取这样的视角的时候,关于产业政策的通常的论点都失去了说服力。
>
> Dani Rodrik (2004: 5)

很明显,笔者提出的两个研究问题与罗德里克对工业战略的两个阶段的区分和冈泽宏等人对政策主体的讨论有内在的联系。首先,第一个研究问题所涉及的寻租成本发生在罗德里克所说的工业战略的启动阶段,这一问题主要与政策资源的配置有关;第二个研究问题所涉及的产业政策在不同产业中的效果的差异性则主要发生在罗德里克所说的工业战略的持续阶段,这一问题主要与政策资源的运用有关。类似地,第一个研究问题所涉及的政策主体主要是政府,相对而言,第二个研究问题所涉及的政策主体主要是企业。本书的两个研究问题与罗德里克和冈泽宏等人的分析视角的关系体现在表 1-3 之中。

表 1-3 本书的研究问题

<table>
<tr><td colspan="2" rowspan="2"></td><td colspan="2">政策的不同阶段</td></tr>
<tr><td>资源的配置</td><td>资源的运用</td></tr>
<tr><td rowspan="2">主要的政策主体</td><td>政府</td><td>工业战略的第一阶段
研究问题一:
为什么不同国家推行
追赶型工业战略所引发的
寻租成本有明显的不同
(a)</td><td>(c)</td></tr>
<tr><td>企业</td><td>(b)</td><td>工业战略的第二阶段
研究问题二:
为什么工业战略在不同
产业中的效果有明显的差别
(d)</td></tr>
</table>

本书的问题意识和研究问题对本书的研究思路具有明显的影响。实际上,表 1-3 反映的就是将两个研究问题统一在一个理论框架之下的研究计划。这样的研究计划需要通过有效的理论框架和分析工具将政府主导的资源的配置与企业主导的资源的运用有机地结合在一起,本书的第二、三章将对这样的理论框架和分析工具进行归纳与介绍。

总的来说,选择日本和中国作为分析对象的原因主要有以下几点。第一,两国是 20 世纪后期至今东亚地区最为积极地推行产业政策的后进大国,政策历史较长,被认为是古典发展主义和新发展主义的代表(高柏,

2006)。第二,因为两国推行产业政策时期的国际分工体系和技术体制(technology regime)有所不同,所以对两国产业政策的政策实践进行比较有助于理解国际分工体系和技术体制对于产业政策的政策效果的影响。第三,因为两国的制度环境不同,所以对于两国产业政策的政策实践进行比较有助于理解制度环境对于产业政策的政策效果的影响。第四,两国的政策实践是在不同的生产组织方式之下展开的。因此,对于两国的政策实践进行比较,有助于将产业政策或工业战略研究还原为政治经济学的研究问题。

第三节　篇章结构

如图 1-1 所示,本书由四篇构成。第一篇涉及本书的问题意识、理论框架和分析工具。如上文所述,本书主要围绕两个问题意识(产业政策的所得分配效果,产业政策的政策效果的产业间差异),以及源自这样两个问题意识的两个研究问题(为什么在同样实施追赶型产业政策的国家,利益冲突的程度和寻租成本的规模有所不同,为什么不但不同国家的政策收益不同,而且同一国家针对不同产业的产业政策的政策收益也有所不同)而展开。为讨论这些问题,本书构筑了以两个理论要点——作为交易的政策过程论和生产主义的工业战略观——为核心的分析框架。这样的分析框架将工业战略的本质理解为政策诱导租和熊彼特租之间的转换,而决定这种租金转换的效率的是政府能力和企业能力以及政府能力和企业能力的动态结合。针对租金转换的效率或政府、企业的能力构筑,本书引入了交易成本理论、寻租理论和基于产品建构的企业竞争力分析。本书的第二篇回应本书的第一个研究问题,讨论政府分配政策诱导租并抑制寻租成本的能力。本书的第三篇回应第二个研究问题,讨论企业将政策诱导租转换为获取熊彼特租金的能力的过程。

不同国家的工业战略在不同的政治经济体系下展开,不同时代的工业战略具有不同的任务,工业战略研究应该反映这些问题并为解决这些问题

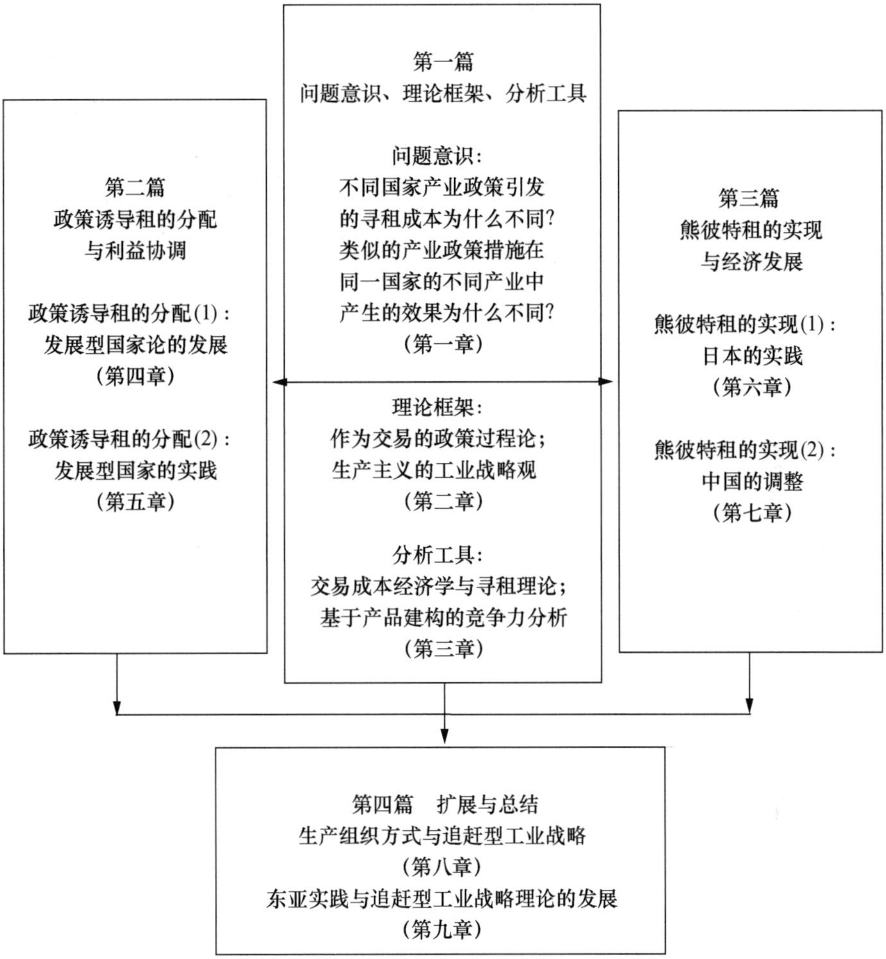

图 1-1　篇章结构

提供方向。本书的第四篇在对后发国家的追赶进程进行比较的基础上，从政治经济学的角度出发，明确当代后进国家在推行工业战略过程中需要解决的问题。

在本章的结尾部分，让我们再次解释一下为什么本书没有采用更为学术界所熟悉的“产业政策”而采用了较为生僻的“工业战略”。实际上，表 1-3 的一个意义即是对这一问题进行了比较形象的说明。不管如何定义，一般意义上的产业政策更多地指表 1-3 中(a)领域之中的政企关系，主要问题是政府如何将有限的资源分配给各个产业,而(d)领域之中的问题,即企业如何在生产过程中创造新资源和新价值则被认为主要是与企业战略有关的问题。但是,如果将产业政策的政策过程视为一个由政府和企业共同主导的横跨资源的配置与资源的生产的连续过程,那么这样的产业政策就涉及了传统意义上的产业政策和企业战略两个部分,本书将两者构成的整体称为工业战略。

第二章　理论框架

本书理论框架的要点有二。第一个要点是将产业政策的政策过程视为由政治交易和经济交易构成的交易过程,第二个要点是将生产过程置于产业政策研究的中心。第一个要点为第二个要点提供了基础。本章的前两节对于以上两个要点进行说明,第三节将这样两个要点连接起来。

第一节　理论框架(1):作为交易的政策过程论

(一) 交易与政策:康芒斯的分析框架

最早将交易引入经济分析的是旧制度学派的康芒斯(2009a,2009b)。康芒斯的研究不但构成了交易成本经济学的出发点,而且为理解产业政策的政策过程提供了基础。但是,在交易成本经济学和基于交易成本经济学的产业政策研究之中,康芒斯的分析框架都没有得到充分的发挥。本节在梳理康芒斯的分析框架的基础之上,批判性地继承基于交易成本经济学的产业政策研究的成果。

康芒斯认为,经济分析的基本单位应该包括利益冲突、相互依存和秩序三种成分。由于只有在交易之中上述成分才能被结合在一起,所以经济分析的基本单位应该是交易。进一步地,康芒斯将交易区分为交涉的交易、管理的交易和限额的交易，认为这些交易在职能上相互依存，共同构成经济活动（康芒斯，2009a：70—84）。

所谓交涉的交易是在法律和经济上平等的两个主体之间所进行的交易。这种交易和一般意义上的交换，比如发生在前资本主义时期的市场或集市上的交换是不同的：前者是法律上的所有权的转移，后者是移交对于商品或货币的控制权的劳动。

管理的交易和交涉的交易的区别体现在参加交易的经济主体的数量以及经济主体的关系两个方面。一般而言，参加交涉的交易的经济主体的数量不限于两个，双方的地位也是平等的。但是，参加管理的交易的经济主体的数量是两个，两者的地位也是不平等的。管理的交易的典型形态是工头和工人、管理者和被管理者之间的交易。[①] 如果说交涉的交易的目的在于交换使用价值或财富的话，那么管理的交易的目的则是生产财富。类似地，如果说主导交涉的交易的基本原则是稀缺性的话，那么主导管理的交易的基本原则则是效率。康芒斯以劳动为例，详细地说明了上述两种交易的区别：在签订合约之前，劳动者在法律上与雇主是平等的，两者之间的交易是交涉的交易；在进入企业之后，上下级关系开始出现，两者之间的交易是管理的交易。

在康芒斯那里，限额的交易比较复杂。

> 限额的交易和交涉的交易以及管理的交易不同，因为限额的交易是有权力的那几个参加者之间达成协议的谈判，这几个人有权力把联合企业的利益和负担分派给企业的各个成员。一种相近的例子是合伙组织关于分派一项合营事业未来的负担和利益的事情。比较明显一些的，是一个公司的理事会编制下年度公司预算的活动。颇为相似而且比较特殊的，是立法机关的委员分摊捐税或者同意一种保护税则的活动——在美国叫做“政党合作”。所谓集体谈判或者贸易协议，

---

① 康芒斯将州长和公民之间的交易也列为管理的交易（2009a：81）。需要注意的是，两者之间的这种交易应该理解为州长，即公共组织的管理者行使公共管理的权力的时候所进行的交易，与下文提及的、更多地与经济发展相关的限额的交易有所不同。

> 是一个雇主联合会和一个职工联合会之间,或者任何买方联合会和一个卖方联合会之间的一种限额的交易。专政以及一切像卡特尔那种控制产量的联合组织,是一系列限额的交易。……就这些情况来说,没有买卖,因为那就是贿赂,又没有管理,因为管理性的工作留给下级执行人员办理。这里只是有时候叫做“政策的体现”、有时候叫做“公道”的那种东西。可是这种东西,具体地变成经济的数量时,就是财富或购买力的限额配给,不是由人们认为平等的当事人自己决定,而是决定于一个在法律上地位比他们高的权威。
>
> 康芒斯(2009a:85—86)

接下来,康芒斯将限额区分为产量限额和价格限额。“苏俄以及许多卡特尔规定产量限制,可是苏俄在它的许多‘国营托拉斯’里,像邮局之类,也规定价格,而把数量留给个人去决定。广大的征税领域也是一种价格限制,把公共事业例如教育或公路的费用加在纳税人的身上,不让纳税人作任何讨价还价,也不管他从这种公共事业中得到什么个人的利益”(康芒斯,2009a: 86)。从上述引文可以看出,尽管限额的交易的内涵比较复杂,但是,政策显然是一种典型的限额的交易。

至此,我们可以将三种交易的特征归纳在表 2-1 之中。

表 2-1 旧制度学派关于交易的分类

	主体的关系	交易的原则	交易的目的	典型交易
交涉的交易	平等	稀缺性	交换财富	企业间的交易
管理的交易	管理者对被管理者	效率	生产财富	管理者和劳动者的交易
限额的交易	处于集团性优势地位者和劣势者	效率	组织生产活动	政策的制定和执行

资料来源:根据康芒斯(2009a)整理。

康芒斯的分析框架对于交易成本经济学和基于交易成本经济学的产业政策研究都具有重要意义。首先,康芒斯关于交易的分析既涉及了一般意义上的、即流通领域的交易活动,也涉及了生产活动中的交易,而忽视生产活动以及生产成本是交易成本经济学的一个重要问题。其次,康芒斯的分析隐含了政策是一种交易这一重要观点。在关注制度分析的经济学家中,只有密尔格洛姆和罗伯茨接续了康芒斯的上述两个重要的理论贡献(Milgrom and Roberts, 1990)。但是,他们的研究在交易成本经济学和基于交易成本经济学的产业政策研究之中都没有受到重视。于是,康芒斯的上述两个理论贡献被长期遗忘。

(二)基于交易成本经济学的产业政策研究

就相关程度而言,基于交易成本经济学的产业政策研究首推张夏准关于政府介入的交易成本的分析(Chang, 1994)。另外,尽管没有直接讨论产业政策问题,迪克希特倡导的交易成本的政治学对于产业政策研究也具有重要的参考价值(Dixit, 1996)。需要注意的是,张夏准和迪克希特的研究直接受到科斯和诺斯的相关研究的影响。因此,我们首先对后者进行简要的回顾。

制度或组织形态与交易成本之间的关系是交易成本经济学的中心课题之一。但是在交易成本经济学内部,关于这种关系存在以企业和政府为中心的两个研究方向。科斯在其经典论文之中同时涉及了上述两个研究方向。在指出科层组织或企业是抑制交易成本的有效机制的同时,他也意识到科层组织或企业不是唯一的抑制机制。科斯指出,"抑制交易成本的另一个手段是直接的政府规制""政府拥有可以保证以低于民间企业的成本开展事业的可能性的手段"(Coase, 1960: 15,18)。当然,尽管科斯注意到科层组织或企业和政府都可以抑制交易成本,但是他更为重视前者。

尽管科斯指出了政府可以抑制交易成本,但是这一研究方向没有成为交易成本经济学的主流。威廉姆森等交易成本经济学家将分析聚焦于特定制度环境之下企业治理机制和交易成本之间的关系等课题之上。① 需

① 威廉姆森曾经指出,交易成本经济学的中心课题是在参考交易成本和企业治理机制的基本结构的基础上分析经济组织的经济行为(Williamson and Manster, 1995: xv)。

要注意的是,威廉姆森等人的研究成为交易成本经济学的主流并不意味着科斯关于政府和交易成本之间的关系的研究完全没有受到重视。诺斯关于政府可以以设计制度环境的方式抑制交易成本、应该将交易成本经济学应用到政治过程的主张就是以科斯的相关论述为基础的(North, 1990, 1992)。

迪克希特和张夏准借鉴了诺斯的思路,试图将其应用到关于经济政策以及产业政策的分析之中。迪克希特运用博弈论,开创性地讨论了政策决定过程中的交易成本和政治(政策制定)过程的交易成本的事后抑制机制(ex post dispute-settlement mechanisms),构筑了交易成本政治学的分析框架。①

> 在经济学之中,交易成本被视为与企业内部组织、企业内部的非市场关系、影响市场运行的信息、协商、执行有关的成本。在政治关系之中,也存在影响政治结果的类似成本。……政治过程的一些侧面与结果起因于交易成本的存在以及当事者对于这些成本所采取的战略。
>
> Dixit(1996: 53)

迪克希特认为,经济政策的制定可以视为一种事实上的政治契约。这种契约的当事者是国民(个人或利益集团)、政治家集团和官僚机构,契约的核心是经济政策和国民的支持(选票)之间的交换。作为契约,经济政策的制定和执行必然存在交易成本。这里所说的交易成本,主要指利益集团抵制侵犯其利益的政策的行为所引发的社会成本。在衰退产业结成利益集团时,这种抵制尤为强烈。如果扶助弱者成为社会共识,那么衰退产业援助政策可以发挥缓解交易成本或推动妥协的作用。

正如迪克希特所指出的那样,尽管在产业组织论之中,关于交易成本的研究具有重要的影响,但是交易成本在宏观经济学之中并没有获得相应的重视。类似地,在中观层面的产业政策研究之中,交易成本也没有受到重视。不过,在张夏准的研究出现之后,这种局面有所改观。张夏准在对

---

① 关于交易成本政治学的进展,请参考诺斯等(2011)。

交易成本、组织和信息、技术演化和产业政策的关系等产业政策研究的几个新方向进行系统性的整理之后,提出了政府介入的新制度理论。在他的新制理论之中,交易成本具有重要的地位。[①]

一般而言,对于自由放任的经济原则的推崇限制了交易成本经济学的应用范围(Dugger, 1993)。张夏准的研究可以视为对于这种限制的超越。在他的分析框架之中存在两个要点:首先,包括产业政策在内的政府介入可以通过确立所有权体系、确保宏观经济的稳定性来降低民间部门的交易成本;其次,政府可以以更低的成本解决协调失败问题。[②③] 以上述认识为基础,张夏准从抑制寻租活动、收集信息、设计政府组织形态等角度分析了降低伴随政府介入而出现的交易成本的可能性。

在他看来,由于政府介入的成本在性质上与交易成本类似,所以可以运用交易成本经济学的方法来分析如何降低政府介入的成本(Chang, 1994: 48)。[④] 实际上,在张夏准的研究中存在两类交易成本:一类是可以通过政府介入来抑制的一般意义上的交易成本;另一类是伴随政府介入而出现的交易成本。前者与威廉姆森等人所分析的交易成本相一致,后者则是迪克希特所重视的经济政策的制定和执行所引起的交易成本。

对于本书的研究主题而言,迪克希特和张夏准的研究具有两重理论意义。第一,他们的研究间接或直接地将产业政策的政策过程视为交易。第二,他们的研究为理解如何抑制与产业政策相关的交易成本提供了一些具体的思路。但是,需要注意的是,他们的研究也存在两个问题。首先,在他们的研究之中,交易成本和生产成本没有被真正有效地联系起来,如何连

---

① 迪克希特和张夏准的研究的区别之一在于前者更重视与财政、金融政策相关的交易成本,后者主要关注与产业政策相关的交易成本。

② 这里所说的协调失败,既指一般意义上的协调失败,即市场机制没有实现最优的投资组合,也包括企业内部的X效率问题(Leibenstein, 1966)。

③ 张夏准的分析框架的第一个要点显然来自上文提及的科斯和诺斯的研究,而第二个要点具有一定的原创性。

④ 在同一时期,有研究者在博士学位论文中指出,稳定的制度环境有助于降低交易成本(Chan-oong, 1995: 39)。威廉姆森是该篇博士学位论文的审查委员之一。在这个意义上来说,主流的交易成本经济学家接受上述观点。

接交易活动和生产活动这一困扰交易成本经济学的关键问题没有有效地得到解决。其次,尽管他们的研究具有创意,但是体系化程度不高。①

(三) 回到康芒斯:作为交易的政策过程

借助迪克希特和张夏准的分析,产业政策的政策过程显然可以理解为交易。在康芒斯的分析框架之中,这种交易属于政府和企业之间的限额的交易。② 这种交易显然包括了利益冲突、相互依存和秩序三种成分:所谓利益冲突既包括源于不同产业或企业围绕政策资源所展开的竞争,也包括政府和企业之间关于管理权限的争夺;所谓相互依存指政府和企业中的任何一方都难以在对方进行抵制时实现政策意图或战略目标;所谓秩序既指政府分配政策资源时所制定的规则,也指企业获得政策资源之后在市场上与同业企业进行竞争时需要遵守的规则。

企业在获得政策资源之后必须通过生产和销售活动来实现政策目标。需要注意的是,企业在进行生产和销售活动时必然进行交涉的交易,而这样的活动是建立在企业内部的管理者和劳动者之间的管理的交易的基础上的。换言之,作为限额的交易的政策过程能否实现其目标,取决于企业所进行的企业之间的交涉的交易和企业内部的管理的交易的质量。

政府制定和实施产业政策的目的在于通过提供政策资源来推动特定产业或企业的发展。因此,在康芒斯的分析框架之下,我们可以获得一个关于产业政策的政策过程的本质的简洁的表述方式:产业政策的政策过程在本质上是限额的交易,这种交易的成败取决于企业所进行的交涉的交易和管理的交易的质量。在这样的视角之下,产业政策的政策过程通过交易

① 作为具有发展型国家论倾向的发展经济学家,张夏准对于交易成本经济学的运用是令人费解的。做出这种判断的主要原因在于,交易成本经济学在本质上具有主流经济学的特征,而主流经济学和发展型国家论之间存在冲突。因此,如果张夏准运用交易成本经济学来分析产业政策,那么合理的选择是援引康芒斯的分析框架。诚然,科斯等人关于政府可以抑制交易成本的论述对于产业政策研究具有重要意义。但是,科斯等人倡导的交易成本经济学明显地忽视了生产活动和生产成本的重要性。在这个问题上,康芒斯的经典研究具有解毒剂的作用。没有直接援用康芒斯的分析框架显然降低了张夏准的分析框架的理论价值。

② 在这样的交易之中,政府提供的政策资源的规模和价格都是限定的。

这一基础性的范畴的三种形态得以表现。限额的交易是政治交易,交涉的交易和管理的交易是经济交易。所以,产业政策的政策过程可以理解为由政治交易和经济交易构成的交易过程。同时,在这样的视角之下,由于分别存在于流通领域和生产领域的交涉的交易和管理的交易被紧密地联系在一起,所以,如何将交易成本和生产成本联系起来这一问题——制约交易成本经济学发展的关键问题之一——在一定程度上可以得到解决。[①]

图 2-1 是对作为交易的产业政策过程的形象化表达。

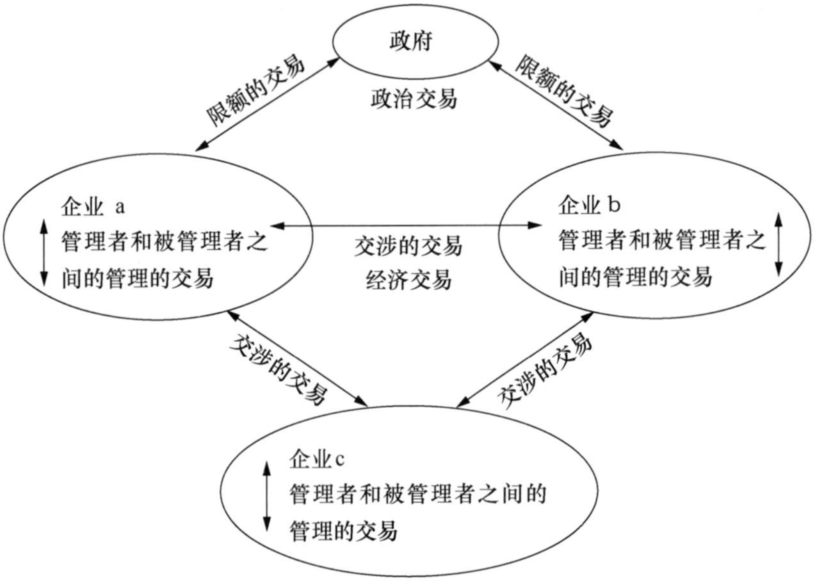

图 2-1 作为政治交易和经济交易的集合的产业政策

假设一个产业之中存在三个企业,政府依据设定的具体政策标准,从三个企业中选择企业 a 和企业 b 进行支持。政府向这样两个企业提供政策资源,推动企业获得竞争优势。但是,政策过程并不止步于政府提供政策资源,受到支持的企业必须在生产活动中积累企业能力。在本章的语境

① 产业政策既是一个政治学问题,也是一个经济学问题。如何将政治学意义上的产业政策研究和经济学意义上的产业政策研究进行融合是一个长期没有得到有效解决的问题。由于本书提出的分析框架将产业政策的政策过程视为限额的交易,而限额的交易具有政治交易的特色,同时这种限额的交易的成败取决于作为经济交易的交涉的交易和管理的交易的质量,所以上述问题也在一定程度上获得了解决。

之中,企业能力的积累只能通过受到支持的企业和其他企业所进行的交涉的交易(企业 a、企业 b、企业 c 之间的交易)与企业内部的管理的交易实现。

第二节 理论框架(2):生产主义的工业战略观[①]

长期以来,产业政策一直是后进国家发展战略领域的重要研究主题。但是,支持和反对产业政策的研究都没有取得压倒性胜利。一方面,尽管反对实施产业政策的研究在新古典经济学的理论框架之内是自洽的,但是这类研究难以否认产业政策曾经存在于成功地实现了追赶的东亚经济体的事实,也无法证明这些政策没有发挥任何正面作用;另一方面,尽管主张推进产业政策的研究依据东亚经济体的政策实践论述了后进国家实施产业政策的必要性,但是这种论述尚未上升到一般理论的层面。与上述现象相关,产业政策研究实际上长期处于僵持的状态,没有取得突破性进展。

如果说产业政策论争的正反两方都没有在理论和实践之间实现自如转换的话,那么在保持理论和实践之间的联系的前提下,提升理论分析的高度以及深化对于政策实践的理解就成为化解上述僵局的两种研究思路。

第一种思路是将产业政策的实践纳入主流经济学或演化经济学——反对或支持产业政策的研究的主要经济学依据——的分析框架,对产业政策实践进行更具说服力的理论说明。主流经济学家关于战略性贸易政策的研究(Krugman, 1986)和演化经济学家对于产业政策实践所进行的解释(Cimoli, *et al.*, 2007)大体上属于这种思路。但是,主流经济学框架之内的研究被附加了过多的约束条件。[②] 类似地,演化经济学家所进行的尝试也尚未达到抽象理论的高度。

如果说第一种思路试图在理论上彻底解决产业政策问题的话,那么第

---

① 本节的部分内容源于宋磊(2015c)。

② 比如,一般认为,战略性贸易理论难以适用于大国。

二种思路则采取更为现实的研究策略。这种思路将产业政策视为一个给定的存在,并在这种假设之下集中讨论如何抑制伴随产业政策出现的负面影响,提高产业政策的政策收益。依据这种思路,尽管在理论上分析后进国家是否应该实施产业政策具有重要的意义,但是产业政策的存在实际上是由后进国家的政治经济结构、政治文化或经济意识形态所内生地决定的(Okimoto, 1989: 225—226, 236;道宾,2008;高柏,2008)。对于大量后进国家而言,产业政策是一个客观存在,如何提高产业政策的执行效率和政策收益是必须解决的现实问题。换言之,产业政策既是经济学问题,也是政治学问题和管理学问题。

考虑到产业政策在日本等东亚经济体曾经广泛存在,中国也一直在推行产业政策并有可能扩大实施范围,本书采取第二种思路。在这种思路之下,如何从先行研究之中归纳出提高产业政策的执行效率和政策收益的途径成为关键问题,而能否有效地进行这种归纳,则取决于如何把握产业政策领域的研究结构。

笔者认为,产业政策领域的先行研究存在双重对立结构:在是否应该推行产业政策这一表层对立结构之外,潜在地存在以资源配置和生产过程为中心的配置主义的产业政策观(allocation-oriented perspective of industrial policy)和生产主义的工业战略观(production-oriented perspective of industrial strategy)之间的深层对立。这样两种观点为把握产业政策的政策过程提供了不同的视角:前者事实上将政策过程理解为政府配置资源的过程,后者则认为政府配置资源的过程和企业运用政府提供的资源的过程共同构成产业政策的政策过程。在上述两种观点之下,提高执行效率和政策收益的要点自然有所不同。在产业政策的实施范围可能扩展、政策措施可能强化的情况下,后者具有重要的理论意义和实践价值。

对于本书的主题而言,只有超越表层对立结构,发掘深层对立结构,将注意力集中于生产主义的工业战略观,我们才可能归纳出提高产业政策的执行效率和政策收益的途径。但是,产业政策研究领域的上述深层对立结构一直没有被明确地识别。

尽管在笔者的阅读范围之内,没有研究者使用配置主义的产业政策观这一范畴,但是关于产业政策的大量研究都明确地将政府是否应该介入资源配置或如何评价介入的效率作为研究主题。因此,对这类研究进行归纳的难度不大。然而,不但没有研究者使用生产主义的工业战略观这一范畴,而且具有生产主义的工业战略观色彩的研究分散地存在于发展型国家论、发展经济学和比较政治经济学(市场经济多样性理论)等不同学科的研究之中,讨论的议题并不一致,没有得到有效的整理。因此,如何对这些只具有潜在联系的研究进行整合、抽象出生产主义的工业战略观就成为一个具有挑战性的研究课题。

(一) 产业政策研究的基本格局

中国学术界正在经历第三次产业政策争论。第一次争论发生在20世纪八九十年代。在这一时期,引进产业政策不是因为学术界关于这一问题取得了共识,而是因为产业政策所代表的经济意识形态符合当时经济管理部门的需要(周振华,1995：3—6;江小涓,1996：2)。因此,尽管产业政策一直是政府调节产业发展的重要政策,但是在这一时期,学术界关于产业政策的必要性的争论从未停息。需要注意的是,在产业政策已经成为政策语言的背景下,尽管相关批评意见的基本逻辑是对于政府介入的怀疑,但是这种批评主要以质疑政策效果,而不是直接否定产业政策的必要性的形式出现。让问题更为复杂的是,由于政策执行者没有准确地把握成功的产业政策实践的关键,而且中国的政策实践中确实存在失败,批评者并不是无的放矢。

2005年前后,围绕自主创新问题,出现了关于产业政策的第二次争论。众所周知,自主创新派在这场争论中获得了胜利并影响了政策走向(路风、封凯栋,2005;路风,2006)。但是,由于这场争论的焦点是技术政策,而技术政策只是产业政策的组成部分之一,所以自主创新派的胜利并不意味着学术界在是否应该以及如何推行产业政策的问题上形成了真正的共识。

近年来,关于产业政策的第三次争论开始出现。一方面,一些学者正面论述了指向特定产业的产业政策的必要性(贾根良,2012;林毅夫,2014);另一方面,以政策实践中存在的问题为基础,直接或间接地批评产业政策的理论依据、强调功能性政策的作用的研究开始增加(张鹏飞、徐朝阳,2007;江飞涛、李晓萍,2012;顾昕、张建君,2014)。客观地说,在中国的政策实践之中存在失败的情况下,强化功能性政策具有现实意义。但是,选择性是产业政策的根本特征,过度强调功能性政策,甚至主张以功能性政策取代选择性政策实际上等于从根本上否定产业政策。

导致上述争论长期存在的根本原因有二。第一,产业政策的内涵没有得到清晰界定。第二,除少数例外,争论双方的认识都属于配置主义的产业政策观。在这种产业政策观的影响之下,什么是成功的政策实践的关键这一根本问题没有得到解决,如何改进中国的政策实践也无从谈起。为解决上述问题,本章在界定产业政策的内涵的基础上,提出生产主义的工业战略观,倡导产业政策研究领域的范式转换。

关于产业政策的内涵,问题的关键在于把握产业政策、社会政策和竞争政策的关系以及产业政策的体系。

在政策实践中,产业政策以产业结构政策、产业组织政策、国际贸易政策、产业布局政策、衰退产业援助政策和产业技术政策等形式存在。[①] 一般而言,产业结构政策,即推动符合国家战略目标的制造业产业持续发展的政策是产业政策的主体。但是,由于一般意义上的产业结构政策具有明显的歧视性,为了缓和社会矛盾,政策当局往往将政策资源同时投向非制造业和衰退产业(小京正立、吉野直行,1984:106)。指向上述产业的政策本来属于广义的社会政策,但是在一些国家推行产业政策的过程中,这种社会政策往往以产业政策的形式出现。

---

① 在日本推行产业政策的时代,产业结构政策是最为重要的产业政策之一。在中国推行产业政策的时代,受 WTO 体制的影响,产业结构政策的重要性下降,往往以产业技术政策的形式出现。

产业政策与竞争政策的关系可以从两个方面进行把握。首先,为了配合产业政策,竞争政策的执行机构往往在特定条件下容忍垄断的存在。其次,由于在部分产业之中大企业——产业政策的主要支持对象——和中小企业之间的合作关系对于前者竞争力的形成具有重要意义,所以政策当局往往以推行中小企业政策的形式来配合产业政策。

另外,指向特定制造业的产业政策包括一般意义上的产业结构政策和产业合理化政策两个组成部分。前者指将资源导向符合国家战略目标的制造业的政策,后者指推动企业采用新设备、新管理方法、降低成本、提高质量、构筑合作关系的政策(约翰逊, 2010: 27)。尽管约翰逊明确地指出了产业结构政策和产业合理化政策的区别,但是后者长期没有受到重视。本书的分析表明,产业合理化政策具有关键意义。本书将约翰逊引用的德鲁克的名言作为题记的原因即在于此。对于本书来说,这句名言实际上指出了产业政策归根结底只能通过企业的生产活动来实现其政策目标。约翰逊援引这句名言意味着他意识到企业的生产活动对于产业政策的重要意义,他对于产业结构政策和产业合理化政策的上述区分也体现了这一点。但是,约翰逊没有将这一认识贯穿到他的研究之中,他的后继者们在总体上没有注意到这一关键问题。

为了正确地评价政策效果、确认成功的政策实践的关键,我们需要区分产业政策和以产业政策的形式出现的社会政策、排斥那种将产业政策和竞争政策对立起来的观念;同时应该明确产业政策具有产业层面的结构政策和企业层面的合理化政策两种主要形式。实际上,关于产业政策的误解大多与以上问题有关。

在相当程度上,产业政策研究史是围绕产业政策的必要性和政策效果的论战史。产业政策的支持者主要来自政治学、发展经济学和演化经济学等领域,反对者则主要是主流经济学家。值得注意的是,论战双方的论述策略是不同的:支持者们首先从部分国家的政策实践出发,将产业政策塑造为一个学术议题,然后提升相关分析的理论高度;反对者们首先从抽象理论出发，明确反对产业政策的理论依据，然后通过计量方法来论证实践中的产业政策的效果并不明显。

在论战初期，产业政策的支持者指出，由于市场机制在后进国家无法完成资本积累，所以政府有必要展现国家意志，通过控制要素价格或提供补贴等方式发挥市场无法发挥的作用（约翰逊，2010；Amsden，1989）。相反，产业政策的反对者认为，政府介入扭曲要素价格、引发寻租活动，产业政策的作用不大（Sakoh，1984，三轮芳朗，1990）。在亚洲金融危机前后，论战进入第二阶段，双方的论述策略也发生了变化。产业政策的支持者在这一阶段开始讨论如何抑制介入的经济和社会成本，关于“嵌入性自主”或“受到控制的相互依赖”等问题的研究即是其中的代表（Evans，1995；Weiss and Hobson，1995）。产业政策的反对者则在宏观或产业层面上对东亚地区的政策实践进行计量分析（Stiglitz and Yusuf，2001）。

尽管支持者们提升了理论高度，反对者们进行了实证研究，但是由于出发点不同，双方都没有获得压倒性胜利。斯蒂格利茨等具有主流经济学背景但是倾向于推行产业政策的经济学家关于信息外部性和协调问题的分析（Greenwald and Stiglitz，1986；Partha and Stiglitz，1988）也没有彻底说服反对者。

需要强调的是，尽管理论框架和基本结论不同，但是上述两类研究具有重要的共同点，都将分析焦点集中于资源配置问题，差别只在于是否赞成政府介入资源配置以及如何评价介入的效率。[①] 本书将这种研究范式称为配置主义的产业政策观。中国学界的相关研究基本追随国际学术界

---

① 主流经济学的基本分析框架围绕资源配置问题展开，所以主流经济学家关于产业政策的研究自然也是围绕资源配置问题进行的。但是，需要指出的是，产业政策的支持者们往往也将资源配置作为中心议题。比如，和发展型国家论具有内在联系的李斯特的研究（李斯特，2012）重视资本形成问题，为发展型国家论提供了事实上的理论基础的格申克龙的研究的相当部分也是关于资源配置问题的（格申克龙，2009），著名的发展型国家论者齐斯曼（2009）甚至将资源配置或资本形成问题作为唯一的自变量。

的进展,实际上也为配置主义的产业政策观所主导。[①] 正如接下来关于产业政策领域的两个典型研究的分析所表明的那样,这种产业政策观在方法论上存在问题,没有全面地反映产业政策的政策过程,无法把握成功的政策实践的关键。

(二) 配置主义的产业政策观的问题

韦德关于政府介入在后进经济体经济发展中的作用以及对中国台湾地区经验的分析是支持产业政策的典型研究之一(Wade, 1990)。在他看

---

① 尽管产业政策一直在中国的政策体系之中占有关键地位,中国学术界在中国是否应该推行产业政策、如何设计政策措施等问题上也存在长期的争论,但是中国学术界关于相关问题的研究并不深入。由于日本产业政策在相关争论中占有重要地位,所以上述问题明显地体现在中国学术界关于日本产业政策的研究之中。中国学术界关于日本产业政策的研究具有两个特征。第一,正反两方分别援引国际学术界支持或反对产业政策的相关研究作为自己的理论基础;第二,正反两方都将日本实践作为己方的论据。具体而言,支持实行产业政策的学者往往延续国际学术界支持产业政策的学者的思路,通过列举日本政府介入产业发展的具体措施来论证产业政策促进了经济发展;反对实行产业政策的学者则援引国际学术界对于日本产业政策持批评意见的学者的研究,认为日本产业政策无效。值得指出的是,由于中国的国别经济研究具有实用主义导向,相当多的研究在学术积累和研究范式上存在问题。首先,在顾昕以评论林毅夫的“新结构经济学”的形式发表于《读书》的一组综述性研究(顾昕,2013a,2013b,2013c)出现之前,中国学术界似乎从来没有全面地把握国际学术界在相关领域的研究进展。在缺乏对于相关领域的全局性了解的情况下,对于某些特定研究的理解也很难是准确的。在此仅举两例。约翰逊关于通产省的研究经常被那些认为中国应该实行产业政策的研究者用来作为论据。约翰逊所理解的产业政策既有政府对于特定产业的支持,即一般意义上的产业结构政策,也有政府对于企业改进生产效率的协助,即微观的产业政策或产业合理化政策。但是,他关于后者的研究从来没有受到重视。实际上,作为具有历史制度主义倾向的政治学家,约翰逊的工作的主要目的是记叙日本产业政策史,揭示后进国家政府的能动性,而不是为其他后进国家提供具体的政策指南。具有师承关系的小宫隆太郎和三轮芳朗关于产业政策的研究是那些反对中国实行产业政策的学者反复引用的文献。由于小宫隆太郎的相关研究被译成中文,所以这种引用具有重要影响。作为新古典经济学家,小宫隆太郎对于产业政策确实持怀疑态度。但是,援引他的研究时,以下三个问题值得注意。第一,他的研究目的在于从主流经济学的角度提示“作为经济理论的产业政策研究”所涉及的经济学问题,调整对于日本产业政策的“过高评价”,而不是完全否定日本产业政策(小宫隆太郎,1984: i,2)。第二,小宫隆太郎等人所使用的分析框架反映的是20世纪80年代初期主流经济学的水准,信息外部性等问题没有反映在他们的研究之中。第三,小宫研究团队的一些学者对于日本产业政策的评价高于小宫(香西泰,1984: 32—33, 41;鹤田俊正,1984: 75)。三轮芳朗确实是最为彻底地否定日本产业政策的日本学者(三轮芳朗,1998)。但是,他关于政策融资的效果等问题的研究过于简单。实际上,日本学术界很少引用他的研究。另外,小宫隆太郎等主流经济学家所进行的产业政策研究是在西方国家指责日本实行不公平贸易的背景下进行的,他们需要论证日本经济发展的根本原因是市场机制,而不是政府介入。因此,国际背景对于小宫等人的研究所具有的影响不能忽视。基于上述原因,简单地援引小宫隆太郎等人的研究难以彻底地否定日本产业政策。

来，东亚经济体成功的主要原因在于投资的增加和出口的扩张。在对中国台湾的政策实践进行详细的讨论之后，他指出，不同于新古典经济学家的认识，台湾地区的经济发展并非自由放任的，投资的增加和出口的扩张并非源于价格机制的影响，而是以产业政策为代表的政府诱导的结果。在这一研究中，韦德试图证明政府介入影响了中国台湾的资本形成。这样的论证方式反映出韦德的研究逻辑：如果能够证明政府的介入影响了资本形成，那么产业政策自然就是成功的。值得指出的是，这样的研究逻辑和约翰逊的研究逻辑是基本一致的。约翰逊在评论如何评价产业政策的作用的时候指出，"如果可以证明，政府的产业政策在某些战略性行业的投资率方面起了积极作用，比如为石化工业和汽车工业提高产量和开拓市场，那我们就可以说，政府的作用并没有夸大"（约翰逊，2010：9）。但是，即使政府提高了目标产业的投资率，如果这样的投资并没有带来生产效率方面的明显改善，那么我们仍然难以认为产业政策是成功的。正是由于上述研究思路主导了发展型国家论的研究，所以这一学派在相当长的时期内没有取得明显的进展。

柏森和韦恩斯坦的研究典型地体现了反对产业政策的研究的基本风格（Beason and Weinstein，1996）。他们的研究思路是将政府对不同产业提供的低利融资、财政补贴、税收减免和关税保护视为政策资源，分析这些政策资源在不同产业的分布及其与不同产业的劳动生产率和全要素生产率之间的关系。他们的计量分析的结论有二：第一，政策资源并没有完全优先地投入战略性产业，相当多的政策资源被投入到采掘和食品加工等产业；第二，政策资源的投入和战略性产业的扩张、劳动生产率的上升率之间存在正相关，但是与全要素生产率的上升率之间不存在正相关。① 他们的分析存在三个问题。第一，他们运用的指标显然没有包括所有的政策措

① 全要素生产率的计算方法将更新设备对于全要素生产率所产生的影响排除在外。但是后进国家的技术进步往往是通过更新设备的形式实现的。因此，关于全要素生产率的现行计算方法未必适应后进国家的现实。比如，对于1970年至1985年间66个经济体的全要素生产率所进行的计量分析表明，表现最优的是埃及，表现最差的是瑞士，而乌干达和缅甸的全要素生产率上升率高于中国台湾和日本。这样的结果显然说明全要素生产率的计量方法存在改进的空间（Amsden，1997：478）。

施。针对战略性产业的折旧制度、关于技术引进的安排、外汇优先使用权以及对于企业组织形态的影响等与技术和组织创新相关的政策措施都没有包括在内。换言之,他们的分析只涉及一般意义上的产业结构政策的部分内容,完全没有考虑产业合理化政策的影响。第二,正如我们在上文所提及的那样,他们的第一个结论反映出他们没有区分产业政策和以产业政策的形式出现的社会政策,因此并不足取。① 第三,在存在第一个问题的情况下,他们关于产业政策没有提高目标产业的全要素生产率的结论自然值得怀疑。产业政策主要由产业结构政策和产业合理化政策组成,前者的目的在于将资源导向特定产业,而后者的目的在于提高企业的管理效率。柏森等人关于政策措施与目标产业的规模扩张、劳动生产率的上升率之间存在相关关系的结论实际上证明了产业结构政策的有效性。至于政策措施与目标产业的全要素生产率的上升率之间不存在相关性的结论也是意料之中的:真正影响全要素生产率的是产业合理化政策,而后者难以量化,没有进入柏森等人的分析。

以上两个典型研究都将政府配置资源的行为作为分析的重点,体现了配置主义的产业政策观的范式特征。韦德的研究的问题是直接将政府对于资源配置的介入与经济发展联系起来,将相关关系视为因果关系。柏森等人的研究的问题则是在没有全面地把握政策措施的情况下,完全否定了产业政策和产业发展之间可能存在的相关关系。进而言之,两类研究都忽略了企业层面的生产活动对于产业政策的效率的重要性:韦德实际上将企业视为政府在实现战略目标的过程中可以完全控制的工具,而柏森等人则忽视了政府以影响企业的创新活动的形式介入企业生产过程的可能性。

(三) 生产主义的工业战略观的三个来源

1. 发展型国家论者的研究

---

① 波特等人否定日本产业政策的主要原因之一也在于此(Porter *et al.*, 2000)。实际上,政策资源的这种分布在20世纪80年代初期已经被确认(小宫隆太郎,1984: 3;Sakoh, 1984;小京正立、吉野直行,1984: 106—118),是日本产业政策研究中的常识,不足以否定产业政策的作用。

一般而言，查默斯·约翰逊的经典研究被视为发展型国家论的先河，而发展型国家论者关于产业政策的研究似乎完全围绕资源配置进行。但是，上述认识并不准确。第一，詹姆斯·阿贝格兰关于政企关系的研究（Abegglen and BCG, 1970）不但早于约翰逊，是发展型国家论事实上的早期经典之一，而且为生产主义的工业战略观提供了启示。[①] 第二，尽管不如阿贝格兰那样强调企业在日本政企关系中的地位，约翰逊的研究仍然包含了配置主义的产业政策观和生产主义的工业战略观两种研究范式。实际上，一些发展型国家论者间接地继承了存在于约翰逊的研究之中的生产主义的工业战略观。但是，他们没有明确地提出生产主义的工业战略观，其结果是发展型国家论关于产业政策的主流研究为配置主义的产业政策观所占据。

尽管没有注意到阿贝格兰的原创性贡献，约翰逊还是在配置主义的产业政策观和生产主义的工业战略观之间维持了一定的平衡。比如，在强调政府对于企业的资本形成所具有的重要影响——配置主义的产业政策观的要点——之外，约翰逊对于企业合理化政策给予了关注。[②] 与关于产业政策的通常理解不同，企业合理化政策直接指向了诸如如何进行集约生产、改善劳务结构、稳定劳动关系、提高产品质量等有助于改善企业管理、提高劳动生产率的具体问题（通商产业政策史编纂委员会，1995：103—111；尾高煌之助，2011：254）。但是，在发展型国家论的后续研究中，约翰逊的研究中的生产主义的工业战略观的因素没有受到

---

① 关于阿贝格兰在发展型国家论中的地位，请参考本书第四章。

② 关于产业合理化政策和企业合理化政策的关系，请参考本书第六章。

重视。①

尽管约翰逊注意到企业在政企关系中的作用，正确地评价了关注企业层面的生产活动的企业合理化政策的意义，但是，他对于企业层面的生产活动的分析浅尝辄止。在总体上，他的研究重点在于说明产业政策的形成过程，并试图将政府介入与日本的经济发展直接联系起来。

20 世纪 90 年代中后期，在政治学界“找回国家”运动（Evans *et al.*，1985）的启发下，部分发展型国家论者提出了“找回生产”的口号（Akyuz and Gore，1996；Amsden，1997）。但是，这些学者仍然在宏观层面分析生产问题，没有真正地涉及企业的生产活动。②③ 近年来，发展型国家论早期学者的学生们在分析新兴经济体的产业政策时，涉及了政府政策与价值链的全球扩展的关系等问题（Segal，2003；Thun，2006；Breznitz，2007）。尽管这些学者进行了值得肯定的尝试，但是这些研究仍然没有将政府介入与

① 一些具有发展型国家论者色彩的研究者在分析东亚地区的政策实践的时候，间接或直接地涉及了生产活动。但是，这些分析或者没有真正进入生产过程，或者没有有效地将政府介入和企业的生产活动连接起来。比如，冲本认为，日本的产业政策之所以取得了成效，原因在于产业政策存在于由特定的企业间关系、市场竞争结构和政企关系构成的网络之中（Okimoto，1989）。在这样的分析之中，生产过程的部分特征成为分析的对象，企业的生产活动似乎和产业政策联系起来。但是，这样的联系显然是表面的。类似地，金鳞洙在列举了韩国政府的产业政策的具体措施之后，对于企业层面的技术学习进行了具体的分析。这样的研究似乎也将产业政策和生产活动联系了起来（Kim，1997）。但是，由于没有详细地分析产业政策如何具体地推动了企业层面的技术学习，所以他的研究并没有真正地解释政府的介入如何推动了企业的技术学习。

② 在阿姆斯登等人那里，所谓“找回生产”只是在宏观和产业层面进行的，没有涉及企业层面的生产活动。如果不能将企业层面的生产活动纳入分析框架，生产过程对于产业政策的重要意义将难以体现出来。

③ 对于产业政策的政治经济学研究而言，不但需要“找回国家”并“找回生产”，而且需要“找回政治”。在主张“找回国家”的研究者那里，研究的焦点集中于政府的行动，而驱使政府采取这些行动的国际和国内政治原因没有受到关注。因此，这些研究或许找回了国家，但是遗忘了政治过程（Nobel，1998；Breznitz，2007）。正如我们在前文所指出的那样，产业政策的形成和出现显然是一个政治过程。因此，笔者对于主张在产业政策研究中找回国家的研究者的主张持同情态度。但是，需要指出的是，与产业政策相关的政治问题不仅存在于公共领域，而且存在于生产现场。诺贝尔和布莱兹奈茨主要关注前者，忽视了后者。本书主要试图解决“找回生产”的问题。在解决这一问题的过程中，我们的分析涉及了生产现场层面的政治或生产现场层面的产业民主问题。在这个意义上来说，本书在强调“找回生产”的重要性的同时，从特定的角度呼应了“找回政治”的主张。

企业的生产活动有效地联系起来。[①]

2. 发展经济学家的研究

关于后进国家政府的作用,早期的发展经济学研究倾向于将政府介入和企业发展直接等同起来。在发展经济学领域具有重要影响的李斯特的生产力理论即具有这种特征。李斯特认为,生产力由工厂等物资资本和管理方法、技术能力、进取精神等精神资本构成,政府可以通过设立工厂、引进技术等方式来促进生产力的发展(李斯特,2012：134,138,175,217,297)。但是,不同于厂房设备,精神资本的形成和积累显然不可以完全通过引进来解决。因此,李斯特实际上没有讨论政府介入如何具体地影响生产力的形成和发展(宋磊,2015a)。类似地,提出后发优势这一重要范畴的格申克龙指出政府可以通过推动生产能力的形成来促进经济发展,但是并没有讨论企业如何将生产能力转化为竞争能力(格申克龙,2009：8)。在李斯特和格申克龙之后,多数发展经济学家并没有关注企业如何将政府提供的政策资源转化为竞争能力或政府介入如何影响了企业的生产活动。但是,近年来,一些发展经济学家间接地涉及了这一问题。

丹尼·罗德里克从两个方面将企业的生产活动引入了关于产业政策的研究。他认为,由于何种产品和技术适于本国企业这一关键问题只能由企业在具有“自我发现”(self-discovery)特征的实践中解决(Hausmann and Rodrik, 2003),所以产业政策的制定只能是一个由政府和企业共同参与的过程(Rodrik, 2004)。如果说这一观点与上文提及的阿姆斯登和维斯等人主张的“嵌入性自主”和“受到控制的相互依赖”的观点的区别主要在于是否具有经济学基础,在政策实践方面差别不大的话,那么以下论述则具有重要意义。“成功的成长战略应该由两种努力构成:一种是启动成长(投资)的短期战略,另一种是维持成长的中长期(制度革新)战略”(Ro-

① 在这些研究中,王振寰(2010)是一个例外。他的研究涉及了政策和企业战略之间的关系。

drik, 2003：19)。尽管这段论述主要从政府如何进行制度建设的角度指出成长战略或产业政策应该被视为一个由两阶段的努力构成的过程,没有将第二阶段的实质理解为企业通过生产活动将政府提供的资源转化为企业能力或竞争力,但是这一认识对于生产主义的工业战略观的形成显然具有重要意义。①

在与罗德里克不同的语境下,穆斯塔克·汗在上述问题上向前迈出了一步。在讨论与政府介入相关的寻租活动问题时,他指出,“通常的寻租模型只分析了寻租过程的一个侧面——寻租活动所消耗的社会资源。我们需要理解为什么寻租过程在不同的国家有不同的结果,正是这种结果上的差异导致了寻租活动的纯效果的差异”(Khan, 2000：139)。由于配置租金的政策行为的社会收益只能在企业的生产过程中决定,所以尽管分析的重点不在企业,但是汗的分析框架已经为将企业以及企业的生产过程引入产业政策研究预留了空间。

3. 市场经济多样性论者的研究

尽管没有受到我国学术界的充分关注,但是市场经济多样性理论在国际学术界具有重要影响。这一理论本来关注西方经济体的政治、经济制度的国际比较,自20世纪80年代后期开始,一些研究者的研究重点逐渐转向企业层面的组织形态和生产活动(Aoki, 1986；Hall and Soskice, 2001；Morgan, *et al.*, 2010),确立了以制度互补性和技术—组织互补性(Hall and Soskice, 2001：17—21；Amable, 2003；Boyer, 2005)为分析工具,通过关于企业层面的组织形态的分析来对主要西方经济体进行比较的研究方法。

产业政策原本不是市场经济多样性理论的主要研究议题。但是,由于日韩在战后②进入发达国家行列,而产业政策在日韩的经济政策中具有重

---

① 今井贤一将后进国家企业的追赶过程理解为学习和能力积累的过程。他认为,包括产业政策在内的政府介入在这种过程的早期阶段可能发挥了早期推动力(initial kick)的作用(今井贤一,1984：476—478)。

② 如无特别说明,本书中的“战前”“战后”指的是第二次世界大战之前和之后。

要地位，所以这一学派的一些研究者讨论了日韩的产业政策并间接地涉及了生产主义的工业战略观。在这些研究之中，青木昌彦的研究的理论化程度最高，而桥本寿朗的研究最具有实证基础。

不同于基于市场友好观（market-friendly）的产业政策研究（World Bank, 1993），青木昌彦的研究以强调发展中国家的生产率差距主要来自企业内部的协调失败，而不是市场主导的协调失败的“X效率”问题（Leibenstein, 1966）为出发点。借助状态依存型租（contingent rent）的概念，青木昌彦主要关注决定企业效率的组织形态与政府介入的关系。他认为，在日本的实践之中，政府介入与企业层面的组织形态实现了共同演化（Aoki, 1996：243—246；青木昌彦，1999：16—19）。在比较制度分析的理论框架之中，企业层面的组织形态决定了企业效率。所以，政府介入与企业组织形态的共同演进这一分析视角有助于理解产业政策的作用。对于生产主义的工业战略观而言，青木昌彦的理论贡献有二：第一，明确地运用租金的概念来描述政府投入的政策资源；第二，尽管对产业政策持保留态度，但是政府介入与企业层面的组织形态的共同演化这一视角潜在地将政府介入和企业组织形态的演化以及经济发展联系起来。

尽管青木昌彦的产业政策论的理论基础是比较制度分析，而桥本寿朗的产业政策论更多地具有政治经济学的色彩，但是两者的分析比较接近。[①] 桥本认为企业竞争力源自企业层面的惯例或组织形态，而典型的美国企业和典型的日本企业在企业内分工与企业间分工等方面具有明显的不同。正是特殊的企业组织形态为日本企业在部分产业带来了竞争优势（桥本寿朗，2011：11）。在此基础上，他结合案例分析指出，至少在部分产

① 桥本寿朗青年时代受到宇野经济学的影响。将经济学研究区分为原理论、阶段论和现状分析的宇野经济学将日本型市场经济理解为市场经济的一个类型，具有市场经济多样性论的特征。青木昌彦在青年时代也受到宇野经济学的影响，而他在20世纪80年代之后倡导的比较制度分析（Aoki, 1986, 1988, 2001; Aoki and Dore, 1996）的要点即在于将美国型市场经济和日本型市场经济在理论上对置。很明显，宇野经济学和比较制度分析在市场经济存在多种形态这一问题上具有共同点。

业的特定发展阶段之中,政府通过富有创意的介入推动了企业在组织形态方面的创新。比如,在评价20世纪五六十年代日本的产业政策时,他认为在日本企业通过组织创新和技术创新创造性地适应国际经济体系的过程中,政府通过设计经济制度和经济政策支援了企业的组织创新(桥本寿朗,2001: 11, 181)。笔者认为,桥本寿朗的研究典型地体现了市场经济多样性论者对于产业政策的认识:决定特定经济体的竞争优势的因素归根结底是企业层面的组织创新,而政府的作用则体现在对于这种组织创新和技术创新的影响之中。[①]

(四) 生产主义的工业战略观的基本结构

关于发展型国家论、发展经济学和市场经济多样性理论等领域的相关研究的讨论表明,尽管相互之前没有直接的联系,相关研究者自身也未必明确地意识到自己的研究与产业政策研究领域的主流研究的不同,但是这些研究都指向同一个研究方向。用本书的术语来表达,这个研究方向就是生产主义的工业战略观,而上述三组研究者则在不同的方向上对于生产主

---

① 桥本寿朗关于产业政策的研究方法比较典型地体现在他对于弗里德曼的研究(Friedman, 1988)的评价之中。实际上,尽管没有受到应有的重视,但是弗里德曼关于日本机床产业政策的研究在方法论方面具有重要的地位。在这一研究中,弗里德曼明确地驳斥了主流学者关于日本的产业发展由市场主导的观点。同时,他也指出,发展型国家论者关于日本的产业发展应该归功于行政指导的观点是错误的。他认为,日本产业发展的根本原因在于日本企业在战后发展出了"柔性专业化体制"(flexible specialization)。他认为,中央政府在这一生产体制的形成过程中基本没有发挥作用,而地方政府则发挥了一定的促进作用。很明显,弗里德曼的研究受到当时盛行的柔性生产体制论(Piore and Sable,1984)的影响。由于柔性生产体制不是所有日本产业的主导性生产组织方式,所以将日本产业的发展全部归功于柔性生产体制或许有言过其词之嫌。但是,他的研究潜在地展示了通过分析政府对于处于主导地位的生产组织方式所具有的影响来把握产业政策的作用这一全新的研究方法。桥本寿郎敏锐地注意到弗里德曼的研究所具有的理论价值。在肯定弗里德曼的分析视角的意义的基础上,通过详细的案例分析,桥本寿朗揭示了中央政府的作用并不是像弗里德曼认定的那么无关紧要。他指出,"弗里德曼强调的柔性专业化这一范畴反映了不同于美国以大企业为中心的产业发展体制的日本的产业发展体制的特征,这一点值得肯定。……但是,弗里德曼对于政府作用的研究值得仔细斟酌"(桥本寿朗,2001: 225—226)。他认为,包括机械产业振兴法在内的产业政策对于推动配件企业生产标准化产品、强化配件企业在资本市场的地位、加快企业投资节奏等具有正面作用(桥本寿朗,2001: 242—244)。

义的工业战略观的形成做出了贡献。[①][②]

首先，以阿贝格兰和约翰逊的论著为代表的发展型国家论的早期研究当属最早涉及生产主义的工业战略观的文献，但是这一流派的后续研究没有就这一主题展开分析，没有真正将企业纳入分析框架。这样的研究格局不但降低了这一流派的理论贡献，而且影响了学术界关于产业政策的政策过程的理解。其次，尽管晚于阿贝格兰和约翰逊，但是罗德里克等发展经济学家事实上同样注意到了产业政策的政策过程具有两个阶段，间接地提及了政府和企业在两个阶段中的地位问题。罗德里克等学者对于生产主义的工业战略观的形成的主要贡献是他们将这一问题置于经济学的分析框架之下，并用经济学的术语对其进行了初步的描述。最后，尽管市场经济多样性论者关于产业政策的政策过程的论述是最为间接的，但是他们的研究不但将产业政策问题置于一个更为宽广的分析框架之下，而且潜在地为生产主义的工业战略观的发展提供了具体的研究思路，即通过分析产业政策对于生产组织方式的影响来理解产业政策的作用。

基于上述认识，关于生产主义的工业战略观，我们可以给出一个描述性的表述。需要说明的是，在相关文献和政策实践中，产业政策的内涵非常丰富。正如我们曾经提及的那样，这里的产业政策指“政府为推动特定产业的起步和持续发展所采取的政策”（桥本寿朗，2001：182），包括一般意义上的产业结构政策和产业合理化政策。

用描述性的语言来表达，生产主义的工业战略观是在将产业政策的政策过程理解为由政府分配政策资源和企业在生产过程中运用政策资源并

① 路风曾经从企业能力的构筑过程出发，论证了中国推行自主创新政策的必要性（路风、封凯栋，2005；路风，2006）。由于企业能力只能在生产过程中形成，而创新政策是产业政策的重要组成部分，所以路风的研究高度接近生产主义的工业战略观。近年来，有学者倡导将企业能力与产业政策连接起来（周叔莲等，2008；赵坚，2008）。这种思路和路风的上述研究是一致的。但是，上述观点都不是在指出产业政策研究领域的主流研究范式是配置主义的产业政策观的基础上提出的。

② 管理学者藤本隆宏明确地指出，可以从产品建构的角度来理解产业政策的作用（Fujimoto，2007）。但是他的研究不是在对于产业政策研究领域的主流研究进行批评、指出其本质特征是资源配置主义的产业政策观的基础上进行的。关于他的研究，我们将在第三章进行分析。

使之转化为企业能力和竞争优势的两阶段过程的基础上,对于第二个阶段给予特别关注的工业战略观。这种工业战略观认为,政府和企业分别是上述两个阶段的政策主体,政府和企业在两个阶段中都存在互动,而产业政策的政策效果则由政府配置政策资源的效率和企业运用政策资源的效率共同决定,上述两个阶段、特别是第二个阶段中的政企互动是决定这种效率的重要因素。产业政策领域的主流研究或者没有区分这样两个阶段,或者没有重视企业在第二个阶段的地位,或者没有分析政府和企业在第二个阶段的互动。在这种背景下,提出生产主义的工业战略观的理论和实践意义自然是重大的。

以上两节的讨论主要围绕产业政策的政策过程的本质展开。但是,这样的讨论没有涉及政府提供的政策资源——政策过程的起点——的本质这一关键问题。

这里所说的政策资源在不同后进国家的不同发展阶段具有不同的表现形式。这些政策资源既可以表现为获得优惠资金的特权或市场利率与政策利率之间的差额、税收优惠、允许加速折旧的特殊的会计制度、外汇的优先使用权、优先进口先进技术或获得出口配额的权利以及公共机构提供的管理咨询,也可以表现为事实上的市场垄断地位。[①] 如果我们不能在本质上清晰、简洁地理解这些政策资源的本质,那么关于产业政策的研究将是高度分散的。因此,对于任何试图在理论上把握产业政策的研究者而言,如何理解政策资源的本质都是一个关键问题。

由于处于供给受限的状态,所以上述政策资源具有经济租的性质。在东亚,这种政策资源的提供往往以企业连续地达成政策目标为条件。因此,与无条件的资金支持相区别,这些政策资源可以称为政策诱导租(policy-induced rent)或状态依存租金(Aoki, *et al.*, 1996: 17—18)。提供这种

① 在日韩的政策实践中,外资不同程度地被排除在日韩的市场之外。这意味着日韩企业在一定程度上在国内市场获得了垄断地位。

租金的目的在于推动企业在特定产业获得竞争优势。[①][②] 一般而言,获得竞争优势的前提是形成超过竞争对手的技术和组织能力。在后进国家,技术能力和组织能力的形成往往以技术创新与组织创新为前提。完成了这种创新,后进国家企业就可以获得熊彼特租(Schumpeterian rent)。

基于上述讨论,用理论语言来表述,生产主义的工业战略观是在将产业政策的政策过程理解为由政府分配状态依存租和企业在广义的生产过程中将状态依存租转化为熊彼特租的两阶段过程的基础上,对于状态依存租如何通过广义的生产过程转化为熊彼特租的过程给予特别关注的工业战略观。这种工业战略观认为,政策资源的本质是政策诱导租或状态依存租,政府提供状态依存租的目的在于推动企业形成将政策诱导租或状态依存租转化为进行组织和技术创新的能力,从而在市场上获得熊彼特租。进而言之,这种工业战略观将政策过程理解为政府提供的政策诱导租或状态依存租和企业在利用这些租金的过程中以进行创新的方式所获得的熊彼特租之间的转换,后进国家产业政策的本质是政府试图以这种租金转换来实现赶超。

第三节　小结:能力构筑与租金转化

依据作为交易的政策过程论,我们发现,政府对于特定产业的介入是一个由政治交易和经济交易组成的交易过程。在这个过程中,所谓政治交易指政府向特定产业投入政策资源,目标产业则以实现成长或提供税收的形式对政府予以回报。但是,上述政治交易能否完成取决于相关的经济交易的效率。具体而言,只有在目标产业的企业通过企业间的交涉的交易和企业内部的管理的交易实现了生产规模的扩张、组织能力与技术能力的提

---

① 严格来说,政府提供的是获得租金的机会,而不是租金本身。为简洁起见,本书不对两者进行区分。

② 按照资源长期供给受限还是短期供给受限,租金可以区分为租金和准租金。严格来说,供给长期受限的情形较少出现。因此,所谓租金大多是准租金。为简洁起见,本书不对两者进行区分。

升的情况下,政治交易,即政企之间的配额的交易才能达成目的。依据生产主义的工业战略观,产业政策的制定和实施由(1)政府向特定产业配置政策诱导租或状态依存租和(2)特定产业的企业通过生产活动将政策诱导租或状态依存租转化为熊彼特租的两阶段过程构成。在阶段一之中,产业政策的主要主体是政府,在阶段二之中,产业政策的主要主体是企业。

很明显,以上两种理论框架具有内在的一致性,区别仅在于前者更多地具有经济学色彩,而后者更多地具有管理学特征。将以上两个理论框架进行结合,具有两重意义:第一,可以解决基于交易成本经济学的产业政策研究忽视生产成本或生产过程的问题;第二,可以将基于管理学的产业政策研究纳入更为宏大的理论背景之中。

从以上分析框架出发,我们发现,决定政府对于特定产业的介入的成败的关键有二:第一,如果在政府配置政策诱导租或状态依存租的过程中出现的寻租成本过高,那么我们将很难论证这种介入是成功的;第二,即使政府成功地抑制了寻租成本的规模,如果企业难以在生产过程中将政策诱导租或状态依存租转化为熊彼特租,那么政府的介入也将是失败的。如果说影响政府能否成功地抑制寻租成本的规模的关键变量是政府能力,那么影响企业能否高效地实现租金转化的关键变量则是企业能力。因此,决定政府对于特定产业的介入的成败的关键是政府能力和企业能力。当然,在上述两个阶段之中,政府能力和企业能力往往相互影响。

总的来说,在本书的理论框架之下,政府对于产业发展的介入的本质是试图以政策诱导租或状态依存租和熊彼特租之间的转化来推动特定产业的发展,而决定这种转化能否实现或在何种程度上实现的关键则是政府和企业的能力。为了有效地分析政府抑制寻租成本的能力和企业实现租金转化的能力,本书的第三章将引入主要的分析工具。

第三章 分析工具

我们在上一章指出,政策诱导租或状态依存租能否转化为熊彼特租主要取决于政府抑制寻租成本的能力和企业实现熊彼特租的能力。作为理解政府能力和企业能力的分析工具,本章引入交易成本经济学、寻租理论以及基于产品建构的竞争力分析。

第一节 分析工具(1):交易成本经济学与寻租理论

在本书的分析框架之中,产业政策的政策过程被理解为由政治交易和经济交易构成的交易,这种交易由政府在公共领域分配政策诱导租或状态依存租、企业在广义的生产过程中运用政策诱导租或状态依存租两个阶段构成。在第一个阶段中,政府如何抑制寻租成本成为关键问题。因此,将寻租理论引入本书的分析是必要的。

在产业政策研究领域的先行研究之中,寻租理论具有重要影响,寻租成本也是这些研究中的一个基础性概念。但是,这些研究在运用这一概念的时候基本没有分析以下三个重要的问题。首先,作为形成于美国学术界的公共选择理论的一个流派,寻租理论的主要分析对象是垄断引起的经济损失,但是东亚的产业政策实践所涉及的问题远非垄断可以概括。因此,直接运用这一理论来分析东亚的产业政策实践未必合适。其次,正如我们在前文所指出的那样,产业政策广泛存在于后进国家的政策实践之中,在本质上是政治现象,因此,在产业政策必然长期存在的背景下,如何抑制寻租成本或许是更为现实的问题。但是,标准的寻租理论更强调政府介入所带来的经济损失,如何抑制寻租成本不是这一理论的主要研究议题。最后,先行研究没有对寻租成本的类型进行详细的分析。

笔者曾经就前两个问题进行过初步的研究。关于第一个问题,我们可以将标准的寻租理论所设想的政府介入和存在于东亚政策实践的政府介入进行比较。表 3-1 反映了两种介入在内容和目标上的不同。

表 3-1　介入的手段、效果或政策目标

	政府介入的手段	政府介入的影响或目标
标准的寻租理论	创造垄断地位(Tullock, 1967); 进入规制、公共投资、进口许可、优惠融资(Krueger, 1974)	生产量降低、价格上升;利益集团之间的矛盾
东亚的政策实践	进入规制、进口许可、公共投资、财政补助、优惠税率、优惠融资、外汇使用权、关于技术进口的规制、管理咨询、关于企业间关系的协调等	保护国内市场、发展战略产业

注:关于寻租活动或直接的非生产性活动(Directly Unproductive Profit-Seeking Activities, DUP)的类型及其影响的详细分析,请参考 Bhagwati(1982)。另外,财政补助在 20 世纪 90 年代之后被引入寻租理论的分析框架(Tullock, 1998)。

资料来源:根据宋磊(2001)改写。

表 3-1 表明,东亚的政策实践所涉及的政府介入的手段和目标与标准的寻租理论所设想的政府介入的形式和目标不完全一致。这一事实意味着完全依据标准的寻租理论来否定东亚的政策实践可能是无的放矢。

关于第一个问题,值得强调的是,在东亚的政策实践中,存在一类长期没有受到重视的政府介入。这类政府介入基本上不伴随垄断地位的产生或要素价格的变化。政府为企业提供的管理咨询、对于企业积累技术能力的协助以及对于商业模式的影响即是这类介入的典型。由于不涉及垄断地位的产生和要素价格的变化,所谓这些介入并不伴随一般意义上的寻租成本,标准的寻租成本理论也难以分析这些介入的影响。但是,非常重要的是,这些介入的效果往往很明显。本书的第三篇将重点分析这些介入方式。

关于第二个问题,尽管不是标准的寻租理论的主流,但是一些先行研究涉及了寻租成本的抑制机制问题(Tollison, 1982: 584; Dogun and Synder, 1993; Akyuz, *et al.*, 1998:1—18)。依据这些研究,笔者曾经总结过寻租成本的抑制机制:一方面,企业参与寻租竞争时面临的竞争条件对于寻租成本的规模具有重要的影响;另一方面,特定产业的竞争形态也是影响寻租成本的规模的重要变量(宋磊,2001)。以上两点的政策含义是非常明确的:政府可以通过设定客观的条件来限制参与寻租活动的企业的数量,从而抑制寻租成本的规模,所谓状态依存租即是这类租金的典型;同时,如果特定产业的竞争处于原子式竞争的状态,那么寻租成本很高,但是,如果特定产业的竞争处于垄断竞争或寡占竞争的状态,那么寻租成本较低。

关于第三个问题,即寻租成本的类型,先行研究所进行的讨论主要集中在政企关系领域。但是,从生产主义的工业战略观出发,由于重视广义的生产过程对于产业政策的影响,所以我们自然关心租金在企业内部不同利益集团之间的分配问题。实际上,有学者明确指出,寻租活动必然引起企业内部的制度变化(Tollison, 1982: 587)。在标准的寻租理论之中,劳动者被认为不直接分享租金。但是,这样的假设显然不具有现实性(Nancy, 1987)。实际上,拉玛的研究表明,当劳动者在企业内部参与分享租金或劳资关系处于和谐状态的时候,寻租成本较低(Rama, 1997)。

对于本书而言,拉玛的研究具有重要的意义。从生产主义的工业战略观来说,企业的生产活动对于政策的成败具有关键意义,而劳资关系的状态是决定企业的生产活动的效率的关键变量。拉玛的研究实际上指出了企业内部存在围绕租金分享而进行的政治活动,而这种政治活动对于寻租成本的总规模具有影响。因此,企业内部的劳资关系不但影响了工业战略的第一个阶段的寻租成本的规模,而且是影响工业战略的第二个阶段的关键变量。

总的来说,在关于公共领域或一般意义上的政企关系领域的寻租成本的抑制机制已经存在比较成熟的先行研究的情况下,有必要对基本上不伴随一般意义上的寻租成本的政府介入以及企业内部的劳资关系对于公共领域的寻租成本的规模的影响给予特殊的关注。

第二节 分析工具(2):基于产品建构的竞争力分析

(一) 为什么关注基于产品建构的竞争力分析

基于产品建构的竞争力分析(architecture-based analysis of competitiveness,以下简称"产品建构理论")是近年来管理学领域取得的重要进展。这一分析工具不但大大地推动了管理学的进步,为理解企业竞争力的形成提供了有效的分析工具,而且为理解政企关系的微观基础提供了条件。正是基于以上两个原因,笔者将基于产品建构理论作为本书第三篇的主要分析工具。

笔者之所以将产品建构理论的出现视为管理学领域的重要进展,主要基于以下三个原因。第一,组织和技术的关系以及这种关系对于企业竞争力的影响是管理学家长期讨论的重要主题,产品建构理论有效地解决了这一问题。第二,关于企业竞争优势或企业竞争力的源泉,定位学派和动态能力理论长期争执不下。产品建构理论的出现,为整合上述两大理论流派提供了基础。第三,产品建构理论为近年来主要经济体国际竞争力的演变提供了合理的解释。20 世纪 90 年代初期以来,在制造业领域,世界经济格局出现了重大变化:尽管曾经盛极一时的日本企业在 ICT(Information and Communication Techonology,信息和通信技术)产业群逐渐失去竞争优势,但是在汽车等产业群则维持领先地位;尽管美国企业在 ICT 产业群重回巅峰,但是在汽车等产业群则处于竞争力相对下降的窘境;中国企业在 ICT 产业群成为最为重要的制造者,但是在关键部件方面长期依赖西方领先企业,同时,在汽车等产业群没有实现突破。如何解释上述变化是近年来管理学者所必须解决的问题。和竞争性的解释相比较,产品建构理论所提供的解释最为深刻。

不同的产业群是否存在最优的组织形态是长期困扰管理学者的一个重要研究议题(Woodward, 1960; Burns and Stalker, 1961)。尽管这一研究议题极其重要,但是管理学者却一直没有在这一领域取得决定性的进展。出现这种现象的主要原因是技术和组织似乎在本质上是两个不同的问题,难以在两者之间建立内在的联系。产品建构理论的出现,推动了管理学者挖掘出技术和组织之间的本质上的共同点,使得在同一个框架之下分析两者的关系成为可能。①

关于企业竞争优势的来源,在强调外部因素或战略定位的意义的学者(Porter, 1979,1987,1991)和强调企业内部的组织能力的影响的学者(Grant, 1991; Wernerfelt, 1991; Hamel and Prahalad, 1996)之间存在长期的争论。尽管学院派学者之间存在上述争论,但是企业在战略实践中只能对于外部因素和内部因素进行结合。② 正如我们在下文所总结的那样,产品建构理论有效地将强调外部因素的定位分析和重视内部因素的能力分析整合到一起。

关于中美日三大经济体近二十年来竞争力演变的原因,学术界存在大量的研究。其中,关于全球价值链的研究的影响最大(Sturgeon, 2002; Sturgeon and Lester, 2004; Whittaker, *et al.* , 2010)。采取这种观点的学者认为,上述国家竞争力的演变是价值链在全球展开的结果。客观地说,这样的解释具有说服力。但是,从管理学的角度来看,推动价值链的全球展开的无非是产品建构的模块化。因此,关注模块化的产品建构理论对于主要经济体竞争力的演变所进行的解释更为基础。

---

① 在产品建构理论出现之前,生产管理领域的学者试图在产品的技术特征和生产组织方式之间建立联系(Hayes and Wheelwright, 1984)。但是,这种研究的影响有限。

② 实际上,作为企业战略理论的早期分析框架,所谓 SWOT 分析就包含了对于企业外部因素和企业内部因素进行统合的思路。具体而言,优势(S)和劣势(W)主要指企业内部因素,机会(O)和威胁(T)主要指企业外部因素,SWOT 分析的本质在于指导企业对于内部因素和外部因素进行结合。

（二）产品建构理论的起源、发展和应用

1．产品建构理论的起源

产品建构理论具有系统科学和工业设计（或生产和创新管理）两个理论来源。

关于产品建构的研究大多将赫伯特·西蒙的经典论述作为研究的起点。西蒙认为，人类社会是人工物（the artifical）的集合。这里所说的人工物，不仅包括一般意义上的产品，而且包括市场、组织和社会计划或经济政策。尽管这些人工物具有各自的形态，但是它们具有一个本质上的共同点，即它们都具有所谓“近似可分解性”（nearly decomposability），即都在一定程度上可以分解。由于具有这一特性，所以这些人工物都是由不同的子系统构成、具有层级结构（西蒙，1987：180—182；Simon，1962，2002）。[①]实际上，从我们在下文中对于建构的定义所进行的归纳可以看出，西蒙的这些论述为建构这一范畴的形成提供了基础。

关于建构的研究的另一个来源是工业设计（或生产和创新管理）。相对于西蒙的抽象论述，这一来源的研究非常具体。乌尔瑞茨指出，产品建构可以通过功能要素和结构要素的关系来进行定义。功能要素指产品所能够实现的各种功能，结构要素指构成产品的部件等组成部分。他认为，所谓产品建构指关于功能要素和结构要素之间的对应关系以及部件要素之间的相互作用的设计思想。依据这一定义，存在两种产品建构，一种是模块型的，另外一种是集成型的。在模块型建构之中，单一部件承担单一功能或为数不多的功能，部件之间的接口被清晰地定义；在集成型建构之中，复数

---

① 西蒙以经济系统和社会系统为例解释了近似可分解性和层级性的内涵。关于经济系统，他指出，“在投入产出量给定的情况下，经济的投入产出矩阵就揭示了（经济）系统的近似可分解性”。关于社会系统，他认为，“在社会系统的动态过程中，近似可分解性一般是很突出的。这在正式的组织中最为明显，那里的正式权力关系将组织的每个成员与一个直接上司和一小部分下属联系起来。当然，组织中的许多交流是通过其他渠道而不是通过正式的权力直线进行的。但是，多数渠道都是从具体个人通向数量有限的他的上司、下属和同事。因此，部门边界的作用与热平衡例子中墙壁的作用一样重要”（西蒙，1987：183）。

部件共同承担一个功能或同一部件发挥复数的功能，部件之间的接口没有被清晰地定义（Ulrich，1995：422；Ulrich and Epinger，1995：131—133）。

具有生产和创新管理背景的克拉克等人关于产品建构的定义与乌尔瑞茨的上述定义既有共同点，又有区别。他们在肯定乌尔瑞茨的定义的贡献之后，指出产品的功能往往是多面且不稳定的。因此，将产品建构的定义建立在产品功能之上未必合适。因此，他们的定义主要围绕产品的结构展开。具体而言，如果产品部件之间的接口接近标准化，那么产品建构是模块型的；如果产品部件之间的接口不是标准化的，那么产品建构是集成型的（Baldwin and Clark，2000：63—64）。很明显，由于强调结构或产品部件之间的界面的重要性，所以他们关于产品建构的定义更接近同样重视组成系统的各个部分之间的关系的西蒙的经典论述。[①][②]

藤本隆宏将更为重视功能和结构之间的对应关系的乌尔瑞茨的定义与继承了西蒙的经典论述的克拉克等人的定义结合到一起，给出了一个关于产品建构的全面的定义。实际上，他的定义也是现阶段最为实用的定义（见表 3-2）。

表 3-2　产品建构的定义(1)：由部件构成的产品

<table>
<tr><td colspan="2" rowspan="2"></td><td colspan="2">产品结构和产品功能之间的对应关系</td></tr>
<tr><td>接近复数对应</td><td>接近一一对应</td></tr>
<tr><td rowspan="2">接口的标准化程度</td><td>低</td><td>封闭集成型产品：
汽车、摩托车、
游戏软件等</td><td>封闭模块型产品：
大型计算机、机床等</td></tr>
<tr><td>高</td><td></td><td>开放模块型产品：
个人电脑、互联网产品、
自行车、部分金融产品</td></tr>
</table>

资料来源：藤本隆宏（2004：132）。

---

① 实际上，他们在具体的研究中对西蒙的论述也给予了特别的关注（Clark and Baldwin，2000：65—66）。

② 从构成产品的部件之间的关系来把握产品建构是克拉克的一贯思路。关于这个问题，可以参考他关于建构创新（Henderson and Clark，1990）的研究。

除了对于产品建构进行了全面、清晰的定义之外，藤本隆宏在这一领域的另外一个贡献是将产品建构的分析对象从由部件构成的产品扩展到不是由部件构成的产品。他指出，如果产品不是由部件构成的，那么这样的产品一定是经由不同的工序加工而成的。对于这类产品的建构，可以从工序和功能之间的对应关系以及工序之间的关系来进行定义（见表 3-3）。

表 3-3　产品建构的定义（2）：由工序加工的产品

		生产工序和产品功能之间的对应关系	
		接近复数对应	接近一一对应
工序间接口的标准化程度	低	封闭集成型工序产品： 汽车外钢板	
	高		开放模块型工序产品： 建筑用钢

资料来源：藤本隆宏（2004：146，161—170）。

2．产品建构理论的发展

以上述基础性研究为出发点，管理学研究者在 20 世纪 90 年代中期之后在这一领域进行了大量的研究。这些研究主要围绕模块化的经济意义、技术-组织互补性以及产品建构的变化与制造业大国的兴衰的关系三个主题展开。

产品建构领域的理论家们认为，模块化的兴起不但可以提高产品质量，而且可以降低成本。复数的专业化企业围绕同一模块进行开发竞争，有助于提高相关模块的质量。由于模块化意味着不同模块之间的接口是标准化的，所以具有更高质量的模块被纳入终端产品意味着终端产品质量的提高。同时，复数的专业化企业竞争性地生产同一模块，必然引起组装企业终端产品成本的下降（Sanchez and Mahoney，1996；Baldwin and Clark，2000）。

产品建构向模块化的方向演进的过程中，企业组织形态也必然向更为开放的方向变化。在对于这种现象进行分析时，很多学者直接或间接地提及了产品建构和企业组织形态之间的对应关系(Sanchez and Mahoney, 1996; Baldwin and Clark, 2000)。但是,由于缺乏可以将技术和组织联系起来的分析工具,基于产品建构的技术–组织互补性研究没有取得根本性的突破。2003 年,酒向将建构这一范畴引入关于企业组织形态的分析,彻底解决了如何在统一的分析框架之下讨论技术和组织的关系这一难题。在同一时期,藤本隆宏也在产品建构理论的框架之下提出了技术–组织互补性假说。

酒向指出,企业组织之中既存在结构,也存在功能。同时,企业内部的部门之间存在接口,企业间关系领域同样存在接口。因此,完全可以将建构这一范畴引入关于企业组织形态的分析(Sako, 2003)。在这样的分析过程之中,她实际上从西蒙提出的建构这一基本范畴出发,间接地提出了技术–组织互补性假说。① 这一假说在藤本隆宏那里得到了明确的展示。

在表 3-4 之中,基于建构的技术–组织互补性假说的战略含义是清晰的:如果产品建构是模块型的,那么企业内部的组织形态和企业间关系应该向模块型的方向调整;如果产品建构是集成型的,那么企业内部的组织形态和企业间关系应该向集成型的方向发展。

表 3-4 基于建构的技术–组织互补性假说

		产品的建构特征	
		模块型产品	集成型产品
组织形态的建构特征	模块型组织	技术–组织互补性类型(1)	
	集成型组织		技术–组织互补性类型(2)

资料来源:根据藤本隆宏(2004)改写。

① 楠木健等人对于产品建构和组织建构之间的关系的研究的发表时间早于酒向(楠木健、Chesbrough, 2001, 2005; Chesbrough, 2003)。但是他们的研究不是明确地建立在对于企业内组织形态和企业间关系的建构特征的分析之上。

但是,需要注意的是,产品建构的变动方向并不是单一的。尽管产品建构的模块化是当代的主流,但是这并不意味着产品建构不会向集成型的方向回归。研究者通过案例分析发现,在部分产业,确实存在产品建构在经历模块化的变化之后再次向集成型的方向回归的现象。在产品建构从集成型向模块型变动的过程中,如果企业不能将企业内部的组织形态和企业间关系向模块型的方向进行调整,那么企业将陷入集成型陷阱(integrality trap);在产品建构重新回到集成型的过程中,如果企业内部的组织形态和企业间关系不能相应地向集成型变动,那么企业将落入模块型陷阱(modularity trap)(楠木健、Chesbrough, 2001, 2005; Chesbrough, 2003)。因此,产品建构和组织建构之间的匹配关系应该是动态的。在产品建构发生变动的时期,企业的组织建构也应该随之发生变动。但是,在一些时候,由于组织形态存在惰性,所以企业往往难以在产品建构的变动期对组织形态进行调整。

很明显,上述分析实际上是从动态的角度对酒向等人提出的产品建构和组织建构的互补性假说所进行的补充。将他们的研究和酒向等人的研究结合在一起,我们可以更为全面地理解技术—组织互补性假说(见表3-5)。

表 3-5　基于建构的技术—组织互补性假说的动态版

<table>
<tr><td colspan="2" rowspan="2"></td><td colspan="2">产品的建构特征</td></tr>
<tr><td>模块型产品 ←</td><td>→ 集成型产品</td></tr>
<tr><td rowspan="2">组织形态的建构特征</td><td>模块型组织</td><td>模块化陷阱
(产品建构趋向集成型,但是组织形态没有跟进时发生)</td><td></td></tr>
<tr><td>集成型组织</td><td></td><td>集成型陷阱
(产品建构趋向模块型,但是组织形态难以转变为集成型时出现)</td></tr>
</table>

资料来源:根据楠木健、Chesbrough(2001,2005)和 Chesbrough(2003)改写。

产品建构领域的理论家们的上述研究实际上指出了企业获得和维持

竞争力的关键因素在于实现企业组织形态与产品的建构特征之间的动态平衡。这里所说的企业内组织形态的发展和调整是以企业内部的组织能力为前提的,而产品建构的变化在一定程度上是外生的。因此,这一理论在一定程度上实现了对强调企业内部因素对企业竞争力的影响的资源能力学派和重视外部因素对于企业竞争力的决定作用的定位学派的统合。[①]

借助基于建构的技术-组织互补性假说及其动态版本,我们可以对20世纪90年代初期以后中美日企业竞争力的演变逻辑进行说明。第一,由于美国企业的组织形态具有较强的模块型特征,所以美国企业历来在具有模块型产品建构特征的产业具有竞争力。相反,相对而言,由于日本企业的组织形态具有明显的集成型特征,所以日本企业在具有集成型产品建构特征的产业具有竞争优势。[②] 90年代初期之前两国企业在国际市场的分工格局即源于此。[③] 第二,在90年代初期之后,以ICT产业群为核心,大量产品的建构特征开始向模块化的方向变动。由于美国企业的组织形态适应这一技术变化,所以美国企业的国际竞争力开始回升。但是,由于日本企业的组织形态不适应这一技术变化,所以日本企业在ICT等产业开始失

① 关于这一问题,请参考藤本隆宏等研究者关于商业模式建构的分析(藤本隆宏等,2001)。

② 关于美日两国企业的组织形态的特征,参考Aoki(1986)。

③ 莱斯特曾经提出过一个非常有趣的问题。首先,他描述了20世纪80年代中期至90年代初期的两个主要经济体的表现。A国的经济表现很糟糕。大量企业在国际竞争中失去优势,高报酬岗位大量流失,连年累积的贸易赤字使得该国成为当时世界上最大的债权国,储蓄率降至历史性的低水平,收入分配恶化,只有20%的国民对于将来具有信心。B国的情形则似乎大不相同。在80年代,这个国家创造的新增就业机会超过了其他所有国家,通货膨胀率维持在25年以来的低水平,人均收入达到世界最高水平,在1987—1992年间,制造业出口增加了一倍。这样两个国家的表现似乎完全不同。大多数读者会认为A国是美国,B国是日本或者德国。但是正确答案是A国和B国都是美国。回答这个问题的关键是对于A国的描述主要针对制造业之中的一些部门,即在80年代的国际竞争中失去竞争优势的传统制造业,而对于B国的描述则主要针对在80年代开始出现并快速扩张的新兴的、以ICT为核心的产业群。换言之,在80年代的美国经济中,存在一个衰落的产业群,也存在一个成长的产业群。如果不能注意到这种结构化的差异,那么我们很难准确地回答上述问题(Lester, 1998: 11—12)。但是,接下来更为重要的问题是,众所周知,不同产业群的美国企业的基本管理原则基本一致。那么为什么在同样的管理原则之下,ICT产业群实现了发展,而部分传统制造业则持续衰落?问题的关键在于,在美国式的管理原则之下,不同产业的企业发展出来的组织形态基本上都是模块型的,尽管这种模块型的组织形态适应ICT产业群的技术特征,但是不符合部分传统制造业的技术特征。从理论上讲,这里涉及的就是所谓技术-组织互补性问题。只有在产品建构理论的框架之下,技术-组织互补性问题才能得到有效的解释。

去竞争优势。第三,产品建构的模块化在不同产业的进展有所不同。在汽车等产业,产品建构仍然维持在集成型的状态。因此,日本企业集成型的企业组织形态仍然可以发挥竞争力,而美国企业模块型的企业组织形态难以在具有这种技术特征的产业充分实现竞争优势。日本汽车企业在国际市场的份额在20世纪90年代之后持续扩张的原因以及美国两大汽车企业在2008年之后的危机中破产的根本原因即在于此(葛东升、宋磊,2014)。第四,产品建构的模块化意味着复杂产品开始变得简单化、关键部件开始在全球范围内流通。对于中国企业而言,在ICT产业群,生产过程主要是采购关键零部件,然后进行组装。由于ICT产品的部件之间的界面已经高度标准化,所以中国企业不但可以迅速形成生产能力,而且产品质量也得以迅速提升(藤本隆宏、新宅纯二郎,2005)。但是,在ICT产业群,产品建构的模块化以关键部件的集成化为前提。关键部件的集成化意味着关键部件的技术复杂性上升,中国企业难以通过生产量的增加来提高对于关键部件的理解。正是在这样的过程中,部分中国企业落入中国版的模块化陷阱(宋磊,2008)。中国政府在2006年前后转向自主创新战略的根本原因之一也在于此。

产品建构理论的上述研究实际上主要围绕狭义的生产过程展开。但是,尽管经常受到忽视,产品建构领域的理论家们已经将分析对象扩展到广义的生产过程——由产品的设计、生产和销售构成的过程,关于商业模式建构的分析就是其中的典型。

关于商业模式建构的研究存在两个版本。

青岛矢一和武石彰认为,广义的生产过程可以理解为一个复杂系统。借用西蒙的视角,他们指出,所谓商业模式建构指构成这一系统的各要素之间的相互作用方式。由于广义的生产过程由产品的设计、生产、销售和售后服务等环节组成,所以商业模式建构由产品建构、工序建构、流通过程的建构以及这些建构之间的相互关系构成。不同产业具有不同的处于主导地位的商业模式建构;在不同产业的不同发展阶段,处于主导地位的商业模式建构也有所不同。因此,如何协调构成商业模式建构的各个组成部分之间的关系，即如何确定这些组成部分之间的界面，对于企业能否形成或维持竞争优势具有重要意义（青岛矢一、武石彰，2001：32—45）。

相对于青岛矢一和武石彰的上述分析，藤本隆宏关于商业模式建构的研究更具有应用价值。和青岛矢一等人一样，藤本隆宏也认为商业模式建构涉及广义的生产活动的各个环节。但是，他的商业模式建构论更关注产品建构和工序建构在商业模式建构中的作用（藤本隆宏，2001：26）。由于企业生产的产品往往是客户主导的更复杂的产品或价值网络的一部分，所以企业必须关注客户主导的产品或价值网络的性质（Christensen and Rosenbloom，1995；Christensen，1997）。

如表 3-6 所示，藤本隆宏认为，从企业生产的产品的建构特征和企业的客户所生产的产品的建构特征出发，商业模式建构可以区分为四个类型。以这种分类为基础，他讨论了不同的商业模式建构的战略含义。

表 3-6　商业模式建构的类型：基于产品建构的分析

		企业生产的产品的建构特征	
		模块型产品	集成型产品
企业的客户生产的产品的建构特征	模块型产品	商业模式建构(1)：(内模块、外模块)	商业模式建构(2)：(内集成、外模块)
	集成型产品	商业模式建构(3)：(内模块、外集成)	商业模式建构(4)：(内集成、外集成)

资料来源：根据藤本隆宏(2004：270)改写。

藤本隆宏提出的商业模式建构论具有两重意义。一方面，这种理论从特定的角度对于商业模式建构进行了具体分析；另一方面，他在这样的分析中提出，企业可以根据内部能力和市场需求，在具有不同建构特征的产品之间进行战略选择，这种选择可以称为基于产品建构的战略定位（product architecture-based positioning）。由于基于产品建构理论的主流文献长期以来主要强调企业内部能力的重要性，所以藤本隆宏关于企业可以在具有不同建构特征的产品之间进行定位的研究实际上将企业的内部能力和外部定位清晰地连接起来。

将青岛矢一、武石彰和藤本隆宏关于商业模式建构的研究相结合,我们可以从企业生产的产品的建构特征以及企业和客户之间的界面的特征出发,对于商业模式建构进行新的定义。表3-7即是对这种新的定义方式的图示。①

表3-7 商业模式建构的类型:基于产品建构、企业与客户关系的分析

<table>
<tr><td colspan="2" rowspan="2"></td><td colspan="2">企业生产的产品的建构特征</td></tr>
<tr><td>模块型产品</td><td>集成型产品</td></tr>
<tr><td rowspan="2">企业与客户的关系的界面</td><td>标准</td><td>商业模式建构(1):
(内模块、外模块)</td><td>商业模式建构(2):
(内集成、外模块)</td></tr>
<tr><td>特殊</td><td>商业模式建构(3):
(内模块、外集成)</td><td>商业模式建构(4):
(内集成、外集成)</td></tr>
</table>

资料来源:笔者制作。

3. 产品建构理论和产业政策研究

藤本隆宏在分析如何将产品建构理论和产业政策研究相结合的时候,曾经做出如下论述:

> 在战后日本产业政策的研究之中,究竟应该将竞争导向开放的方向(自由贸易),还是应该将竞争导向封闭的方向(保护国内市场)是一个研究主轴。在现阶段,究竟应该推动产品建构向开放的方向移动,还是应该将产品建构维持在封闭的方向显然应该成为产业政策研究的新主轴。
>
> 藤本隆宏(2001:26)

如果说上述论述稍显暧昧的话,那么他在再次论及这一主题时的表达则非常明确。在提及战后日本的产业政策实际上倾向于保护或支持几乎

① 酒向对于企业间关系的建构所进行的分析的对象是生产领域的企业间关系(Sako,2003)。我们在这里讨论的企业间关系是销售领域的企业间关系。

所有产业和价值链的几乎所有环节,而在 20 世纪 90 年代之后这种“全套主义的政策”(full-set policy)已经不具有可行性之后,藤本隆宏指出,现代产业政策的制定者应该识别不同产业部门的最优管理实践(best practice),在政策措施和这些最优管理实践之间建立联系,而产品建构理论则为这种真正具有战略性的产业政策提供了理论基础。具体而言,他从产品建构理论出发,提出了设计产业政策的政策措施的几项原则(Fujimoto,2007:103—105)。第一,日本的产业政策应该协助企业维持和强化集成型的生产组织能力。第二,在识别出具有集成型产品建构特征的产业群之后,应该将政策资源集中投向这种产业群的价值链的所有环节。第三,在中长期内,在具有开放性和模块型特征的产业群之中,逐步推动企业形成适应这类产品的技术特征的组织形态和组织能力。

尽管藤本隆宏的上述论述主要基于日本的政策实践,但是这样的论述显然具有一般性。从一般意义上的产业政策研究的角度来说,藤本隆宏的相关研究的理论价值在于明确地指出产业政策应该具有微观基础,而产品建构理论可以为政策制定者确认政策措施的微观基础提供具有学理依据的参考。值得指出的是,藤本隆宏关于产业政策的制定者应该识别不同产业群的最优管理实践,并在具体的政策措施和最优管理实践之间建立联系的论述和约翰逊的早期研究之中对于产业合理化政策的肯定具有内在的联系。本书之所以将约翰逊引用过的德鲁克的名言“只有管理者,而非自然、经济法,或者政府,能够使资源变得有效”作为题记,正是因为这句名言不但反映了约翰逊被忽视的洞见,而且和产品建构理论——本书倡导的生产主义的工业战略观的主要分析工具——的政策含义高度一致。

但是,尽管藤本隆宏关于产品建构理论和产业政策的政策设计之间的关系的论述具有开创性意义,但是在具体的政策设计方面,他的论述却是非常简略的。因此,在进入具体的分析之前,有必要结合我们在本节对于产品建构理论的主要内容所进行的讨论,对于具体的政策措施的设计进行比较详细的说明。

笔者认为,从产品建构理论出发,政策制定者应该将以下原则体现在政策措施的设计之中。

第一，正如藤本隆宏所指出的那样，政策设计应该建立在对于产业的主流产品的建构特征的确认的基础之上。但是，由于产品建构处于变化的过程之中，所以政策制定者应该动态地把握产品的建构特征。首先，如果产品建构是稳定的，那么政策措施应该推动企业形成和产品的建构特征匹配的组织形态与组织能力。其次，如果产品建构处于变动的过程之中，那么政策措施应该引导企业以动态地适应变动中的产品建构特征的形式发展组织形态和组织能力。在这里，需要注意的是，在一些情况下，政府或具有公共性的组织可以以介入产品建构的变化过程或直接改变产品的建构特征的形式为企业获得竞争优势创造前提条件。第二，商业模式建构是影响企业竞争力的变量之一。政策制定者有必要以适当地介入商业模式建构的形成的方式来推动企业提高竞争力。

总的来说，借助产品建构理论提供的视角，我们可以发现在企业形成和维持竞争力的过程中存在一些关键结点。同时，在不同的产业和同一产业的不同发展阶段，这些关键结点可能有所不同。在这样的视角之下，对于产业政策的制定者来说，真正的政策要点在于将有限的政策资源投入这些关键的结点，推动企业形成和维持竞争力。

第三节 小结：政企关系的微观基础和关键因素

产业政策领域的研究长期以来没有取得根本性的进展。这一现象既源于既有理论框架或研究范式的局限，也和这一研究领域缺乏有效的分析工具有关。在这样的背景下，大量研究停留在抽象原则的阶段。由于产业政策具有强烈的实践性，所以缺乏微观基础的产业政策研究很难支持政策实践。

为了确认发展战略领域的政企关系的微观基础，为改善后进国家的政策实践提供方向，本书的第二、三章提出了作为交易的政策过程论和生产主义的工业战略观，并比较详细地讨论了配合这样两个理论框架的两种分析工具。本书的第二篇和第三篇将分别运用这样两组理论框架与分析工具,对政策诱导租或状态依存租的配置过程和熊彼特租的实现过程进行分析。

为本书的第一个理论框架——作为交易的政策过程论——提供了出发点的康芒斯在分析交易的效率的时候做出过以下论述:

> 通过劳动力来控制一种关键性因素,使得它或者它自己的能力可以控制许多其他的自然能力——这种意志的程序是普遍存在的,人类从最初发明工具的时候起直到空中的波长服从人类指挥的时代都是这样。它的普遍性是“限制性因素和补充性因素”的原则。限制性因素是(这样)一种因素,在适当的时间和地点用适当的形式加以控制,就会使那些补充性因素发生作用,取得预期的结果。很少一点钾肥,如果它是限制性因素,也许就会使谷物产量从每亩五蒲式耳增加到二十蒲式耳。聪明的工匠注意控制限制性因素,他知道那些补充性因素自会产生预期的结果。举棋不定的人只在补充性因素上浪费时间。
>
> 康芒斯(2009b: 284)

我们曾经指出,如果将产业政策的政策过程视为一种交易,那么这种交易由政府配置政策诱导租或状态依存租的过程(政治的交易)和企业在生产和经营活动中通过运用政策诱导租或状态依存租来实现熊彼特租的过程(经济的交易)构成。如果将这种交易的本质理解为政策诱导租或状态依存租和熊彼特租的转化的话,那么在上述两个过程或两种交易之中都存在决定交易成败的关键性因素。本书的第二篇和第三篇的目的即在于通过运用本章讨论的分析工具来确认这些关键性因素。

第二篇

政策诱导租的分配与利益协调

产业政策或产业计划可能通过牺牲其他部门的利益将资源集中投入战略部门的形式对高度成长期的经济发展做出贡献。分析这种政策为何能够得以实施是一个有意义并令人感兴趣的问题。但是,正如保罗·克鲁格曼所指出的那样,如果不能实现连续的技术进步,那种通过增加要素投入(以及向特定的部门投入要素)来实现高度成长的方法只在某一时期内有效。

青木昌彦(1996：238)

李斯特正确地指出了市场失灵的可能性,即在具有很强的不确定性和外部性之特征的动态过程中,尤其是在发展的初期,新产业中的长期投资往往低于最优水平。然而,他是否认识到政府为保护幼稚产业而对市场进行干预,可能会产生比市场失灵更为严重的政府失灵,是令人怀疑的。这个危险可以叫做“李斯特陷阱”。

速水佑次郎、神门善久(2009：214)

第四章 政策诱导租的分配(1):发展型国家论的发展

后发优势理论——发展型国家论的理论源泉之一——的创始人格申克龙在论及19世纪90年代俄国工业战略的时候曾经做出以下评论:

> 俄国的资本短缺表现在,银行系统在为大规模工业化筹集足够的资金方面不能令人信服地取得成功。在那里,工商界的诚信标准达到了令人悲哀的低下程度,公众的普遍不信任如此强烈,以至于银行甚至连吸收本可以得到的小额资本金的希望也没有。在一个欺诈性破产几乎被推广成为一种普遍的企业经营之道的经济中,任何银行都不可能成功地实行长期信贷政策。为了提供工业化所需要的资本,就要求政府这个强制性的机器,通过它的税收政策成功地将收入从消费向投资转移。毫无疑问,在这里政府作为工业化的一个推动者(agens movens),是以一种远非完全有效率的方式来履行它的义务的。官僚机构的无能和腐败情况是严重的。伴随这一过程而出现的浪费是惊人的。但是,结果毕竟是,由维什涅格拉茨基和维特所推行的政策取得了无可否认的巨大成功。
>
> 格申克龙(2009:24)

格申克龙的上述评论和本书第二篇的题记中引用的速水佑次郎、神门善久的论述显然涉及了同一个问题,那就是如何抑制包括寻租成本在内的产业政策的负面影响。但是,阻碍产业政策取得成功的因素不仅是寻租成本。正如我们在题记中援引的青木昌彦的论述所表明的那样,具有歧视性的产业政策在逻辑上必然引起政治冲突和利益协调问题。所以,产业政策只有在有效地抑制寻租成本的情况下才可能取得成效,也只有在成功地解决利益协调问题的情况下才可能进入实践阶段。

但是,需要注意的是,在不同国家,解决利益协调问题的政治机制和抑制寻租成本的政策设计未必相同。毕竟,维特、佐桥滋和朴正熙面临的政治经济环境与国际经济背景是全然不同的。[①] 由于关于政府介入产业发展的讨论在相当程度上是由发展型国家论者引发的,所以本书的第二篇从发展型国家论的角度讨论以上问题。

本章的第一节简要地总结政府在产业层面的介入所引发的利益协调问题和寻租活动的类型,第二节总结发展型国家论的两个研究传统或研究路线,第三节从上述两个研究传统或研究路线出发,对利益协调的方式和寻租活动的抑制机制进行总结。本章采取这样的结构主要是因为一般意义上的寻租活动问题已经被比较充分地讨论,回到发展型国家论被忽视的研究传统和研究路线,可以发现寻租活动的重要侧面。第五章依据本章提供的分析框架,对日本和中国的相关实践进行总结与比较。

第一节　产业政策的所得分配效果和寻租活动[②]

与宏观经济政策相比,产业政策更深刻地介入了产业间与产业内部的资源配置过程和社会经济体系的再生产过程。在这样的过程中出现的一

---

① 维特是20世纪初期俄罗斯著名的改革者。在经济领域,维特主持的改革取得了重要的成就,开发亚洲地区、引进外资、以保护关税来鼓励国内投资被称为“维特的三大创举”。关于维特的改革措施,请参考金雁、秦晖(2014)。佐桥滋是日本战后主管产业政策的通商产业省的政务次官中最为著名的一位。以产业政策的政策当局为描写对象的小说《官僚的夏天》(城山三郎,1975)的主角风越信吾的原形即是佐桥滋。

② 本节的部分内容参考了宋磊(1999)。

个重要问题是,产业政策引起的资源配置的变化不具有帕累托改进的性质,而是一种非帕累托改进:产业政策在使得某一产业(或企业)在资源配置过程中的地位上升的同时,必然降低其他产业(或企业)在资源配置过程中的地位。换言之,在资源有限的情况下,某些产业(企业)获得的资源的增加,必然意味着其他产业(企业)可以获得的资源的减少。① 从社会经济体系的循环过程来看,资源配置是生产过程的前提,所得分配是生产过程的结果。在这个意义上说,资源配置决定所得分配。所以,产业政策必然具有所得分配效果。

在笔者的阅读范围之内,齐斯曼是最早论及产业政策的所得分配效果的研究者。他指出:

> 为产业与经济发展制定国家政策的斗争,最终变成了如何分配产业变革带来的成本与收益的斗争。除非存在能对增长的收益与成本进行分配的政治安排,否则分配性的斗争将逐渐削弱追求增长的共识。在这里,国家影响特定部门政治与市场结果的能力,与国家追求的实际目的联系在了一起。政治协议直接交给市场来进行,同时国家给那些抱怨声最大的人一些小补偿。美国对受到进口损害的工人与社区进行贸易调整补助正好符合这一点。国家可以通过有意识地调控市场来施加分配结果,或者让相关生产企业集团通过明确的谈判来得到分配结果。显然,这些选项并不是互斥的。
>
> 约翰·齐斯曼(2009:92)

类似地,加尔布雷斯曾经指出,政府在制定产业政策的时候,需要重视协调的原则、平衡的原则、实验的原则和公开的原则。关于协调的原则,他强调产业政策应该经由民主的程序来制定,最为理想的状态是在政府、劳动者和其他团体之间达成协议(Galbraith, 1985:97—106)。这样的论述

---

① 在战后初期的日本,政府对于钢铁等战略性产业的支持曾经直接引起了纺织产业从业者的不满。后者认为,那种只能在大量的财政补助之下才能发展的产业不如放弃(桥本寿朗,2001:109—110)。

显然意味着加尔布雷斯意识到了产业政策具有所得分配效果，主张政策制定者应该将如何弱化这种所得分配效果纳入思考范围。基于同样的逻辑，作为战后日本产业政策原形的倾斜生产方式的倡导者，有泽广巳也主张劳动者应该参与产业政策的制定。但是，齐斯曼、加尔布雷斯和有泽广巳的相关论述长期以来一直没有受到产业政策研究者的重视。[①]

总的来说，产业政策不可避免地产生所得分配效果。依据这一认识，产业政策不仅是资源配置政策，而且是所得分配政策。产业政策的所得分配效果决定了产业政策的制定与实施必然引起各部门、各企业以及各阶层之间的利益冲突。[②] 实际上，在一些国家中，产业政策往往不能按计划实施的原因之一就与产业政策的所得分配效果密切相关。[③] 在逻辑上，这种利益冲突的类型和表现形式可以归纳为表 4-1。

表 4-1　围绕产业政策的制定与实施而出现的利益冲突

利益冲突的类型		利益冲突的表现形式
阶层之间和阶层内部	劳动者与所有者之间	围绕劳动分配率出现的冲突
	劳动者阶层内部	围绕产业间工资差距与企业内部工资制度和升迁体系产生的冲突

① 江小涓在论及产业政策的公平性问题时指出，“无论是支持某些行业发展的政策，还是限制某些行业发展的政策，都会在使经济活动中某些部分受益的同时，使另外一些部分受到损害。例如，支持某个行业发展的政策，实际上是将在没有产业政策的状况下本应进入其他行业的部分资源通过强制性或诱导性手段转移给了特定的行业；限制进入某个行业的政策，实际上保护了这个行业中已有的生产者的利益，损害了那些希望进入该行业并有可能在竞争中取胜的潜在的生产者的利益，也损害了那些能够从生产者之间的竞争中获益的消费者的利益”。接下来，她直接论及了产业政策的所得分配效果。“如果考虑到产业政策的再分配性质，问题还要复杂一些，因为出现了性质不同的判断标准。产业政策的配置性功能与再分配功能往往是冲突的，因为前者要求的‘科学性’与后者所要求的‘民主性’往往是冲突的”（江小涓，1996：112—113）。

② 一些先行研究曾经提及公共投资、农业政策和衰退产业调整援助政策具有所得分配效果（伊藤元重等，1988；奥野信宏等，1994）。但是，应该注意的是，这些研究与转移支付问题密切相关，而主要以影响资源配置为目的的产业政策的所得分配效果在这些研究中没有受到重视。正如 Milgrom and Roberts（1992）所指出的，在对发展中国家的经济发展进行分析时往往无法将所得分配与经济效率严格地分割开来。在这个意义上来说，产业政策的所得分配效果值得关注。

③ 关于印度、土耳其、印度尼西亚和中国的实践，请参照 Yoneda（1985）、殷醒民（1992）和 Krueger（1974）。

(续表)

利益冲突的类型		利益冲突的表现形式
部门之间和部门内部	衰退部门与成长部门	围绕产业间资源转移展开的冲突
	同一制造业内部企业间	不同规模企业间的利润率差距;同一产业大企业之间的竞争

注:关于同一产业内部大企业之间的利益协调,请参考本书第六章第二节关于衰退期船舶产业的内部调整的讨论。

资料来源:根据宋磊(1999: 74)改写。

我们在本书的第一部分曾经指出,产业政策主要以政府配置政策诱导租或状态依存租金的形式表现出来。因此,产业政策的所得分配效果引起的利益冲突也主要和租金的配置有关。在这个意义上来说,这里所说的利益冲突在相当程度上体现为寻租活动。

实际上,原田泰和香西泰曾经明确地指出,推行产业政策必然引发寻租活动。

> 最为重要的是,保护某一产业必然引发大量的寻租活动。如果某一产业被政策当局认定为战略性产业并获得高额利润,那么所有的产业必然主张自己也是战略性产业。另外,如果这些战略性产业的产品处于高价格、低品质的状态,那么受到影响的产业也会要求补偿。……对特定产业的保护必然以牺牲其他产业为前提,因此,(短期内)通过保护特定产业来促进所有产业的发展的可能性不高。
>
> 原田泰、香西泰(1987: 18—19)

需要注意的是,正如表 4-1 所总结的那样,产业政策所引发的利益冲突或寻租活动不仅存在于产业之间,而且存在于规模不同的企业之间以及劳资之间和劳动者内部。

总的来看,与产业政策相关的利益冲突同时存在于公共领域和企业内部。类似地,与产业政策相关的寻租活动也同时出现于公共领域和企业内部。但是,关于寻租活动的研究主要集中在公共领域,企业内部的寻租活动长期没有受到重视。

第二节　发展型国家论的发展

与产业政策研究关系密切的发展型国家论实际上具有两个研究传统或研究路线。但是,受到学术界主流重视的只是其中的一个。挖掘发展型国家论之中被忽视的研究传统和研究路线,不但有助于全面地把握政府在产业层面所进行的介入的本质,而且有助于完整地理解源于政府介入的寻租活动及其抑制机制。

(一) 发展型国家论的研究传统:约翰逊对阿贝格兰[1]

众所周知,约翰逊关于战后日本经济发展中的政企关系的研究(约翰逊,2010)一直被视为发展型国家论的开山之作。但是,同样分析战后日本的政企关系的阿贝格兰的研究(Abegglen and BCG,1970)[2]几乎涉及了发展型国家的所有主要特征。他和约翰逊的区别或许只在于是否明确地提出发展型国家这一范畴而已。

阿贝格兰被公认为战后日本企业研究的开创者(Aoki, 1988: 111),其代表作(Abegglen, 1958; Abegglen and Stalk, 1985)是这一研究领域的经典。同时,他也是著名的日本股份公司论(Japan. Inc)的始作俑者(Abegglen and BCG, 1970)。但是,他的日本股份公司论被包括约翰逊在内的研究者所误解。实际上,对于日本股份公司论的解读表明,阿贝格兰不但是发展型国家论的早期源头之一,而且确立了与20世纪90年代以来的发展型国家论的主流研究所代表的研究传统有所不同的研究传统或研究路径。

接下来,我们试图论述以下两个问题:第一,阿贝格兰的相关研究基本具备了发展型国家论的主要要素;第二,阿贝格兰开创了和20世纪90年

---

① 关于发展型国家论存在两组研究传统和研究路径的观点源自宋磊(2015a)。本节是对这一观点的扩展。

② 此文献有日文和英文两个版本,参见书后参考文献。书中引用内容出自日文版。

代以来的发展型国家论的主流研究不同的研究传统和研究路径。

首先,一般而言,强烈的发展意愿、自主的核心官僚机构、紧密的政商关系和选择性的产业政策被视为典型的发展型国家的主要特征,也是发展型国家论的主要研究方向(Onis, 1991)。值得注意的是,阿贝格兰关于日本的政企关系的研究实际上涉及了发展型国家的这些主要特征或发展型国家论的上述主要研究方向。①

阿贝格兰不但认为强烈的发展意愿是日本经济发展的基础,而且明确指出,这种发展意愿不但存在于政府,而且存在于国民和产业界。② 在核心官僚机构方面,他认为经济企画厅的主要任务是提出建议,特定的经济政策主要由通商产业省和大藏省做出(Abegglen and BCG, 1970: 14)。在政商关系方面,阿贝格兰不但直接将其描述为紧密的伙伴关系(Abegglen and BCG, 1970: 89—94),而且对这一问题的关注贯穿了他的整部著作。③ 至于产业政策,尽管阿贝格兰没有像约翰逊那样直接将其作为全书的主题,但是他关于政商关系的所有分析都是围绕这一主题展开的。④

其次,阿贝格兰关于政企关系的研究路径和约翰逊关于同一主题的研究路径有所不同。这一问题在阿贝格兰的日本股份公司论及其后续研究中体现得非常明显。

关于阿贝格兰和日本股份公司论之间的关系,以下两个事实值得重视。第一,阿贝格兰不但提出了这一概念,而且参与了这一概念的传播。

---

① 类似于格申克龙和齐斯曼,阿贝格兰也重视企业的资金来源问题。但是,他认为高度依靠外部融资的资金结构、政企关系和劳资关系共同构成日本经济或日本企业的特征(Abegglen and BCG, 1970)。在强调资金来源问题的意义上,他的研究和发展型国家论者具有共同点;在将资金来源问题和日本经济的其他特征并列的意义上,他的研究具有更为宽阔的理论空间。

② 阿贝格兰写道,"明确的国民目的意识渗透到社会各个阶层。……这种目的是通过强化日本经济来获得国家的自立性。产业界和政府在维持和扩大国家的良好的经济状态方面完全一致。"(Abegglen and BCG, 1970: 16—17)。

③ 在阿贝格兰的参与下完成的美国商务部报告书强调政府和企业之间的互动(interaction),而不是政府对于企业的控制(Kaplan, 1972)。这一观点和阿贝格兰早期的研究在本质上是一致的。

④ 阿贝格兰没有直接将产业政策作为全书的主题的原因或许是他试图在产业政策和企业战略之间维持平衡。换言之,阿贝格兰倾向于在更为宏大的框架之下把握产业政策,这一特点也是他和20世纪90年代之后的发展型国家的主流研究的本质区别。

第二,日本股份公司论存在两个版本,一个是阿贝格兰提出的学术版,另外一个是违背了阿贝格兰原意的通俗版。但是,学术版被长期搁置,而通俗版则大行其道。

日本股份公司论的风行源于美国商务部报告书(Kaplan, 1972)的出版。少为人知的是,阿贝格兰发表于1970年的研究(Abegglen and BCG, 1970)最早提出了这一概念,这一研究也是美国商务部报告的基础。实际上,他本人也主导了商务部报告的案例研究部分。①②

依据阿贝格兰的研究,日本股份公司这一用语最初来自20世纪60年代一位商社管理者的发言。这位管理者提到,"日本股份公司今后将持续快速发展"(Abegllen and BCG,1970:89),而在场的记者们完全没有对这一用语表示异议。接下来,阿贝格兰写道,"我的一位同僚在初次接触日本经济的时候,将日本经济的运行机制比作具有若干事业部的GE和GM。日本政府相当于公司总部,负责制订计划、决定总体投资事项,日本的大企业相当于事业部,在总部的框架之下拥有广泛的决策权,负责直接经营"(Abegglen and BCG, 1970:89—90)。

如果只考虑上述引文,那么阿贝格兰的日本股份公司论和流行于媒体的日本股份公司论——认为日本经济是由政府,特别是通商产业省控制的经济体的观点——没有本质区别。但是,阿贝格兰实际上准确地把握了那位商社管理者的言论的准确含义。他认识到,尽管日本政府在经济发展中发挥了重要作用,但是,由于政府无法命令企业,所以将日本的政企关系比喻成GE或GM之中企业总部和事业部之间的关系并不合适(Abegglen and BCG, 1970:94)。他准确地指出,上述商社管理者之所以将日本经济比作日本股份公司,是因为日本社会存在强烈的一体感:

日本政府和日本企业形成特殊关系的第二个原因是国家的一体

① 美国商务部报告的执笔者在序言中明确指出,报告的案例部分是在阿贝格兰的指导下完成的(Kaplan, 1972:4)。

② 关于阿贝格兰的日本股份公司论的考证以及阿贝格兰的研究路径的讨论,参考了宋磊(2015)。

> 感广泛地存在于国民之中。……日本社会之中明显地存在将“他们(they)”、即所有的外国人和“我们日本人(we)”进行比较的情绪。“我国(our country)”这一用语经常让外国人感到困惑。这种一体感在推动经济发展这一问题上体现得尤为明显。企业和政府在增进国家的经济福祉方面高度一致。
>
> Abegglen and BCG (1970: 95—96)

因此,阿贝格兰之所以使用日本股份公司这一术语,主要是因为这一术语反映了日本社会的一体感,并不意味着他认为日本企业是由政府主导的。[①] 至此,我们可以确认,阿贝格兰的学术版的日本股份公司论和通俗版的日本股份公司论完全不同。那么,学术版的日本股份公司论的要点是什么?实际上,这一要点存在于阿贝格兰首次提出日本股份公司这一概念的时候所使用的分析方法之中,并在之后的研究中得到了强化。

在发表于1970年的《理解日本式管理:日本股份公司论》一书之中,阿贝格兰将企业资金的供给方式、政企关系和劳动过程的组织方式视为日本经济成长的三个主要决定因素,并对资金供给方式和劳动过程的组织方式进行了详细的讨论。这样的分析框架意味着他认为日本的经济成长的源泉在于企业的生产系统,政府的作用在于推动这种生产系统的形成并对其进行补充。在具有重要学术影响的《会社》(Abegglen and Stalk, 1985)一书中,这种分析框架得到了进一步强化。

在《会社》一书中,阿贝格兰明确地将日本的经济成长归因为日本企业的成长战略和在这种成长战略之下形成的生产组织方式。这里所说的成长战略指通过持续地增加投资和产品数量、连续地降低成本来追求市场

---

① 阿贝格兰关于日本社会的一体感的洞察是深刻的,可以与相关领域的政治学家、社会学家的经典论述相互印证。著名社会学家中根千枝曾经指出,日本社会的组成原则不是成员的专业资格,而是社会关系。在这种社会关系之下,社会成员之间具有强烈的相互依赖(中根千枝,2013:26—35)。著名经济社会学家罗纳德·道尔则将日本企业称为准共同体企业(Dore, 1973)。代表了日本政治学最高水平的丸山真男指出,国家(政府)是日本社会的象征(Okimoto,1989: 226)。道尔和丸山真男的论述实际上指出了日本政府和社会之间的一体感。换言之,日本社会之中存在明显的一体感,这种一体感不但存在于社会集团或企业内部,而且存在于政府和社会之间。阿贝格兰正是在这一意义上使用日本股份公司一词。

份额的最大化(Abegglen and Stalk, 1985: 65),在这种成长战略之下形成的生产组织方式则指以多能工和密切的企业间关系为基础的看板生产方式(Abegglen and Stalk, 1985: 65, 138—169),即后来受到广泛推崇的精益生产方式(Womack *et al.*, 1990)。

作为日本股份公司论这一概念的提出者,阿贝格兰自然没有忽视政府的作用。在肯定政府在教育等社会政策领域的政策之外,阿贝格兰在《会社》一书中也再次肯定了政府的金融政策对于企业投资的推动作用(Abegglen and Stalk, 1985: 60)。但是,阿贝格兰对于政府的作用的研究和那些认为日本政府控制经济的流行论调完全不同(Abegglen and Stalk, 1985: 31)。他认为,日本政府在推动产业结构升级的过程中所发挥的主要作用是保持市场机制的活力,为那些产业中的企业发挥能力创造条件(Abegglen and Stalk, 1985: 64,112)。实际上,他指出,日本政府认为,对于经济发展而言,企业的活力不但不可或缺,而且是最有效、最合适的手段。因此,日本企业是经济发展的主体,而日本政府则是一个优秀的配角(Abegglen and Stalk, 1985: 62,194)。换言之,在阿贝格兰看来,在特定战略之下形成的生产组织方式是日本经济成长的主要原因,而政府为这种生产组织方式的形成提供了条件。

从以上总结可以看出,阿贝格兰试图从政府对于企业层面的生产组织方式的影响来把握政府的作用。需要注意的是,政府能否顺利地推行其政策在相当程度上取决于政府能力,而企业在政府提供的环境之下能否实现生产组织方式的创新则取决于企业能力。因此,阿贝格兰实际上提出了一个从政府能力和企业能力的角度来理解政企关系的分析框架(宋磊,2015a: 44)。这种分析框架和一些日本学者近年来在政企关系领域所进行的研究(小田切宏之、后藤晃,1998;桥本寿朗,2001;尾高煌之助、松岛茂,2013)以及笔者倡导的生产主义的工业战略观具有内在的联系。

(二)发展型国家论的发展:约翰逊传统的确立和阿贝格兰传统的淡出

通过以上分析,我们发现,广义的发展型国家论实际上存在阿贝格兰和约翰逊两位开创者。如果说广义的发展型国家论之中存在围绕资源配置而展开的政治活动和以生产过程为中心的企业生产过程两个研究主题的话,那么阿贝格兰和约翰逊的研究同时涉及了这样两个研究主题。[①] 但是,相对而言,阿贝格兰更重视后者,而约翰逊则更重视前者。更为重要的是,如果将更为重视后者的阿贝格兰的研究路径和更为重视前者的约翰逊的研究路径称为阿贝格兰传统和约翰逊传统的话,在发展型国家论的后续发展中,约翰逊传统成为主流,而阿贝格兰传统则逐渐淡出。[②]

在约翰逊的研究出版之后的一段时间之内,约翰逊传统和阿贝格兰传统曾经共存于发展型国家论的重要研究之中。但是,在20世纪90年代之后,这种相对均衡的研究格局开始出现变化。这种变化比较清晰地体现在发展型国家论在不同时期的一组代表作的研究风格的转变之中。

阿姆斯登发表于1989年的《亚洲的新巨人:南韩和后发展》和韦德发表于1990年的《驾驭市场:经济理论和东亚工业化进程中政府的作用》被公认为发展型国家论在20世纪80年代的两部重要著作(Amsden, 1989; Wade, 1990)。尽管没有直接提及阿贝格兰的研究,但是阿姆斯登在这一时期的研究具有比较明显的阿贝格兰传统的特征。首先,她的分析框架建立在将后进国家的经济追赶理解为以学习(learning)为基础的发展过程的基础之上。[③] 同时,在阿姆斯登的研究之中,生产能力和技术能力也占有比较重要的地位(Amsden, 1989: 173—174)。其次,产业层面的案例分析

① 上文表明,作为管理学家的阿贝格兰重视政治活动。类似地,正如我们在本书第一章提及的那样,约翰逊的研究也涉及了企业层面的管理活动。

② 如果将以政治活动和企业层面的生产活动为中心的产业政策研究分别称为发展型国家论的研究传统中的上行路线和下行路线的话,那么约翰逊传统更倾向于上行路线,而阿贝格兰传统则更倾向于下行路线(宋磊,2015a: 20)。这里使用的上行研究路线和下行研究路线的用语,受到经济史家大冢久雄的启发。在讨论资本主义或近代化的不同发展道路的时候,大冢久雄使用过自上而下的道路和自下而上的道路的术语,并将荷兰和英国视为两条道路的典型(大冢久雄,1965)。

③ 她在研究的开篇部分指出,“格申克龙分析了经济落后地位的成本和收益,但是他没有将追赶过程当作一个(后进国家企业)学习如何(与先进国家企业)竞争的过程并对这样的过程展开分析”。接下来,她强调,“如果说首先出现于英国的工业化基于发明,而德国和美国的工业化基于创新的话,那么其他后进国家的工业化则基于学习”(Amsden, 1989: 3—4)。

是阿姆斯登的研究的重要组成部分。但是,韦德的研究则基本上集中于政府对于资源配置的影响。在他的研究之中,企业生产活动没有受到应有的关注,阿贝格兰传统被束之高阁。

在阿姆斯登之后,一些研究者关于东亚经济成长的研究具有阿贝格兰传统的特征。在这些研究中,金麟洙关于韩国赶超进程的研究是其中的代表。金麟洙在总体上继承了阿姆斯登的分析框架,将技术学习视为后进国家经济追赶过程的本质,试图论证政府如何推动了企业的技术学习(Kim, 1997: 18—19)。但是,他的研究主要被分类为管理学研究,在发展型国家论之中没有明显的影响。①②

随着阿贝格兰传统在20世纪90年代逐渐式微,约翰逊传统在这一时期获得了主流地位。在这一过程中,阿姆斯登和维斯等人关于嵌入自主性(embedded autonomy)与受控的相互依赖(governed interdependence)的研究(Evans, 1995, Weiss and Hobson, 1995)发挥了关键作用。在这些研究中,阿姆斯登和维斯等人对于发展型国家论的早期研究所设想的无私、全能的政府进行了审视,指出政府的作用只能建立在政府和产业或社会之间的紧密合作的基础之上。在这样的分析之中,政府和产业界或社会在公共领域所进行的利益协调就成为一个关键的研究议题,阿贝格兰传统自然被淡化。

在1999年,发展型国家论的一批理论家集体出版了《发展型国家》(Woo-Cumings, 1999)。这本论文集的写作意图有三:一是从发展型国家论的角度解释亚洲金融危机;二是集体回应学术界对于发展型国家论的批评,捍卫约翰逊的基本分析框架;三是将发展型国家论的分析范围扩展至

---

① 从发展型国家论的角度来看,金麟洙的研究不但将分析的重点放在了企业技术能力进步的具体过程,而且没有有效地将政府介入和企业技术能力进步的机制联系起来。这些问题或许是他的研究没有被发展型国家论的主流学者接受的主要原因。

② 就本书的问题意识而言,丹尼尔·冲本关于日本高科技产业政策的研究在一定程度上兼具阿贝格兰传统和约翰逊传统的特色(Okimoto, 1989)。但是,他的研究的中心是论证日本特殊的产业结构如何使得政府的介入可以顺利执行。因此,他不但没有明确地意识到阿贝格兰传统,而且在实际研究中也没有充分地发挥阿贝格兰传统的优势,没有将政治因素带入关于企业生产过程的分析之中。

东亚经济体之外。对于本章来说,在上述三个问题之中,第二个问题最为重要。值得注意的是,不管约翰逊在上述论文集中所进行的自我辩护是否成功,也不管其他发展型国家理论家们的学术声援是否有效,这种自我辩护或学术声援基本上围绕一般意义上的政治学议题展开,约翰逊的早期研究之中对于政府如何通过产业合理化政策具体地影响了企业的生产组织方式问题的分析已经不再是他们的研究主题。正是在这个意义上来说,这本论文集基本上决定了发展型国家论的研究走向,重视围绕资源配置而展开的政治活动的约翰逊传统成为发展型国家论的主流。换言之,这本论文集的出版意味着发展型国家论实际上基本成为一个政治学理论,存在于发展型国家论的早期著作的管理学因素彻底淡出。[①][②]

第三节 小结:发展型国家论的两个研究传统和寻租活动的两个侧面

对于发展型国家论的早期研究进行详细的考证,具有两重意义。第一,这种考证有助于我们构筑和发展生产主义的工业战略观;第二,这种考证有助于我们理解和产业政策相关的利益协调过程或寻租活动的两个侧面。第一重意义在本书的第三篇将得到体现,第二重意义则对于本书的第二篇具有参考价值。

尽管没有对产业政策的所得分配效果进行深入的分析,但是很多研究

① 在这本论文集出版之前,在发展型国家论的研究之中,遵循约翰逊传统的研究已经开始增加。比如,有研究者以铁路产业为例,深入地讨论了政治文化如何影响了美国、英国和法国的产业政策(道宾,2008),类似地,高柏比较详细地讨论了作为经济意识形态的发展主义如何塑造了日本的产业政策(高柏,2008),格里高利·诺贝尔则就执政党和产业政策之间的关系进行了比较分析(Nobel, 1998)。在这本论文集出版之后,发展型国家论的政治学色彩进一步明确(Kohli, 2004)。

② 近年来,发展型国家论的部分新一代理论家试图将政府的介入和企业的生产活动联系起来,他们的研究在某种程度上具有将阿贝格兰传统和约翰逊传统相结合的特征(Segal, 2003; Thun, 2006; Breznitz, 2007;王振寰,2010)。作为发展型国家论的最新发展,这些研究值得关注。但是,这些研究没有提出可以将政府的介入和企业的生产活动有效地联系起来的分析工具。本书的第三篇在借鉴这些研究的基础上,试图解决这一问题。

者对起因于产业政策的寻租活动给予了关注。但是,需要注意的是,这些研究大多只注意到起因于产业政策的寻租活动的部分内容。正如表 4-1 所归纳的那样,围绕产业政策的制定与实施而出现的利益冲突既存在于部门之间和部门内部,也存在于阶层之间和阶层内部。因此,起因于产业政策的寻租活动既存在于公共领域,也存在于企业内部,前者的表现形式主要是企业为获得政策诱导租或状态依存租所进行的竞争,后者的表现形式主要是劳动者和所有者围绕政策诱导租或状态依存租所带来的经济利益所进行的争夺。

值得强调的是,在主张政府介入的发展型国家论的研究之中,主流学者同样只关注起因于产业政策的寻租活动的部分内容:在阿贝格兰传统淡出、约翰逊传统成为主流的背景下,相关研究主要讨论如何抑制公共领域的寻租成本,而如何抑制企业内部的寻租成本这一问题没有受到应有的关注。梳理发展型国家论的两个研究传统,有助于我们从发展型国家论的角度揭示抑制产业政策的所得分配效果所引起的寻租活动的两个方向,为第五章的分析提供基础。

第五章 政策诱导租的分配(2):发展型国家的实践

寻租理论被反对和支持政府介入的研究者广泛地应用于东亚的产业政策研究。反对政府介入的研究者强调伴随介入而出现的寻租成本规模巨大、介入往往得不偿失。相反,支持政府介入的研究者则指出,在东亚的政策实践之中,伴随介入而出现的寻租成本的规模低于寻租理论的主流学者的推测。需要注意的是,强调寻租成本规模巨大的研究者的推测往往建立在一组理论假设的基础之上,而指出东亚的寻租成本较低的研究者的主张则背离了寻租理论的基本框架。因此,双方难以达成一致。

为了突破上述研究格局,本章从寻租理论的主流研究出发,借鉴发展型国家论的两个研究传统,梳理寻租成本的抑制机制,对日本和中国的政策实践进行比较。本章试图回应具有内在联系的两个问题:第一,在理论上,寻租成本的抑制机制的构成因素是什么;第二,在实践中,为什么同样推行产业政策的中日两国的寻租成本存在明显的不同。

第一节 寻租成本的抑制机制

(一) 寻租理论和产业政策研究

在寻租理论兴起之前,一般认为,垄断所带来的经济损失并不显著,大体上只相当于美国 GNP 的 1%(Harberger, 1954)。在寻租理论的早期理论家们看来,对于垄断所引起的经济损失的这种评价显然过低(Tullock, 1967, 1971; Kruger, 1974)。[①]

长期以来,垄断所带来的经济损失基本上被等同于消费者剩余的减少。但是,塔洛克指出,企业为了获得垄断地位,必然进行政治活动,这种政治活动就是所谓寻租活动,在这种活动中所消耗的成本的相当部分就是所谓寻租成本(Tullock, 1967)。[②] 因此,垄断所带来的经济损失既包括消费者剩余的减少,也包括寻租成本。

在将寻租理论运用到产业政策研究的时候,我们需要注意以下三个问题。第一,伴随产业政策出现的寻租活动是动态的过程,在寻租活动的不同阶段存在不同的寻租成本。第二,标准的寻租理论主要以垄断为分析对象,而产业政策的政策措施远远超过为特定企业提供垄断地位的范围。因此,有必要从寻租活动的角度对一般意义上的垄断和产业政策的政策措施的影响进行比较。第三,尽管寻租理论的主流研究倾向于强调寻租成本的规模巨大,但是这一理论的一些研究仍然涉及了寻租成本的抑制机制问题。

首先,在企业为获得租金而支出的成本,即一般意义上的寻租成本之外,伴随产业政策的制定和实施而出现的寻租成本还包括政府为创造政策租金而支出的成本(rent-creating cost)、企业在获得政策租金之后为了维持

---

① 关于寻租理论的理论结构的详细评论,请参考 Buchanan(1980)和 Tollison(1982)。

② 严格地讲,在寻租理论的早期研究之中,寻租成本指企业为获得租金而支出的成本之中彻底离开生产活动的部分。因此,对于官员的贿赂等支出不应该被包括在寻租成本之中。但是,在这一理论的后续发展和应用之中,这种限定逐渐不再严格。

这种特权地位而支出的成本(rent-keeping cost)、特定企业或利益集团为了防止某种政策租金的出现而支出的成本(rent-avoiding cost)以及围绕政策租金而出现的社会矛盾,即间接的寻租成本(indirect rent-seeking cost)。[①]

其次,寻租理论的早期理论家所关注的政府介入和东亚的政策实践的范围不同。塔洛克所关注的政府介入的范围相当有限,克鲁格所关注的政策介入也难以涵盖东亚的政策实践(Tullock, 1967; Kruger, 1974)。因此,尽管寻租理论为理解伴随东亚的政策实践而出现的寻租活动提供了基础,但是在分析东亚的政策实践时,有必要对这一理论进行扩展。

最后,在寻租理论中,存在若干讨论寻租成本的抑制机制的研究。尽管这些研究不是寻租理论的主流,但是其分析框架符合寻租理论的基本模型,为我们理解如何抑制伴随政策介入而出现的寻租成本提供了出发点。值得强调的是,借助第四章关于发展型国家论的研究传统的分析,我们发现,这种抑制机制不但存在于公共领域,而且存在于企业内部。

总体上,关于寻租成本的抑制机制,寻租理论的理论家们直接或间接地提及了两个关键因素。这些关键因素一是政策设计,二是制度环境和企业组织形态。

首先,尽管不是从抑制政府介入的负面影响的角度出发,但是塔洛克曾经简洁地提及过寻租成本的抑制机制(Tullock, 1987)。对于寻租理论的理论家们来说,在民主政体之下,为什么降低社会福利的经济政策能够被连续地制定和实施是一个难以回避的问题。实际上,政策制定者可能具有降低伴随政策介入而出现的寻租成本的动机。道甘和辛德的研究正是从这种可能性出发的(Dogan and Snyder, 1993, 1995)。基于案例研究,他们对租金在寻租过程中完全消散(full disputation of rent),即寻租成本等于租金总额这一寻租理论的核心假设提出批评,指出在现实的政策实践之中存在抑制寻租成本的机制。他们认为,在标准的寻租理论之中,政策设计被忽视。但是,在威权体制和代议民主制之下,政策租金的分配过程是不

① 在一定程度上,这种寻租成本源自产业政策的所得分配效果。

同的:在威权体制之下,政策介入往往伴随政策租金的消散或高额的寻租成本;在代议民主制之下,如何抑制寻租成本的规模往往是政策制定者关心的议题。因此,政策设计是寻租成本的抑制机制的一个关键组成部分。

其次,寻租理论的一些理论家注意到寻租活动的范围、方法及其结果由分配和竞争性地获得租金的规则决定,寻租成本的规模与制度环境以及企业内部的组织形态有关(Tollison, 1982: 584, 587; Tollison and Congleton,1995: 12)。因此,制度环境和组织形态是寻租成本的抑制机制的另一个关键组成部分。

接下来,我们借助标准的寻租理论的分析框架,对寻租成本的抑制机制进行简要的讨论。

(二) 寻租成本的抑制机制:公共领域和企业内部

1. 公共领域

在标准的寻租理论之中,租金的分配基本上被假设按照赢者通吃(all or nothing, winner takes all)的规则进行。具体而言,这一理论一般假设只有一个或极少数企业或利益集团在围绕政策租金而展开的竞争之中胜出。但是,这样的假设显然不符合东亚的政策实践。在东亚,政策租金更多地是由复数的企业或利益集团来分享的(rent-sharing)。

按照寻租理论的一般假设,如果政府依据特定企业或利益集团为获得政策租金而支出的费用占全部企业或利益集团所支出的总费用的比例来分配政策租金,那么参与寻租活动的特定企业或利益集团(j)所获得的政策租金(A_j)及其纯收益(N_j)可以表示如下:

$$A_j = \left[\frac{E_j}{\sum_{i=1}^{n} i}\right]R \qquad (1)$$

$$N_j = \left[\frac{E_j}{\sum_{i=1}^{n} i}\right]R - E_j \qquad (2)$$

A:特定企业或利益集团所获得的政策租金;E:各企业或利益集团的支出;N:特定企业或利益集团的纯收益;R:政策租金的总额;n:参与寻租的企业或利益集团的数量。

对(2)式进行微分,我们可以得到(3)式、(4)式:

$$\frac{\partial N_j}{\partial E_j} = \frac{\sum_{i=1}^{n} i - E_j}{\left(\sum_{i=1}^{n} i\right)^2} R - 1 = 0 \tag{3}$$

$$E_j = \frac{n-1}{n^2} R \tag{4}$$

如果各个企业或利益集团的支出相同,那么总支出(T)可以表达为(5)式:

$$T = \frac{n-1}{n} R \tag{5}$$

依据(5)式,如果按照寻租支出来分配政策租金,那么政策制定者可以通过限制参与竞争的企业或利益集团的数量来抑制寻租成本的总额。

上述推论建立在两个假设的基础之上:一方面,政策当局依据参与寻租活动的主体的支出规模来分配租金,这些主体的生产活动对于寻租活动的结果没有影响;另一方面,参与寻租活动的所有主体处于相同的竞争条件之下。

但是,如果将生产量等客观的指标作为分配政策租金的依据,那么生产活动(profit seeking)的扩大就成为获得政策租金的条件,寻租活动可能转化为生产活动。① 因此,如果政策当局将生产量等反映企业生产活动的指标作为分配政策租金的标准,那么参与寻租活动的主体所面临的竞争条件将有所不同。

康克兰将贴现率、获得政策租金的可能性引入分析过程,对塔洛克的构想(Tullock, 1981)重新进行了表述(Corcoran, 1984)。

---

① 关于寻租活动和生产活动的关系,请参考 Buchanan(1980)。

$$a = \frac{(n-1)r}{n^2}Pe^{-\theta t} \qquad (6)$$

在(6)式之中,a 代表参与竞争的主体的支出,P 代表现阶段(t)的租金总额,θ 代表贴现率,r 代表企业或利益集团参与寻租活动时所面临的竞争条件或获得租金的可能性,n 代表参与竞争的主体的数量。在所有竞争主体的支出相等、政策当局对于参与竞争的主体的资格不进行限制的情况下($r_1 = r_2 = \cdots\cdots = r_n$),所有竞争主体的总支出($T$)可以用(7)式表达。

$$T = \frac{(n-1)r}{n}Pe^{-\theta t} \qquad (7)$$

(7)式表明,控制竞争主体的数量、限制竞争主体所面临的竞争条件是抑制寻租成本的有效途径。假如存在三个竞争主体,而且三者获得政策租金的可能性相等($r_1 = r_2 = r_3$),那么三者的总支出可以表达为(8)式:

$$a_1 + a_2 + a_3 = \frac{3(n-1)r_1}{n^2}Pe^{-\theta t} \qquad (8)$$

在现实之中,如果政策当局将客观的指标作为分配租金的标准,那么竞争者获得政策租金的可能性显然是不相等的。比如,如果将一定的生产量作为分配租金的标准,那么一些企业将被排除出寻租过程($r=0$)。在上面的案例之中,如果有一家企业没有达到政策当局规定的生产量,那么这家企业将退出寻租活动。在这种情况之下,如(9)式所示,寻租成本的规模自然不同。

$$a_1 + a_2 + a_3 = \frac{2(n-1)r_1}{n^2}Pe^{-\theta t} \qquad (9)$$

上述讨论至少具有两个政策含义。第一,政府可以通过引入生产量等客观指标的方法来影响竞争条件(r)和寻租成本总额。[①] 基于绩效的政策租金(performance-based rent)或状态依存租的意义可以从这一角度

① 需要注意的是,这种客观标准的设定应该是动态的。比如,在分配租金的时候规定获得租金的企业在一定期间之后所应该达到的生产数量或技术水平,在下一次分配租金的时候依据这些指标来决定是否延长或追加政策租金。

得到确认。[①] 第二,特定产业的竞争形态对于寻租成本的规模具有重要的影响。如果对象产业的产业结构是以中小企业为中心的,即使引入客观的标准,退出寻租活动的企业数量也将非常有限,寻租成本也将维持在高水平。但是,如果对象产业之中若干大企业拥有重要的市场份额,那么在引入客观标准的情况下,大量中小企业将退出寻租活动,寻租成本将大大降低。因此,总的来看,在公共领域,政策设计和特定产业的产业组织结构共同影响寻租成本的规模。

2. 企业内部

在标准的寻租理论之中,劳动者被假设不分享租金(Nancy, 1987)。从本书第四章的讨论来看,这样的假定不符合实际。在现实中,工会和消费者团体以不同的形式参与寻租活动并争取分享租金。比如,工会当然会争取和资方共同分享企业利润。如果这种利润和政府介入有关,那么工会分享利润的努力显然属于广义的寻租活动。实际上,一些实证研究已经指出,特定产业的平均工资和政府对于这些产业的介入具有关联性。因此,在依据寻租理论来分析与产业政策相关的寻租活动的时候,有必要将工会和消费者团体纳入分析框架,在更为广泛的层面上讨论产业政策所引发的寻租成本问题。

在这一问题上,拉玛的研究(Rama, 1997)值得关注。拉玛认为,工会和消费者团体参与租金的分享将降低寻租成本的规模。由于主要以美国为对象,所以他更为重视消费者团体的影响。在东亚的高度成长期,消费者团体的影响较小。因此,为了简化问题,我们主要考虑工会分享租金对于寻租成本的影响。

首先,如果工会参与租金的分享,那么寻租活动的过程将发生变化,企业将不得不面临一般意义上的寻租活动和企业内部的租金分享活动。换

---

① 所谓表兄定理(brother-in-law-theorem)的逻辑也可以从这一角度进行理解。巴格韦蒂在讨论寻租活动的时候注意到,如果参与寻租活动的主体和政策当局具有非常紧密的关系,那么寻租成本接近于零。出现这一现象的原因在于,由于获得政策租金的可能性很低,所以其他主体退出寻租活动(Bhagwati, 1988: 103—104)。用本章使用的术语来表达,出现这一现象的原因在于,在这种情况之下参与寻租活动的主体的竞争条件(r)不同。

言之,在这种情况下,企业通过企业间的竞争获得一般意义上的政策租金之后,将不得不在企业内部和工会围绕政策租金所带来的经济成果展开竞争。在这种情况下,不但特定企业的支出将有所变化,而且产业层面上的寻租成本总额也将不同。

在寻租理论的主流分析框架之下,如图 5-1 所示,在政府介入之前,产品价格 P_2和边界生产成本相等。如果劳动是唯一的投入要素,在工资等于边界生产率的假定之下,管理者的最优选择是在 $P_2 = W_2$的条件下进行生产。

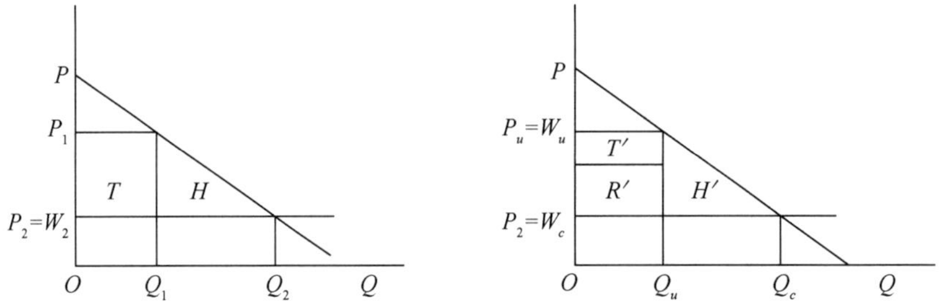

图 5-1　工会分享租金对于寻租成本的影响

在这种情况下,如果政府介入的结果使得价格从 P_2上升到 P_1,那么生产量将从 Q_2下降到 Q_1。此时,一般意义上的社会损失为 H。如果工会不参加租金分享,那么社会总损失为 $3H$。[①] 如果工会可以分享部分租金,那么工资将上升到 W_u 的水平($W_u > W_c$)。此时,企业的纯收益为 T'($T' < T$),一般意义上的社会损失为 H'($H' > H$),劳动者获得总额为 R' 的租金。

如果工会分享租金的活动不引起额外的费用,那么寻租活动的社会总损失 S_1(H'和 T'之和)为 $11/4H$,如果工会分享租金引起额外的费用,那么寻租活动的社会总损失 S_2(H'和 T'之和)为 $157/50H$。[②]

拉玛的研究具有以下意义。第一,工会是否分享租金对于寻租成本总

① 关于这一问题的证明,请参照 Rama(1997:61—62)。
② 关于工会分享租金时的社会总损失,请参考 Rama(1997:63—67)。

额具有重要影响($S_2 > S_1$)。第二,各国的工资交涉制度对于寻租成本总额具有影响。在冲突性的工资交涉制度之下,寻租成本总额较高;在相对和谐的工资交涉制度之下,寻租成本的总额较低。需要注意的是,拉玛分析的主要是政府介入之后出现的劳资关系的状态,对于政府介入之前的劳资关系的性质没有给予关注。一般而言,政府介入前后的劳资关系具有连续性。因此,拉玛实际上指出劳资关系或工资交涉制度对于寻租成本具有影响。①

第二节 日本的经验②

尽管推行产业政策必然带来寻租活动,但是有证据表明,在日本的高度成长期,产业政策引发的寻租成本不但低于泰国等东南亚国家,而且低于同属东亚的韩国。③④

关于为什么日本的产业政策较少引起腐败或为什么伴随日本的产业政策而出现的寻租成本较低这一问题,一个强有力的解释是遍布全社会的、以发展经济为核心的经济意识形态抑制了腐败或寻租成本。发展经济学家曾经这样写道:

> 此外,还必须指出隐蔽的意识形态在新的发展主义中的作用。德意志帝国和日本帝国的旧的发展主义是和狭隘的民族主义、种族主义纠缠在一起的。相反,新的模式是以"唯发展论"或"生产拜物教"为

---

① 拉玛所讨论的主要是以垄断问题为中心的塔洛克式的寻租活动(Tullock, 1967)。因此,他的分析只是和产业政策的部分实践直接相关。但是,他的分析不难扩展到关于其他类型的产业政策的研究之中。

② 第二节的部分内容参考了宋磊(1999,2001)。

③ 关于东南亚国家的腐败问题,请参考 Khan(2000)。关于韩国推行产业政策的过程中出现的腐败现象,请参考 Amsden(1989: 15,73)和 Cho(1996)。

④ 这并不意味着日本不存在腐败。实际上,从明治时期到第二次世界大战以后高度成长期,腐败一直存在(约翰逊, 2010: 74, 94, 354)。但是,日本的腐败主要和政治家有关,除了第二次世界大战以后初期在造船业以及围绕蔗糖进口权而出现的一些腐败事件之外,日本的职业官僚基本上比较清廉(约翰逊, 2010: 59, 73—74;尾高煌之助,2013a: 7)。

> 基础的。据此,人们只要根据特定的政策是否对物质资料生产的增长做出贡献,就可以判断出它们的好坏。在日本,隐含在新模式中的意识形态除了起因于在一个世纪内赶上西方的愿望外,还起因于对使用军事方式的醒悟和急需摆脱二战结束后的饥饿与贫困等原因。如果社会根据政治家和官员对物质资料增长的贡献来评价他们的绩效,那么,他们能不把自己的利益放在竭力增加和提高公共品上而去从事寻租活动吗?
>
> 速水佑次郎、神门善久(2009:233)

上述洞见显然有助于我们理解为什么日本的产业政策引起的寻租活动较少。但是,和所有诉诸于经济意识形态或经济理念的解释一样,上述解释只有在和关于结构性因素的分析结合在一起的时候才具有说服力。①

接下来,我们首先从相关研究之中提炼出分别强调市场机制和社会结构对于产业政策所引发的寻租活动的抑制作用的两个假说,对其内在逻辑进行分析。② 其次,我们将这样两个假说整合到本章第一节归纳的分析框架之中。

(一)关于产业政策引发的寻租成本的抑制机制:市场机制说和社会结构说③

小宫隆太郎和青木昌彦等人倾向于认为,市场机制或价格机制在一定程度上抑制了产业政策所引发的寻租成本。我们把这种研究称为关于寻

---

① 关于这一问题的详细讨论,请参考本书第七章。

② 有学者从官僚体制的结构性特征出发,解释为什么日本的腐败较少。他们认为,日本官僚很少长期在一个岗位任职。频繁的职位调换(job rotation)减少了受贿的机会。另外,中央政府的职业文官在退休之后往往可以到提供高薪的政府外围组织任职并工作到70岁左右。这种安排实际上是对清廉的官僚的一种经济补偿,降低了官僚腐败的动机(桥本寿朗,2001:222)。

③ 日本学术界存在一些关于政策设计或政策过程如何抑制了寻租成本问题的研究(冈崎哲二,1993a,1993b,1999;仲重人,1994;奥野正宽、崛宣昭,1995;松井隆幸,1997)。这些研究或许可以称为关于寻租成本的抑制机制的第三种假说,即政策设计说。但是这种假说不但已经为学术界所熟知,而且抽象程度不高。

租成本的抑制机制的市场机制说。

在这个问题上,小宫隆太郎的研究要点有三。

第一,明确指出产业政策的制定和执行与“公正的问题”密切相关。这意味着他实际上注意到了产业政策具有所得分配效果。① 第二,由于价格转移和工资上升,政府重点支持的产业的利润率都比较低。换言之,这些产业在政府的支持之下所实现的劳动生产率上升的成果大体上以产品价格的持续下降和工资的持续上升的形式分配给了其他产业及这些产业的劳动者。在这样的过程中,利益冲突在一定程度上被抑制,其结果是与产业政策相关的寻租成本较低。② 第三,在政府制定和执行产业政策的过程中,尽管不是产业政策的主要支持对象,但是中小企业同样实现了成长。他认为,在战后日本经济的成长过程中,由于市场竞争极为激烈,所以大企业难以独占产业政策所提供的所有资源,中小企业也获得支持并实现了显著的成长。因此,产业集中度没有出现明显的变化(小宫隆太郎,1975:327)。

总的来说,小宫隆太郎的相关研究的要点是由于存在激烈的市场竞争,产业政策的所得分配效果被平均化。在这一过程中,非战略性产业、中小企业、劳动者和战略性产业的资本家共同分享了政策资源所带来的经济收益,因此,日本的产业政策并没有引起激烈的利益冲突和很高的寻租成本。

关于产业政策引发的利益冲突或寻租活动问题,青木昌彦等人认为,官僚制多元主义(bureau pluralism)和价格机制发挥了协调作用。他们指出:

---

① 小宫隆太郎认为,产业政策所涉及的“公正的问题”源自保护或支持特定产业的政策必然或多或少地影响其他利益集团的利益这一事实。其中,他特别重视产业发展对于环境的影响、产业政策对于消费者利益的抑制以及产业政策往往倾向于支持特定产业的大企业等问题(小宫隆太郎,1975:324—325)。

② 小宫隆太郎认为,在整个20世纪60年代,最多地受到政府支持的钢铁、造船、海运、化工等产业的利润率在制造业中处于较低的水平。出现这种现象的原因是这些产业存在激烈的竞争,其结果是政府向这些产业提供的政策资源的大部分被转移给购买这些产业的产品的企业以及这些产业的从业人员(小宫隆太郎,1975:326)。

> 在多元的利益主体都可以在中央政府的不同机构之中寻找到保护者这一意义上来说，日本的再分配机制可以称为官僚制多元主义。机械产业等实现了快速的劳动生产率上升的先进部门通过组织革新获得的租金，通过巨大的国内外价格差和税收、财政补助被分配给农业、零售、衰退产业等后进部门。
>
> Aoki *et al.* (1996：30)

理解上述论述的要点在于价格机制。青木昌彦等人所说的国内外价格差应该理解为不断降低的先进部门产品价格和持续高企的后进部门产品价格之间的差距。他认为，后者和政府介入有关，而前者则主要是市场机制的结果。[①] 因此，青木昌彦等人实际上指出，价格机制与政府对于后进部门的财政支持共同缓和了产业政策引发的利益冲突和寻租活动。由于都重视先进部门和后进部门之间的价格差的影响，而这样的价格差在相当程度上是市场机制发挥作用的结果，所以，小宫隆太郎和青木昌彦等人的假说可以称为市场机制说。

产业政策和目标产业的劳动生产率以及产品价格之间的关系是一个复杂的问题。在这里，我们通过高度成长期主要产业的价格变化来简单地验证市场机制说的核心逻辑。

如表 5-1 所示，在高度成长期，工业制品的价格在总体上维持稳定。但是，在低生产性部门，尽管纤维和纸制品价格出现了下降，但是木制品、金属和食品价格明显上升。[②] 与此相反，在高生产性部门，除机械产业之外，所有部门的价格都在下降。因此，小宫和青木的市场机制说的核心部分在若干重要产业似乎是成立的。但是，为了提高分析的可信度，需要进行更为详细的分析。表 5-2 和表 5-3 对一些重要产业的投入和产出价格

① 关于产业政策是否推动了先进部门劳动生产率的上升，青木昌彦的态度不是非常肯定。但是，他指出，先进部门劳动生产率上升的源泉是这些部门的组织革新，而政府的介入或许推动了这种组织革新的出现（Aoki, 1996）。关于政策介入是否推动了先进部门劳动生产率的上升，请参考本书第六章。

② 在这一时期，纤维产品的价格下降主要源于国际因素。

进行了归纳。

表 5-1 高度成长期制造业批发价格指数(1953—1969)

	工业制品	食品	纤维	木制品	纸制品	钢铁	金属	电气机械	运输机械	机械	化学制品
1953	95.9	83.0	113.4	51.5	96.2	95.8	78.4	116.4	113.9	81.2	131.4
1955	91.0	86.3	97.8	49.7	87.9	88.9	73.0	109.8	111.5	80.2	120.3
1957	97.6	85.5	92.6	58.0	91.1	123.3	98.3	124.0	113.3	95.8	125.3
1959	91.5	83.5	88.0	57.6	85.6	101.5	89.1	116.4	110.1	91.0	114.6
1961	92.1	86.0	87.6	71.2	86.4	97.0	89.8	108.8	107.2	92.9	111.6
1963	91.2	88.2	93.1	73.9	87.2	89.9	85.3	101.3	106.3	92.2	105.4
1965	91.2	87.6	88.0	73.6	88.7	88.8	89.4	101.4	104.2	90.9	105.8
1967	93.9	89.4	93.6	85.1	91.5	92.8	93.0	101.6	102.6	93.6	101.7
1969	95.9	96.1	94.1	93.9	92.2	91.9	95.8	99.9	99.9	96.8	99.3

注:以 1970 年的批发物价指数为 100。
资料来源:日本银行统计局《物价指数年报(1970—1972)》。

如表 5-2 所示,在高度成长期的前期(1960—1964 年),化学产业尽管经历了投入要素的价格上升,但是产出价格却在下降。另外,钢铁产业和电气机械产业也经历了远远超过投入要素价格下降幅度的制品价格下降。但是,在纤维制品产业、机械产业和一般机械产业不存在明确的价格变动趋势。因此,在这一时期,总的来说,市场机制说在一些素材型产业得到证实。

如表 5-3 所示,在高度成长期的后期(1968—1972 年),在食品、纤维二次制品、纸制品等低生产率部门,产品价格的上升率远远超过投入要素的价格上升率。与此相对,在电气机械、运输机械、无机化学和有机化学等若干成长部门,出现了产品价格的相对降低。因此,在这一时期,市场价格体系在总体上有利于低生产率部门,市场机制说和低生产率部门以及若干成长部门的实际情况相符。

尽管需要进一步的讨论,但是在高度成长期,价格机制在总体上有利于低生产率部门,不利于一些成长部门。

表 5-2　1960—1964 年若干产业投入产出价格的变动趋势

	纤维		钢铁		化学		机械		一般机械		电气机械	
	投入	产出	投入	产出	投入	产出	投入	产出	投入	产出	投入	产业
1960	98.5	98.3	102.1	113.4	93.8	105.2	106.7	104.7	109.6	101.8	103.6	111.6
1961	99.6	97.2	106.8	110.1	95.7	102.7	104.9	103.2	108.8	102.7	100.7	106.9
1962	99.3	95.2	98.9	102.5	96.2	100.5	99.8	101.9	101.0	102.8	97.0	102.6
1963	104.6	103.8	97.8	101.5	96.4	99.2	97.9	100.9	99.0	101.5	94.6	100.2
1964	103.1	101.9	99.8	102.1	97.8	100.0	99.4	100.0	100.6	100.4	97.3	99.4

注:以 1965 年的批发物价指数为 100。

资料来源:日本银行统计局《批发物价工业制品生产者物价指数年报(1968)》。

表 5-3　1968—1972 年若干产业投入产出价格的变动趋势

	制造业		食品		天然纤维		纺织品		纤维二次制品		纸制品	
	投入	产出	投入	产出	投入	产出	投入	产出	投入	产出	投入	产出
1968	98.2	100.1	100.3	104.0	100.2	98.2	96.9	102.8	99.8	106.5	98.5	100.6
1969	100.2	102.0	103.2	107.2	93.4	93.2	92.7	102.8	99.4	109.5	101.6	102.3
1970	105.0	106.1	109.7	111.1	94.0	102.1	99.1	103.7	101.0	118.0	111.4	110.2
1971	101.3	105.1	111.0	114.9	95.7	94.7	92.5	101.3	98.1	122.2	106.1	109.7
1972	102.0	106.5	108.9	115.9	100.5	106.5	96.6	104.6	101.3	125.4	106.7	111.1

	一般机械		电气机械		运输机械		石油制品		无机化学		有机化学	
	投入	产出	投入	产出	投入	产出	投入	产出	投入	产出	投入	产业
1968	97.3	102.3	98.5	98.5	97.8	98.6	99.4	100.0	100.8	96.7	99.7	93.7
1969	99.6	103.5	101.7	98.2	99.8	97.3	95.5	97.2	100.0	95.9	97.7	94.7
1970	103.8	106.9	105.2	100.1	104.6	97.2	92.2	100.0	101.7	98.2	99.3	93.1
1971	101.1	108.4	98.6	98.6	103.1	97.7	105.0	109.2	103.3	96.5	101.5	89.7
1972	103.0	110.6	98.9	96.4	105.2	98.0	105.4	109.8	99.7	93.9	101.7	86.6

注:以 1967 年的批发物价指数为 100。

资料来源:日本银行统计局《物价指数年报(1970—1972)》。

寺西重郎关于伴随产业政策出现的寻租成本的抑制机制的研究可以称为社会结构说。[①]

寺西重郎较早地对两次世界大战之间以及第二次世界大战以后起因于经济政策的利益冲突(distributional conflict)进行过详细的总结(寺西重郎,1994, 1997;Teranishi, 1996a,1996b)。关于战后的利益协调机制,寺西重郎的假说和小宫隆太郎和青木昌彦等人的研究有所不同。他的假说的要点可以归纳为利益集团的结构性特征影响了起因于经济政策的利益协调机制并抑制了寻租成本。

在他看来,如果说南美的利益冲突主要以阶级为中心的话,那么在日本的利益冲突之中,由于存在终身雇佣制,工资受连续工作年数影响,所以日本的劳动市场流动性较低,员工的技能往往是企业特殊或产业特殊的(firm specific skill /industry specific skill),难以形成可以跨行业应用的技能,所以产业之间的利益冲突的重要性远高于阶级之间的利益冲突的重要性。换言之,南美的利益冲突以阶级为轴心展开,而日本的利益协调则以产业为轴心进行。接下来,他指出:

> 以产业为轴心进行的利益协调在战后被制度化。具体而言,各个产业的利益诉求通过各个产业的业界团体集中到政策审议会和各个政府部门。在这种纵向的利益集团的交涉过程中,各个产业的竞争条件以及附加价值得以确定。
>
> 寺西重郎(1997:337)

寺西重郎认为,在上述政府-社会关系(state-society interface)之下,产业政策得以顺利实施。[②] 正如我们在第四章所强调的那样,劳资之间的利

---

① 有学者认为,战后的经济和政治条件从根本上抑制了寻租成本的规模。一方面,大地主和财阀阶层的经济权力被抑制;另一方面,军队被废除(原田泰、香西泰,1987:113)。笔者认为,这种观点也属于广义的社会结构说。

② 寺西重郎(1997)曾经将其假说扩展为产业间的竞争条件说。这一假说有三个要点。第一,对于同一产业内达到政府规定的标准的所有企业,政府给予平等的待遇。第二,在原局体制之下,业界团体协调了产业内部的矛盾,为产业间的利益协调提供了基础。第三,政府设计了可以补充上述机制的政策组合。

益冲突是产业政策引发的利益冲突的重要组成部分,但是这个问题在关于产业政策的研究之中长期被忽视。在这个意义上来说,寺西重郎的研究具有重要的意义。

以上讨论的市场机制说和社会结构说从两个不同的角度对为什么具有所得分配效果的产业政策没有在日本引起强烈的利益冲突和大规模的寻租活动进行了说明,具有一定的说服力。但是这样两个假说存在以下问题。

第一,两个假说在内容上都需要进一步完善。首先,由于企业和个人都难以准确地预测并全面地评估相对价格的走势,所以市场机制说忽略了在衰退产业的经济主体享受到价格机制所带来的收益之前必然存在的利益冲突问题。① 其次,尽管日本社会的利益调整确实以产业为轴进行,但是在同一产业的不同规模的企业之间仍然存在利益冲突。因此,社会结构说实际上忽视了同一产业内部不同规模的企业之间的矛盾。第二,尽管市场机制说和社会结构说富于洞察力,但是都没有采取理论化的表达方式。

基于以上认识,我们试图从寻租理论出发,以非市场的制度安排为核心,讨论高度成长期的寻租成本的抑制机制。②

(二)关于产业政策引发的寻租成本的抑制机制:基于寻租理论的解释

根据关于产业政策所引发的利益冲突以及寻租成本的主流理论的分析,我们可以将寻租成本的抑制机制归纳为两个领域和三个层次。所谓两个领域指公共领域和企业内部,所谓三个层次指不同产业之间、同一产业不同规模的企业之间以及企业内部劳资之间。

---

① 在这个问题上,作为主流经济学家的小宫隆太郎似乎假设经济主体拥有或者可以准确地预测全部经济信息。

② 通过关于市场机制说和社会结构说的介绍,我们可以发现,围绕产业政策的所得分配效果而展开的利益协调存在两个层次。第一个层次是由市场推动的事后的利益协调,第二个层次是由非市场的制度推动的事前的利益协调。

1. 公共领域(1):产业之间

在日本,产业之间的寻租成本的抑制机制主要体现为向成长产业提供的政策诱导租或状态依存租和向衰退产业提供的转移支付之间的平衡。之所以出现这样的格局,主要是因为日本存在原局体制和业界团体-审议会体制。所谓原局体制,指制造业的各个产业在通产省内部都有直接主管部门,所谓业界团体-审议会体制指所有的产业都组织了代表自身利益的团体,而这些团体或者直接参加可以影响政策决定的审议会或者可以在一定程度上影响审议会。在这样两个体制之下,一方面,所有的产业都可以在政府之中找到本产业的代言人;另一方面,政府决策部门不得不考虑几乎所有产业的利益。在这样的利益代表机制之下,一种特殊的妥协开始出现:政府向成长产业提供政策诱导租或状态依存租,同时向衰退部门提供转移支付。在这样的过程之中,标准的寻租理论所设想的各产业围绕政策租金而进行的寻租活动的成本的相当部分被转换为原局体制、业界团体-审议会的运营费用,而后者远低于标准的寻租理论所设想的寻租成本的规模。

2. 公共领域(2):产业内部

在成长产业,客观的政策租金分配标准,即所谓状态依存租在相当程度上抑制了寻租成本(冈崎哲二、石井晋,1994)。另外,日本制造业的竞争形态——主要制造业基本都为若干大企业所控制——意味着能够竞争性地参与租金配置的企业数量不多。依据我们在第一节的分析,这样的竞争形态也降低了寻租成本的规模。①② 但是,问题并非如此简单。在成长产业,一个容易被忽视的问题是大企业和中小企业围绕政策资源所进行的竞争。就这个问题而言,缓和这种竞争或降低与之相关的寻租成本的主要

---

① 状态依存租主要用于筛选同一产业内部的企业。至于战略产业的选择标准则主要是所得弹性基准和劳动生产率上升基准。符合所得弹性基准的产业指那些随着国民收入水平上升而需求扩大的产业,符合劳动生产率上升基准的产业指那些可以实现劳动生产率快速上升的产业。

② 关于经济衰退时期特定产业内高效率企业和低效率企业之间的利益协调问题,请参考本书第六章关于造船产业的讨论。

机制有二。一是中小企业政策,二是大企业和中小企业之间的合作关系。

一般而言,推行中小企业政策可能基于两种政策意图。一种是以提高中小企业对抗大企业的能力的形式来维持竞争秩序。在这种意图下,中小企业政策更多地具有反垄断政策或竞争政策的特征。另一种是通过强化中小企业的竞争力来促进经济发展。在这种意图下,中小企业政策更多地具有产业政策的特征。相对而言,在传统产业之中,美国的中小企业政策的政策意图更接近前者,日本的中小企业政策的政策意图更接近后者(寺冈宽,1997:252)。[①] 在战后日本,中小企业政策经历了以稳定、组织化和振兴为目标的不同阶段。在战后初期,为了缓解经济下滑对于中小企业的冲击,政府允许中小企业结成具有互助性质的协同组合、组织可以调整产量的萧条卡特尔、构筑了面向中小企业的政策金融体系。在高度成长期,政府推动中小企业振兴政策,倡导企业咨询制度、推动设备现代化、管理方法合理化、对大企业和中小企业之间的交易制度进行规范(通商产业政策史编纂委员会,1993:261—267)。

关于大企业和中小企业之间的合作关系,日本学术界存在两种观点。一种观点认为两者之间存在剥削关系,后者是前者在景气下降期的缓冲器,两重构造论即是这种观点的代表。另一种观点认为两者的密切合作不但促进了大企业提高效率,而且推动了中小企业的技术进步。客观地说,后一种观点更多地反映的是具有较高技术水平的中小企业和大企业之间的关系。对于这些中小企业来说,和大企业之间长期、稳定的交易关系有助于缓和两者之间可能存在的矛盾。[②]

在衰退产业,特别是农业部门,价格支持是最为常见的政策手段。在

---

① 在高科技产业之中,由于中小企业较多地担负进行创新的职能,所以西方国家的中小企业政策更多地具有产业政策的性质。

② 关于如何评价中小企业和大企业之间的合作关系,日本学术界存在长期的争论。在战前,这种争论主要体现为所谓小宫山—藤田之争。小宫山琢二认为,进入大企业主导的分工体系是中小企业实现技术进步的方向,藤田敬三则认为,大企业和中小企业之间的交易关系的本质是前者在流通领域对于后者的剥夺。在战后,这样两种观点之间的争论也一直存在。但是,随着经济发展,部分中小企业实现了技术进步。

价格支持之下,由于衰退产业内部的所有生产者都成为支持对象,所以企业之间的利益冲突很难出现。①

3. 企业内部

在战后日本,企业内部劳资双方围绕政策租金所带来的经济收益而出现的利益冲突主要被企业内部相对和谐的劳资关系和春季工会斗争(简称春斗)所带来的产业间工资平均化效果所降低。

在高度成长期,在大企业、特别是成长产业的大企业内部,劳动者和资方之间通过保证雇佣和全身心地投入劳动的交换达成了事实上的妥协(Yamada,2000)。在这种背景之下,劳资双方的工资交涉接近无成本交涉(costless bargaining)的状态。依据我们对于拉玛的模型的介绍,在这样的情况下,劳资之间围绕政策租金带来的经济收益所进行的寻租活动的寻租成本不高。另外,尽管成长产业和其他产业之间存在工资差距,但是大量实证研究表明,劳动力市场趋于紧缺的供需状态和全国范围内的春斗在相当程度上降低了这种工资差距,从而缓解了领先产业的企业和其他产业的企业之间的工资差距。

对于企业来说,产业政策的出现意味着经营环境的变化。对于战略性产业的企业来说,这一问题更为明显。经营环境的变化必然引起企业内部不同利益集团之间的矛盾。值得注意的是,即使在产业政策出现之前企业内部不同利益集团之间的矛盾处于均衡状态,在产业政策出现之后,这种均衡也可能出现变化。因此,有必要关注产业政策出现前后的劳资关系的状态。在这个意义上来说,在产业政策大规模出现的时期,日本企业内部的劳资关系开始趋向和谐、具有平均产业间工资差距效果的春斗在同一时

① 在农业之外的衰退产业,价格支持未必是主要的政策手段。但是,在这些产业,政策支持一般不以企业规模为前提。关于这个问题,请参考关口末夫、堀内俊洋(1984)。

期开始制度化这样两个事实值得关注。[①][②]

第三节　中国的教训[③]

正如对日本的产业政策存在不同的评价一样,关于是否应该在转型经济推行日本式的、即追赶型产业政策也存在不同的意见。具体而言,既存在认为日本式的产业政策无助于解决转型经济所面临的问题的意见(Aoki, 1996: 237),也存在认为在结合转型经济的具体国情,进行适当修改之后,日本式的产业政策对于转型经济具有参考价值的观点(儿玉俊洋,1994:136)。

① 密尔格罗姆和罗伯茨曾经指出以下三个因素缓和了日本企业内部劳资之间以及不同企业的劳动者集团之间围绕利益分配问题而出现的矛盾。第一,在终身雇佣制和年功序列制之下,劳动力的流动受到抑制。在这种情况下,日本劳动者不会采用韩国式的、极具斗争性的交涉方式。第二,在日本,不同产业之间的工资差距小于美国。这意味着成为产业政策的支持对象未必直接导致这些企业和其他企业之间的工资差距明显上升。在这种情况下,政府支持的战略性产业和其他产业的从业人员之间的矛盾较小。第三,与美国企业相比,日本企业的从业人员有更多的机会参与企业管理。这意味着企业内部劳资之间的矛盾更容易得到调整(Milgrom and Roberts, 1990)。

② 密尔格罗姆和罗伯茨认为,日本企业的上述制度安排有助于节约影响成本(influence cost)。所谓影响成本是他们为了将交易成本具体化而提出的概念,其主体是寻租成本。因此,他们的研究对于本书具有重要意义。一般而言,交易成本指随着所有权的让渡而出现的成本。众所周知,威廉姆森试图通过引入不确定性、交易的频度和资产特殊性等范畴来发展交易成本经济学。但是,威廉姆森式的交易成本经济学存在两个问题。首先,由于交易过程和生产过程密切相关,所以交易成本对于企业的生产成本具有影响,两者难以切割。其次,尽管引入不确定性等视角有助于丰富关于交易成本的分析,但是交易成本仍然是一个暧昧的、难以测定的概念。密尔格罗姆和罗伯茨试图通过引入影响成本这一新概念来解决以上两个问题。所谓影响成本指围绕利益分配而在公共部门或企业内部出现的影响活动的成本(Milgrom and Roberts, 1990: 487)。在这种定义之下,影响成本既是交易成本,也是寻租成本(Williamson and Mansten, 1995)。我们知道,交易成本和寻租成本本来主要分别被应用于关于企业内部和公共领域的分析。在引入影响成本这一新概念之后,交易成本和寻租成本这两个似乎不相关的概念就被有效地连接在一起。从本书的分析框架出发,产业政策的制定和实施与公共领域的配额的交易和交涉的交易以及企业内部的管理的交易有关。如何在统一的框架之下对于这样三种交易及其成本进行分析是一个难题。对于这一问题,本书的解决方法是指出这些交易主要围绕政策诱导租或状态依存租展开,因此,这些交易的成本主要是寻租成本。换言之,我们试图通过分析同时存在于公共领域和企业内部的寻租成本的抑制机制来同时分析上述三种交易的成本。在这样的过程之中,难以把握的交易成本就被转变为可以测量的寻租成本。在这种解决方案之外,另外一种研究思路是指出与产业政策相关的交易成本基本上是同时存在于公共领域和企业内部的影响成本,而影响成本的主体是寻租成本。但是,后一种思路的分析过程过于复杂。

③ 本节是对宋磊(2004)的扩展。

实际上,日本的政策实践对于转型经济的参考意义可以从两个角度进行理解。第一个角度是转型经济是否应该推行日本式的产业政策,第二个角度是在转型经济已经实行产业政策背景下,应该如何参考日本的经验,抑制推行产业政策的过程中所出现的寻租成本、提高政策收益。很明显,上文援引的两位研究者所关注的问题有所不同:青木昌彦关注的是第一个问题,儿玉俊洋关注的则是第二个问题。在包括中国在内的若干转型经济体已经大规模推行产业政策的情况下,第二个问题显然是重要的。

我们在本书的第一篇已经指出,如果寻租成本过高,那么产业政策很可能失败。但是,从这样的角度对中国的产业政策实践所进行的讨论并不充分。本节参考日本的经验,分析与中国的产业政策实践相关的寻租成本的性质和抑制机制。我们认为,粗糙的政策设计、产业政策和制度环境的不匹配助长了寻租活动,使得政府配置的状态依存租金消散。在相当长的时期内,特别是在20世纪80年代,中国的产业政策的失败和上述现象的存在密切相关。

本节的第一部分对中国在20世纪80年代所进行的产业政策实践的效果进行简要的总结。为了给本节的主体部分提供铺垫,本节的第二部分对计划经济体制下的所得转移问题进行简要的分析,第三、四部分分别以政策设计以及制度环境为中心,分析与产业政策相关的寻租成本的性质及其抑制机制。

(一) 20世纪80年代的产业政策的形成及其评价

与推行产业政策的其他发展中国家和转型经济体一样,中国的政策当局也具有通过转换产业结构来实现经济发展的思路。但是,在中国,产业政策之所以成为政府自20世纪80年代以来长期运用的政策工具,和以下两个特殊原因有关。

第一,在这一时期,尽管没有进行严格的学理论证,但是认为日本的快速发展和产业政策密切相关的观念开始出现(杨治,1985;周叔莲,1987),中国的产业政策正是在这一观念的推动下形成的。但是,日本的产业政策究竟在何种意义上是成功的这一关键问题从来没有得到解决。中国的产业政策长期以来没有取得明显的成功的主要原因之一即在于此。第二,在20世纪80年代初期,尽管对于计划体制的信念已经开始动摇,但是政府应该在经济发展中发挥关键作用这一观点仍然居于主流地位,任何改革措施都难以直接挑战这一观点。产业政策之所以在这一时期被政策当局接纳,主要原因之一就是因为产业政策似乎为政府发挥关键作用预留了空间(周振华,1995:3—6;江小涓,1996:2)。正是由于这样两个原因,中国的产业政策不但一直缺乏明确的理论基础,而且包含了很多计划体制的特色。

在上述背景下,从80年代初期开始,中国的产业政策正式登场。①

类似于日本的产业政策,中国的产业政策涉及产业结构和产业组织形态的调整、技术革新和促进出口等诸多领域。由于在整个80年代,政策当局没有明确的改革方向和政策理念(宋磊,2002),产业政策的重点不断变化。在中国,政策手段由直接介入和间接诱导构成。直接介入指政府进行的直接投资和进入许可等行政手段,间接诱导则指优惠融资和优惠税率等诱导方法。在推行产业政策的初期,由于政府几乎是唯一的投资主体,所以直接介入是最为重要的政策手段。但是,随着政府、特别是中央政府所控制的财政资源急剧减少、市场机制逐渐增强以及独立的投资主体开始出现,从80年代中期开始,作为政策手段,间接诱导的重要性开始上升。②换言之,从这一时期开始,中国的产业政策之中尊重市场机制的部分开始

---

① 有学者认为,中国的产业政策始于20世纪70年代后期。但是,关于产业政策的讨论只是在80年代初期才开始大量出现。在笔者的阅读范围之内,产业政策这一政策术语最初出现在“七五计划”之中。另外,如果将70年代的一些政策称为产业政策,由于60年代也存在类似政策,那么我们似乎应该将产业政策的源头追溯至这一时期。另外,所谓产业政策是政府在市场经济条件下对特定产业的介入,而中国只是在80年代之后才真正开始向市场经济转型。因此,笔者认为,将80年代视为中国的产业政策的开端更为合适。

② 从1980年到1994年,中国的GDP增加了10.7倍,但是中央政府的财政收入仅增加了3.7倍。在1974年,GNP之中中央政策的财政收入所占的比重为31%,在1994年这一比重降至不到11%(《中国统计年鉴(1995)》)。

增加。[①] 和这种变化同步,政策租金的主体也从和垄断相关的租金转变为以低利融资、优惠税率等为代表的政策诱导租。

在20世纪80年代,尽管也存在成功的产业政策,但是大量的产业政策或者没有按照政府的意图推进,或者没有取得明确的成果(江小涓,1991)。部分先行研究将产业政策的失败归因为地方政府的保护主义和政策体制的混乱(江小涓,1991,1993),但是没有提供全面的、理论化的解释。本节从寻租成本的抑制机制出发,指出不恰当的政策设计和特定的制度环境共同刺激了寻租活动,导致政策租金大量耗散、产业政策没有收获明确的成效。

(二)计划经济体制下的经济计划以及围绕经济资源的争夺

为了理解转型经济中的产业政策引发的寻租活动的全貌,我们首先对与产业政策引发的寻租活动具有内在联系的经济计划导致的经济资源转移问题进行分析。

在计划经济体制下,所得转移主要通过经济计划进行。对于计划经济而言,重工业是经济发展的中心目标,低于市场价格的计划价格是达成这一目标的主要手段。当然,以低于市场价格的计划价格获得原材料的企业必须遵照政府的指令以低于市场价格的计划价格将产品提供给其他企业。但是,在计划体制之下,经济计划对于所得分配具有重要的影响:投资、雇佣机会等对于各地区、各部门、各企业具有关键意义的问题只能通过经济计划来解决。因此,在计划经济体制之下,非国有经济部门和国有经济部门之间以及国有部门内部存在关于经济资源的争夺。[②]

在资源配置处于最优状态的时候,直接的非生产性活动意味着资源的浪费。

---

① 关于这一时期的政策手段的详细讨论,请参考 World Bank(1994)。另外,政策手段的变化典型地体现在《国务院关于当前产业政策要点的决定》之中。

② 在国有经济部门内部,工业部门和农业部门之间长期存在价格差。由于这种价格差是社会主义经济的原始积累的源泉,所以经济资源长期从农业部门流出,农业部门的利益长期被抑制。在这个意义上来说,国有经济部门内部围绕经济资源的争夺主要存在于工业和商业部门。

但是,在资源配置不是处于最优状态的时候,这种活动不但未必意味着资源的浪费,而且有可能改进资源配置的效率(Bhagwati, 1982: 994)。因此,经济资源从国有经济部门流向非国有经济部门可能有助于市场机制的形成,具有正面的意义。[①] 但是,国有经济部门内部围绕经济资源所进行的争夺不具有正面意义(Byrd, 1991: 130)。图5-2归纳了计划体制下围绕经济资源而出现的矛盾。

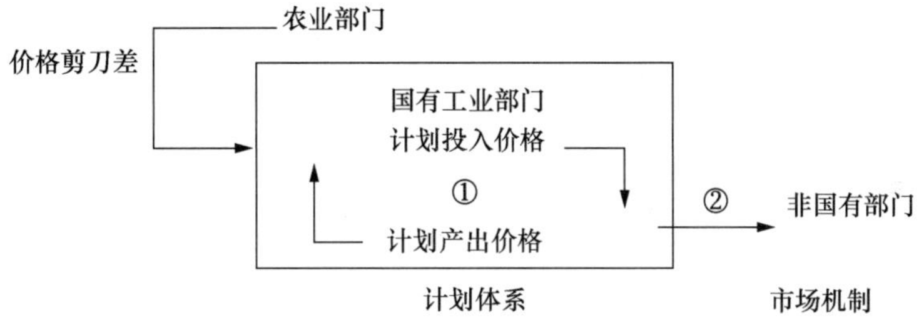

图5-2 计划体制下围绕经济资源的矛盾

在图5-2之中,①代表国有工业部门内部的矛盾,围绕在经济计划中的地位展开,②代表国有部门和非国有部门之间的矛盾,主要反映为后者试图从前者争取经济资源的流出。

尽管上文关于计划经济体制下围绕经济资源而出现的矛盾的描述基本符合改革之前中国的情况,但是中国的经济计划的特殊性决定了中国在这个问题上具有本国特征。第一,中央政府制订的经济计划的影响范围远小于东欧国家的经济计划的影响范围。第二,在中央政府之外,省级政府也制订经济计划。尽管这些省级经济计划在总体上依照中央政府的经济计划制订,但是两种计划的计划价格未必相同(Byrd, 1991: 104)。由于中国存在多样的经济计划和计划主体,所以经济主体有更多的渠道接近经济决策部门,其结果是围绕经济资源而出现的争夺比东欧国家更为普遍。

① 实际上,计划经济体制下的社队企业和改革初期的乡镇企业都是通过争取从国有经济部门转移出来的经济资源而发展起来的。这里所说的经济资源,既包括原材料,也包括技术人员和技术支持。

尽管计划经济体制下围绕经济资源的争夺和转型经济中的寻租活动的性质有所不同,但是两者的形式具有一定的相似性。①

(三) 转型经济的产业政策引发的寻租活动:政策因素的影响

在统计资料有限的情况下,准确地推算政策租金的总额是困难的。但是,有研究认为,在20世纪80年代后期到90年代中期,政府创造的政策租金的总规模占GDP的30%—32%(万安培,1995)。尽管这些租金不完全和产业政策相关,但是作为产业政策的政策手段,外汇配额、低利融资、优惠税率等引起的租金的规模不容低估。比如,从80年代后期到90年代中期,政策金融的利率和市场利率的差额达到5%—10%。在1992年,起因于这种利率差距的政策租金达到GDP总额的10%(万安培,1995)。

在这样的背景下,如果引入动态的、客观的租金分配标准,那么寻租成本可以在相当程度上得到抑制。但是,在80年代,不但不存在这样的标准,而且预算软约束(soft budget constraint)——转型经济体的财政和投资体制的最大特征之一——激化了寻租活动。

预算软约束这一范畴是对社会主义经济之中政府和微观经济主体之间温情主义的关系的描述。由于微观经济主体的超额支出制度化地由政府支付,所以,微观经济主体的收入和支出之间的严格关系被缓和。这种情况就是所谓预算软约束(Kornai, 1986)。在这种财政温情主义之下,由于可以期待政府的额外支持,所以微观经济主体往往以超出预算约束的规模进行投资。预算软约束不但存在于计划经济,而且存在于转型经济②,

---

① 拜德和安德森等人曾经从寻租理论的角度对计划经济体制之下围绕经济资源的争夺进行过分析(Byrd, 1991; Anderson and Boettke, 1997)。拜德确实论及了中国经济之中经济租金的转移问题,但是他的研究的目的在于说明中国市场经济的演变过程,并没有讨论和产业政策相关的经济租金的转移。安德森等人曾经分析过苏联型计划经济之下的寻租活动。在他看来,计划经济中的寻租活动非常活跃,苏联型计划经济可以理解为16、17世纪的重商主义的现代版。但是,尽管计划经济中存在寻租活动,但是这种寻租活动是在诸多约束之下进行的,苏联型计划经济并不是典型的寻租社会。实际上,随着计划经济体制的改革,转型经济中的寻租活动确实在增加。因此,安德森等人的论断更适合转型经济,而不是计划经济。

② 关于转型经济中的预算软约束问题,请参考 *Journal of Comparative Economics* (1998, Vol. 26)的相关论文。

对于转型经济中伴随产业政策而出现的寻租活动具有重要的影响。

接下来,我们通过和市场经济中的政策租金的形成机制的比较,来理解预算软约束对于转型经济中的政策租金的形成机制的影响。科尔奈认为,预算软约束具有财政补助、行政价格、特别税率和特殊金融支持四种表现形式。从与产业政策的关系来说,在上述四种表现形式之中,特殊金融支持最为重要。特殊的金融支持既可以指国有金融机构对于企业投资项目的事后的追加支持(长冈贞男,1995),也可以指国有金融机构对于企业投资项目的事前的宽大融资。

如图 5-3 所示,在市场经济中,政府对于战略产业首先设定政策租金的分配标准,企业通过生产活动来运用政策租金,通过市场竞争将政策租金转化为企业能力。在这样的过程中,市场竞争的结果成为下一次政策租金的分配依据。在这种情况下,寻租活动主要围绕政策租金的设定标准展开。但是,在转型经济之中,如图 5-4 所示,获得政策租金的企业可以通过两种渠道对其进行运用。第一,通过正常的市场竞争来进行运用。第二,在预算软约束之下,将政策租金投入没有经过充分论证的投资项目,通过不断地获得事后的补助和金融支持来维持项目的运行。在这样两种情况之下,都会出现寻租活动。在第一种情况下,寻租活动主要围绕政策租金的分配展开。在第二种情况之下,寻租活动和金融机构的道德风险同时出现。转型经济中围绕政策租金的分配而出现的寻租活动和市场经济中的寻租活动具有相似性,但是预算软约束之下的寻租活动则是转型经济的特色,而这种特色归根结底是由转型经济的制度环境所决定的。

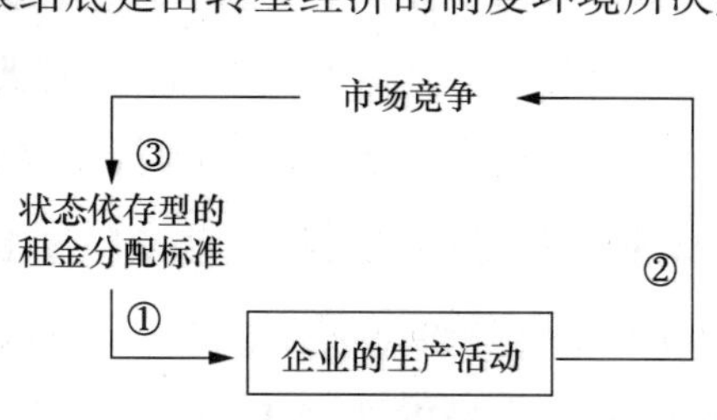

图 5-3　市场经济中的政策租金的形成机制

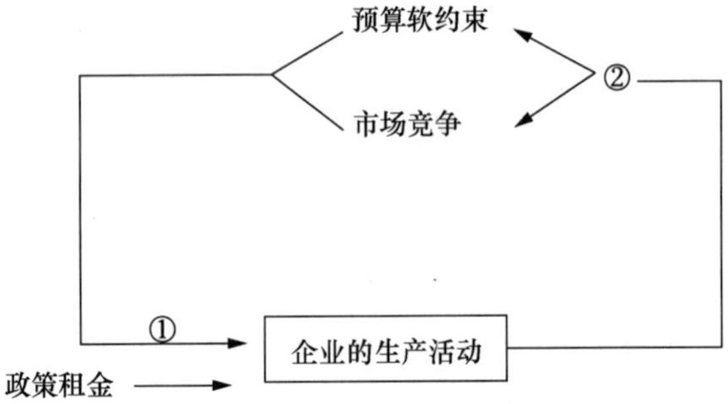

图 5-4　转型经济中的政策租金的形成机制

注:在图 5-4 设想的转型经济之中,国有经济部门和民营经济部门共存于统一的国内市场,都可以成为产业政策的支持对象;在市场价格体系之外不存在计划价格。因此,这种转型经济和 20 世纪 80 年代的中国经济的区别有二:第一,后者的国内市场在一定程度上被行政体系分割;第二,计划价格和市场价格共存。

对于以上两种情况下的寻租活动的性质和规模,有必要进行进一步的分析。

我们曾经指出,制度环境和政策要因共同决定寻租活动的性质与规模。需要注意的是,这里所说的制度环境,既包括宏观层面的制度环境,也包括微观层面的制度环境。

(四)转型经济的产业政策引发的寻组活动:制度环境的影响

在宏观层面上,在整个 20 世纪 80 年代,诸侯经济和价格双轨制对于产业政策引发的寻租活动具有重要的影响。所谓诸侯经济指过度的地方分权所导致的国内市场的分割。在改革初期,地方分权在调动地方经济主体的积极性方面曾经发挥过重要的作用。但是,随着改革的深化,地方政府的财政收入和辖区内企业的经营状况联系起来,过度的地方分权的弊端开始显现出来。比如,加工工业的过度投资就是问题之一。本来,对于高收益的加工工业的投资不存在任何问题。但是,在原材料供给有限的情况下,过度的投资引起原材料价格的快速上升,成为地方政府对立的原因(沈立人、戴园晨,1990)。另外,各地的开发计划高度类似,往往都将汽车、家电等产业作为主导产业,向这些产业投入大量的资金。在地方政府可以直接或间接地控制资本和商品的流动的情况下,这种投资难以发挥规模效应。

作为渐进改革的一环,价格双轨制(dual-track price system)指计划价格和市场价格的共存,在20世纪80年代初期被引入中国。表5-4归纳了从80年代后期到90年代初期主要原材料的计划价格和市场价格。

表5-4　市场价格和计划价格的相对比率的变动

价格比率	1986	1987	1988	1989	1990	1991
钢铁制品	148	145	146	136	122	111
煤炭	145	142	192	268	205	170
铜制品	111	109	182	188	118	113
铝制品	143	143	180	168	120	108
建材	145	153	169	169	161	140
水泥	122	120	127	135	119	111

资料来源:World Bank(1994: 34)。

如表5-4所示,在80年代后期,市场价格和计划价格之间存在巨大的差距。另外,如表5-5、表5-6所示,在90年代初期,基于市场价格的工业品交易已经占到所有交易的一半以上。在零售业中,这种倾向更为明显。

表5-5　工业制品交易类型的变化　　(单位:%)

	1978	1985	1990
基于计划价格的交易	100.0	64.0	44.6
基于市场价格的交易	0.0	36.0	55.4

资料来源:中国改革与发展报告专家组(1994),第54页。

表5-6　零售业的交易类型的变化　　(单位:%)

	1978	1985	1986	1987	1988	1989	1990
基于计划价格的交易	97.0	47.0	35.0	33.7	28.9	31.3	30.0
基于市场价格的交易	3.0	57.0	65.0	66.3	71.1	69.7	70.0

资料来源:中国改革与发展报告专家组(1994),第54页。

80年代以后,在价格双轨制的影响增大的同时,国有企业之中出现了内部人控制问题。内部人控制问题本来指在计划经济的改革过程中,国有企业被管理者(或管理者和从业员)掌握。尽管中国国有企业的内部人控制问题不如部分东欧国家严重,但是企业管理者确实在改革过程中掌握了一定的自主权。这种现象在20世纪80年代中央政府在工业领域推行承包制(contract responsibility system)的过程中出现。尽管承包制其后被废止,但是内部人控制问题却一直存在。正如我们在本章第一节总结的那样,和谐的劳资关系有助于抑制寻租成本。在这个意义上来说,内部人控制有助于抑制起因于产业政策的寻租成本。[①②]

图5-5通常用来表现转型经济中的寻租活动(Fung, 1987: 300; 林毅夫等,1994: 170)。

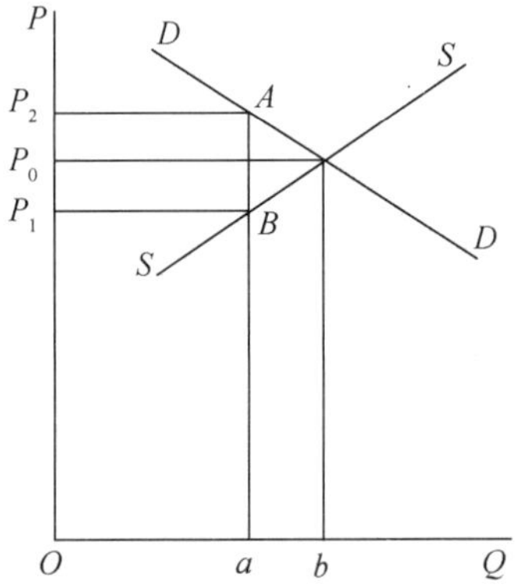

图5-5　转型经济中的寻租活动

如图5-5所示,在生产要素的市场价格和产出量是P_0、b的情况下,如果政府将价格设定为P_1,那么产出量为a。随着产出量的减少,市场价格上升为P_2。在这样的情况下,政策租金为四边形AP_2P_1B。

标准的寻租理论讨论的是市场经济条件下政府介入引起的垄断问题。在这样的理论框架之下,企业获得的是垄断地位,可以通过制品价格的上

① 需要注意的是,在改革初期,劳动者的工资上升和劳动生产率的上升具有相关性(宋磊,2002)。因此,至少在这一时期,所谓"工资侵蚀利润"的说法不具有说服力。

② 在中国的产业政策引发的寻租成本较高的背景下,企业层面的寻租成本较低意味着中国的产业政策在公共领域引发的寻租成本较高。

升将租金自然地转化为企业的收益(Tullock, 1967)。但是,在转型经济中,政策租金的实现受到政策设计和制度环境的影响。

在转型经济之中,企业以 P_1 的价格获得生产要素并不意味着可以直接获得政策租金。实际上,这种情况下企业获得的只是租金的机会。将租金的机会转化为企业的收益,存在两个路径。第一个路径是我们在上文中讨论的生产活动,第二个路径是将以价格 P_1 获得的生产要素以更高的价格转卖给其他企业。

在不存在价格双轨制和诸侯经济的转型经济之中,推行产业政策确实会引起寻租活动。在这种情况下,国有企业之间的竞争主要围绕政策租金的分配标准,即能否成为政策支持的对象而出现,生产活动是企业获得和维持政策租金的前提。

但是,在 20 世纪 80 年代的中国,在价格双轨制和诸侯经济之下,寻租活动的性质有所不同。

首先,由于存在价格双轨制,所以企业可以回避生产活动,通过转卖政策租金获利。值得注意的是,政策租金的这种转卖未必只有一轮,很可能连续进行。在现实中,政策租金的连续转卖确实大量存在。这种连续的转卖当然意味着寻租成本的上升。其次,诸侯经济的存在强化了寻租活动。如上文所述,在中央政府之外,地方政府也推行产业政策,创造政策租金。因此,中国企业可以竞争中央政府和地方政府提供的两种政策租金。另外,在诸侯经济之下,受到地方政府支持的企业在一些情况下可以获得事实上的垄断地位。在这种背景下,企业参与寻租活动的动机被强化。

一般的转型经济和 80 年代的中国经济中的寻租活动的特征可以归纳为表 5-7。通过比较,我们可以发现,和一般的转型经济相比,80 年代的中国经济之中不但存在复数的政策租金创造者(rent-creater),而且存在多种形式的寻租活动。

表 5-7 转型经济中的寻租活动

	一般的转型经济	20 世纪 80 年代的中国经济
政策租金的创造者	中央政府	中央政府、地方政府
寻租活动的形式	和生产活动相关的寻租活动:围绕租金分配标准的竞争;通过预算软约束而实现的寻租活动	和生产活动相关的寻租活动:围绕租金分配标准的竞争;通过预算软约束而实现的寻租活动;和生产活动无关的寻租活动:转卖政策租金

第四节 小结:作为政企互动过程的租金分配

如果将产业政策的政策过程视为政策诱导租转化为熊彼特租的过程,那么决定产业政策成败的关键是政策租金的性质、寻租成本的规模以及政策租金的运用效率(宋磊,2013: 240)。这里所说的政策租金的性质主要指政策租金是否和垄断相关。在日本,政策租金主要是基于绩效和竞争的政策诱导租或状态依存租;在 80 年代的中国,政策租金的分配主要不是基于绩效和竞争。本章的讨论表明,政策设计和制度环境共同决定了寻租成本的规模。伴随日本的产业政策出现的寻租成本的规模不高的原因就在于日本政府的政策设计和日本经济的制度特征共同抑制了寻租成本。相对地,在 80 年代,伴随中国的产业政策出现的寻租成本的规模较高的原因也在于中国政府的政策设计和中国经济的制度特征。

但是,政策租金的性质和寻租成本的规模并不完全决定产业政策的成败。政策租金的运用也是关键的变量。毕竟,政策投入意味着企业的资源的增加。所以,分析企业如何运用这些资源就成为评价日本和中国的政策实践的关键问题。青木昌彦曾经指出,组织革新和制度革新对于政府导向企业的资源的运用效率具有重要的影响(Aoki,1996: 238)。本书的第三篇将从这样的角度分析日本和中国的政策租金的运用。

第三篇

熊彼特租的实现与经济发展

显然,对这样的政策(指引进先进技术)存在限制,其中之一就是落后国家没有能力将其扩展到那些需要特别专门的技术操作能力的产品生产领域。落后国家在吸收现代机床技术方面是缓慢的。但是,像钢铁这样的部门却提供了易于引进大多数现代创新的极好例子。

亚历山大·格申克龙(2008:10)

亚当·斯密的经济发展理论——经济剩余源于创造性的劳动分工,而劳动分工受制于市场规模——坚实地、基础性地植根于生产。基于制针工厂的案例,斯密的理论覆盖了从关于生产组织的新理念的概念化到与市场吸收能力相关的流通问题的生产的全过程。尽管斯密的经济理论和经济自由主义具有内在的联系,而后者在20世纪90年代广泛流行,主流发展经济学家在分析国家在工业发展中的作用的时候却完全忽略了生产。

爱丽丝·阿姆斯登(1997:469)

第六章 | 熊彼特租的实现(1):日本的实践

第三篇所引用的两个题记表明了这一部分的研究主题,那就是从包括流通在内的广义的生产过程出发,依据本书第一篇提出的生产主义的工业战略观来回应为什么类似的政策措施在不同的产业所取得的效果有所不同这一问题。本篇以生产过程为中心,以两章的篇幅分别讨论日本和中国的产业政策实践。

第六章共有四节。第一节简要地归纳日本产业政策的内在逻辑及其演变,澄清产业结构政策和产业合理化政策的关系。第二至第四节是本章的主体部分。第二、三节分别总结作为日本产业政策早期典型和后续发展的代表性产业政策的概要。在这里,我们主要关注钢铁产业政策、造船产业政策、机械产业政策和电子产业政策。第四节依据生产主义的工业战略观,运用产品建构理论,详细地总结上述产业政策的作用机制。

在第六章的主体部分,我们的研究思路可以归纳如下。首先,介绍相关产业的发展过程;其次,列举指向这些产业的政策措施;再次,介绍先行研究对于上述政策措施的评价;最后,在指出先行研究没有准确地把握相关政策措施的作用机制的基础上,运用产品建构理论对政策介入如何具体地推动企业能力的构筑进行归纳。

需要强调的是,本章将钢铁、造船产业政策和缝纫机、机床、汽车、电子计算机产业政策对置，不但因为这样两类产业政策是产业政策在不同历史时期的重点，而且因为两类产业的技术逻辑不同。正如我们在本章第四节指出的那样，在产品建构理论的视野之下，尽管钢铁和造船业分属装置型产业和组装型产业，但是在战后初期，两者的技术特征具有相似性，企业的技术能力在相当程度上取决于投资能力；而缝纫机、机床、汽车和电子计算机产业实际上基本涵盖了机械产业的主要部类，企业的技术能力不完全取决于投资能力。[①]

需要注意的是，我们关于以上六个产业的发展历程以及针对这些产业的产业政策的分析主要限定于这些产业达到世界前沿之前的时期。采取这种研究策略的主要原因是本书的主题是追赶型工业战略，这些产业到达世界前沿之后的发展以及产业政策的相关变化属于另一个研究主题。

第三篇的题记中援引的格申克龙的论述实际上间接地指出了不同产业的技术逻辑的差异对于经济政策的效果的影响，而这种影响只有在阿姆斯登所重视的广义的生产过程中才能体现出来。在这个意义上来说，本章以及第七章的主要目的是以揭示产业的技术逻辑和产业政策的效果或产业政策的应然形态之间的关系的形式来回应格申克龙的上述经典命题。

第一节　日本产业政策的演变及其内在逻辑

在日本产业政策研究领域，产业政策的演变是一个长期存在的研究主题。[②] 关于日本产业政策的演变，国际学术界实际上使用类似的研究方法并在一定程度上达成了共识。这里所说的研究方法指以产业结构政策的

---

① 在1960年之前的《日本产业分类》之中，机械工业被区分为一般机械、电气机械、运输机械和手表、照相机、测定器等四类。只是在1960年之后，手表、照相机、测定器等才开始被称为精密机械（关满博，2006：52）。因此，本章讨论的缝纫机、机床、汽车和电子计算机基本上涵盖了机械产业的各个部类。

② 作为这一研究领域的基础性著作，小宫隆太郎等（1984）的第一和第二部分集中地介绍了日本产业政策的演变过程。作为对于小宫隆太郎等（1984）的发展，伊藤元重等（1988）也专设一章来讨论这一主题。

支持对象的转变来把握产业政策的演变,所谓共识可以归纳为阶段说,即随着市场机制的确立以及对象产业的成熟,政策措施逐渐从直接转变为间接,介入的强度也逐渐减弱。具体而言,这种研究方法将政府投入的政策资源以及政府对市场主体的规制作为衡量介入强度的主要变量并依据这些变量来判断产业政策的演变方向。[①] 换言之,这种研究方法实际上是本书第一篇讨论的配置主义的产业政策观在产业政策的演变这一研究领域的具体体现。在这样的研究方法之下,钢铁产业政策和造船产业政策等产业政策的早期典型被给予较高的评价;而机械产业政策和电子产业政策等产业政策的后续代表被认为效果并不明显。

在配置主义的产业政策观成为产业政策研究领域的主流范式的背景下,以上共识广为流传。但是,如果引入生产主义的工业战略观,那么我们将会发现,得出上述结论的前提——通常意义上的产业结构政策是产业政策体系的核心——未必坚实。

正如我们在本书的第一篇提及的那样,约翰逊曾经指出,产业政策主要由产业结构政策和产业合理化政策组成。但是,约翰逊没有对两种政策的关系进行详细的分析。

实际上,产业合理化政策出现于产业结构政策之前,两者的关系也是不断变化的。一般而言,通过优先地投入资源来发展煤炭和钢铁产业的倾斜生产方式被视为战后产业政策的起点。但是,这一政策实际上是为解决战后生产陷入停顿状态这一问题而提出的短期政策,和20世纪50年代之后逐渐出现的产业结构政策并不相同。需要指出的是,尽管在倾斜生产方式之下煤炭和钢铁两个产业恢复了生产,逐渐开始向其他产业提供基础性原材料,但是这两个产业实际上处于统制经济之下,企业管理制度不合理,成本高企。同时,由于在推行倾斜生产方式的过程中政府投入了大量的财政资源,所以在上述两个产业的生产得以恢复之后,政府不得不考虑如何

---

① 比如,有学者在确认从20世纪50年代中期到70年代企业设备投资中政府系金融机构提供的资金的比例从20%左右下降到不足10%的基础上,指出政府的介入逐渐从直接转为间接(Vestel, 1994: 84)。

实现收支平衡。在强调市场经济原则和平衡预算原则，主张尽快将日本经济从统制经济转变为自由经济的道奇路线成为政府的经济政策的基调之后[①]，企业难以从政府获得财政补助，不得不通过提高效率来获得竞争力。在这样的背景下，对于政府而言，如何推动企业经营活动的合理化就成为当时最为重要的问题（中村隆英，1997：56—57）。

为了解决上述问题，通产省将合理化作为最为重要的工作，于1949年12月发起了产业合理化审议会。1952年3月，为了推进合理化的实现，通产省和大藏省共同制定实施企业合理化促进法。该法强调，"要促进技术提高和加速重要产业机械设备的现代化，指导和鼓励改进单位原材料和能源消耗量水平，通过以上措施，促进企业的合理化，实现我国经济独立的目标"（通商产业政策史编纂委员会，1993：40—41）。

产业合理化审议会后来被纳入通产省。在通产省的体制下，产业合理化审议会积极地提出政策建议。从1951—1953年，产业合理化审议会连续提出了三份报告书。其中，第三份报告书认为，今后的产业合理化政策应该争取实现企业内部的合理化、产业结构的合理化、产业组织的合理化、产业环境的合理化和中小企业的组织化（通商产业政策史编纂委员会，1994：289—290）。在日本政府的官方语言中，所谓产业结构政策指为了推动产业结构向政府所设想的方向变动的政策（通商产业政策史编纂委员会，1993：377）。依据产业合理化审议会的报告书的内容以及产业结构政策的定义，我们可以发现，在20世纪50年代，产业结构政策实际上只是产业合理化政策的一个组成部分。[②]

产业合理化政策和产业结构政策的上述关系典型地体现在产业合理

---

① 约瑟夫·道奇是底特律银行行长，曾任美军军政部的财政部长，在战后联邦德国的货币改革过程中发挥过重要作用。1948年4月，道奇应约赴日，主持制定了1949年度财政预算。在日本期间，道奇提出了改革经济体制的三项基本原则：第一，强行推行平衡预算；第二，取消财政补助；第三，复兴金融公库停止发行新贷款和复兴债券。此外，道奇将汇率核定为1美元兑换360日元。这一汇率水平在当时被认为超出了日本企业的竞争能力。

② 准确地说，在产业合理化审议会提交第二份报告书之前，其主要工作是研究企业内部的合理化问题。直到1953年初，产业合理化审议会才将一般意义上的产业结构政策纳入研究范围（通商产业政策史编纂委员会，1994：290）。

化审议会的组织结构及其活动之中。产业合理化审议会早期由产业组织、产业相关设施、市场、管理、能源、产业分类、中小企业等分会组成，其后增设了产业结构、资本积累、生产效率和商业四个分会。① 从产业合理化审议会的组成结构来看，一般意义上的产业结构问题显然只是产业合理化审议会关注的议题之一。另外，在各个分会之中，由财务、生产管理、劳务管理、质量管理和产业培训等五个分科会构成的管理分会最为活跃，成效也最为明显。

财务分科会的最大成就是向通产大臣提出的题为"企业内部管理大纲""关于实行内部管理的手续要领"的两份咨询报告。第一份报告指出，为了提高管理效率，企业应设立独立的管理部门，健全管理机构。第二份报告强调了管理部门和财务部门之间的分工原则以及预算控制、统计调查和内部监察的重要性。这些建议成为日本企业引进预算管理制度、标准成本计算制度、管理人员制度等系统的管理会计手法的出发点(通商产业政策史编纂委员会，1994：294—295)。考虑到具有日本特色的管理会计在日本企业的后续发展中的作用，我们有理由认为，财务分科会的工作开创了日本式管理会计的基础。

生产管理分科会的工作主要涉及生产现场的合理化。值得强调的是，生产管理分科会参与了日本的质量管理运动(quatilty control, QC)和工业规格(Japanese industrial standard, JIS)的制定，推动了中小企业普及质量管理方法(通商产业政策史编纂委员会，1994：297—298)。

劳务管理分科会的工作涉及工资制度、培训制度和现场层面的劳资关系问题。就前者而言，这一分科会推动了以职务为基础的工资体系的确立，引进了在企业内部进行培训的方法。从后者来说，这一分科会总结了现场管理中管理者和工作人员的分工原则，在企业引起重要反响(通商产业政策史编纂委员会，1994：298)。②

---

① 1955 年，为了审议机械工业振兴方案，成立了机械分会。

② 企业史家认为，在战后初期日本企业向美国企业学习管理方法的运动中，出现了两大潮流。第一个潮流是在人事管理、劳务管理以及后来成为日本企业竞争力源泉的质量管理和生产管理领域所进行的创造性学习。第二个潮流是在组织设计和管理会计等领域所进行的改进。值得注意的是，这两大潮流的出现都和产业合理化审议会有关(下川浩一，1990：102—104, 111)。

从上文关于产业合理化审议会之中最为活跃的管理分会的各个分科会的活动内容的简要总结来看，在20世纪50年代，产业合理化政策的重点在于提高企业的管理效率①②，产业结构升级问题只是产业合理化政策的部分内容。

实际上，通产省主持编纂的政策史表明，在战后初期，产业合理化政策的重点是企业内部的合理化，之后政策重点逐步转变为企业外部条件（产业选址条件）的合理化和行业（产业组织）的合理化，只是在20世纪60年代之后，产业合理化政策才逐渐地转变为一般意义上的产业结构政策，或者更准确地说，产业合理化政策开始被包括在产业结构政策之中（通商产业政策史编纂委员会，1993：377）。

讨论产业合理化政策和产业结构政策的关系具有重要的意义。这种讨论让我们注意到企业层面的合理化政策至少在60年代之前是日本产业政策的中心，一般意义上的产业结构政策的重要性只是在60年代之后才超过产业合理化政策。因此，在评价60年代之前的产业政策的作用机制的时候，显然应该将产业合理化政策的影响作为重点。同时，在评价60年之后的产业政策的作用机制的时候，也不应该完全忽视产业合理化政策的影响。

---

① 产业合理化审议会的另外一个重要贡献是参与并推动了生产率运动。生产率运动最早出现于战后的西欧国家。日本较早地注意到这一运动的意义，先后成立了日本生产率协议会和日本生产率本部。和其他西方国家相比，日本的生产率运动的特点之一是积极倡导劳动者参与。这一特点体现在所谓生产率三原则之中。生产率三原则指生产效率的提高不以简单地解雇工人的形式进行、生产率的提高以劳资合作为主要途径、生产率提高的成果需要在劳资之间公平地进行分配。

② 值得指出的是，这一时期日本企业在引进西方企业管理经验的过程中进行了日本化的改良。比如，美国式的质量控制主要基于统计方法（statistical quality control，SQC），日本企业将其改进为基层员工可以参与的全面质量管理（total quality control，TQC）。同时，美国式的企业决策制度强调管理者自上而下的控制（top-down），而日本企业则在企业决策制度中设计了基层管理者和基层员工发挥作用的空间（bottom-up）。在这一问题上，广泛存在的廪议制和劳资协议会就是典型的事例。另外，对于作为美国式工资制度的核心的职务工资制度，日本企业将其改造为兼具职务工资、年龄工资和职能工资的工资制度（通商产业政策史编纂委员会，1993：337—339）。在这种工资制度之中，对于工作态度的评价也具有一定的意义。

第二节　产业政策的早期典型:钢铁产业政策和造船产业政策

钢铁产业和造船产业的发展历程堪称战后日本产业发展的缩影。[①][②]作为产业政策的早期典型,钢铁产业政策和造船产业政策受到的争议较小。但是,这既不意味着学术界在如何评价这样两项产业政策的政策效果问题上完全一致,也不意味着这样两项产业政策的作用机制已经被充分地揭示。

(一)钢铁产业和造船产业的发展

1. 钢铁产业

1955 年,日本钢铁产量为 940 万吨。1973 年,钢铁产量为 11 932 万吨,达到历史纪录水平。在石油危机之后的 1994 年,钢铁产量为 9 830 万吨,在其后相当长的时期内,日本的钢铁产量基本维持在这一水平。值得指出的是,在石油危机之前,尽管钢铁产业已经开始出口,但是主要市场在国内;在石油危机之后,钢铁产业的出口比率增加,国际市场的重要性开始上升。

与主要钢铁生产国相比,日本的钢铁产量在 1964 年已经超越德国,1980 年成为西方国家中的第一生产大国,并长期维持这一地位。[③] 从生产量占世界总生产量的比例来看,1955 年,日本的产量仅为世界总产量的 3.7%;1973 年,这一比率为 17%;在整个 20 世纪 90 年代,这一比率大体上维持在接近 15%的水平。

---

① 除了有特殊说明的部分,本节关于两个产业的发展历程的介绍基本源于伊丹敬之(1998)和伊丹敬之、伊丹研究室(1992, 1997)。

② 由于这两项产业政策形成于战后初期,所以我们将其视为早期产业政策的典型。战后的钢铁产业政策和造船产业政策在 20 世纪 60 年代之后仍然在持续。但是,在 60 年代之后,这两项产业政策的重点和 60 年代之前已经有所不同。

③ 1981 年美国钢铁产量曾经短暂地超过日本。但是,日本快速实现反超。

在20世纪50年代的日本经济中,钢铁产业的销售额超过GDP的10%,附加价值和出口量占总附加价值和总出口量的8.5%,雇用量占总雇用量的5.5%。随着其他产业的发展,上述比率持续下降。在90年代中期之后,钢铁产业的销售额、附加价值和出口量占GDP、总附加价值和总出口量的比率约为4%,雇用量约为总雇用量的3%。

从发展阶段来看,战后钢铁产业经历了复兴期(1945—1959)、飞跃期(1960—1973)、转换期(1974—1985)和重建期(1986年至今)。[①] 在1945年,钢铁产量为50万吨,仅为战前的10%。但是,到1950年,产量已经恢复到战前的水平。在复兴期,日本政府对钢铁产业进行了重点支持。同时,这一时期也是大量引进国外技术的时期,投资的60%围绕进口设备进行。随着钢铁产量在1960年突破2000万吨,钢铁产业进入飞跃期。支撑钢铁产业快速发展的仍然是设备投资。在这一时期,大量最先进的大型炼钢厂在邻海地区出现,世界十大高炉之中有一半以上在日本。大量的设备投资必然带来激烈的竞争和生产能力的过剩。通产省在这一时期曾经多次试图协调企业的投资竞争,但是遭遇企业的顽强抵制。在60年代中期之后,钢铁产业内部开始出现主动协调投资的呼声,其结果是1970年八幡制铁和富士制铁合并为当时世界上最大规模的新日本制铁。

作为典型的装置型产业,巨大的设备投资是钢铁产业的特征,而日本钢铁产业的投资在战后曾经达到很高的水平。[②] 需要注意的是,钢铁产业的设备投资是依据钢铁产业的技术特征在相关政策,即三次钢铁产业合理化政策的支持下逐步进行的。钢铁产业的基本工序是制铣、制钢和轧钢。第一次投资高潮的重点在于轧钢设备的现代化;第二次投资高潮的重点是增设大型高炉和LD转炉,即轧钢的前端工序;第三次投资高潮的重点是持续建设大型高炉和大型转炉、在邻海地区建设涵盖所有工序的大型钢铁厂。很明显,三次投资高潮是遵循钢铁产业的技术特点,从后端工序逐渐

---

① 由于本书将钢铁产业视为早期产业政策的代表,所以本节重点讨论前两个时期。

② 在1960年,日本钢铁产业的设备投资率为20.4%,在20世纪70年代初期,这一比率约为15.1%。

向前端工序延伸的。

在三次投资高潮之后,钢铁产业的投资仍然在持续,但是重点开始转向连续铸造和计算机控制技术。尽管这些技术都是自西方国家引进的,但是和这些技术的原产国之外的国家的企业相比,日本企业基本上是率先引进这些技术的。本来,技术的引进并不必然导致生产率以相同的比例上升。但是在日本钢铁产业,生产率和设备投资或技术引进基本上以相同的比例上升。这一事实意味着,在这一时期,钢铁企业在吸收和消化引进技术以及改善现场管理方面取得了进展。①

需要注意的是,钢铁企业在技术和组织形态方面取得的进展不是简单地照抄美国方式,而是结合日本的实际,对引进的技术和组织形态进行了改进。

在技术方面,日本企业对 LD 转炉技术进行了持续的改进,并开发出具有原创性的连续铸造技术。② 在组织形态方面,众所周知,多品种、少批量的生产组织方式是战后日本企业获得竞争力的源泉之一。在钢铁产业,这种生产组织方式正是在对美国企业的生产组织方式进行调整的基础上出现的。1959 年,八幡制铁在引进大型轧钢技术的时候,美国技术专家建议尽量将设备调节为可以大量生产同一规格的钢板的状态。但是,对于这一建议,八幡制铁的现场管理者和作业长们认为,"我国钢铁市场的需求

---

① 在这样的过程中,和谐的劳资关系对于技术革新具有重要的影响。一方面,和谐的劳资关系使得日本钢铁企业可以顺利地引入具有替代劳动效应的计算机技术,而西方钢铁企业则由于工会的反对而迟迟难以引进这种技术。另一方面,在和谐、稳定的劳资关系之下,劳动者不但积极地发展自身的技能,而且主动参与质量管理。在这一时期,参与质量管理活动的员工占员工总数的八成。在 1965 年,八幡制铁的员工人均提出的质量改善提案为 2.8 件。正是在基层员工的参与之下,诸如 LD 转炉寿命延长技术等重要的技术革新才得以出现(伊丹敬之、伊丹研究室,1997:125—126)。

② 原产于奥地利的 LD 转炉技术的粉尘回收设备效率不高。为了解决这一问题,八幡制铁、横山工业和富士电机共同开发了 OG 法嘎斯回收装置。另外,当时的 LD 转炉难以控制碳素的水平,只适于生产低氧钢。因此,在国际上,一般用 LD 转炉生产低氧钢,用平炉生产碳素钢。为了解决这一问题,日本企业联合组织了 LD 委员会,研究如何通过改进操作方式来扩大 LD 转炉的使用范围。这一企业间研究机构对日本钢铁产业在 10 年内用 LD 转炉替代 80% 的平炉做出了贡献。另外,被称为战后日本钢铁产业最为重要的原创性技术之一的连续烧铸技术也是在对多项进口技术进行大量工序革新的基础上出现的(中冈哲郎,2002:13—14, 26)。

非常多样，这种设定方式难以满足市场需求"，坚持主张按照国内市场的需求来调节设备。实际上，在战后，日本钢铁企业大多通过频繁地更换轧钢机的相关部件的方式来满足不同的市场需求（下川浩一，1990：184—185）。①

2．造船产业

尽管不像钢铁产业那样受到广泛关注，但是在战后初期，造船业的影响并不低于钢铁产业。在战败之后仅仅经过了11年的1956年，造船产业的规模已经达到世界第一，而且这一地位一直维持到20世纪90年代后期。从50年代到整个60年代，造船业出口额占总出口额的10%。在这一时期，造船业的销售额基本和汽车产业持平。在上述意义上来说，造船业是战后初期的代表性产业之一。

一般来说，造船业快速发展的原因可以归纳为以下几点。首先，政府的资金推动企业连续地进行了大规模投资。其次，由于造船业基本上是组装型的劳动密集型产业，所以这一产业的创新不但体现为技术创新，而且体现为组织创新，生产现场的持续改进、生产过程的合理化对于造船业的发展具有重要意义。由于日本企业的优势之一在于持续的工序革新，所以当时的日本企业适于发展造船业。最后，相关产业的发展为造船业的发展提供了基础。具体而言，造船业实现扩张的时期和钢铁产业以及机械产业实现发展的时期基本重合，后者的发展实际上推动了前者的扩张。

在战后初期，造船业的基础性技术革新为日本企业实现赶超提供了条件。在这一时期，造船的基本方法从钉接造船法转向焊接造船法，同时，板

① 如果说这一案例反映的是日本企业主动地对美国企业的生产组织方式进行改进的话，那么下一个案例反映的则是日本企业在特定的国情之下如何被动地对美国企业的生产组织方式进行改进。川崎制铁千叶工厂是战后最早全面地引进连续生产工艺的钢铁工厂。尽管按照日本的标准，千叶工厂获得的土地面积已经很大，但是从世界标准来说，这样的工厂面积仍然是狭小的。由于连续生产工艺的意义在于大量生产，所以千叶工厂必须大大提高单位面积的产出量。在这样的制约条件之下，千叶工厂对生产设备的选择和配置进行了大量的改进，其结果是单位面积产出量增加3倍。应该说，这是日本企业在本国国情的约束之下创造新型生产组织方式的典型案例。实际上，千叶工厂的布局不但成为日本钢铁企业的模板，而且成为当时世界范围内的钢铁企业内部布局的标杆（桥本寿朗，2001：140—141）。

块造船法开始出现。[①] 在这一过程中,作为传统的领先企业,英国企业迟迟没有采用这些新技术,而日本企业则大规模地引进了焊接造船法和板块造船法。[②] 一般而言,新技术的出现,往往为后进企业赶超领先企业提供机会。出现这一现象的原因在于,某些类型的新技术具有摧毁旧技术的经济价值的倾向(Tushman and Anderson, 1986)。[③] 焊接造船法和板块造船法明显具有这种倾向:引进焊接造船法意味着原有的钉接技术的经济价值大大降低,熟练地掌握了钉接技术的工人的收入可能下降或面临失业的风险;类似地,在传统的造船方式之下,熟练工人、特别是工长在相当程度上控制了生产过程,而板块造船法降低了工长的重要性。在这样的背景下,由于焊接造船法影响熟练掌握钉接技术的工人的收入和雇佣机会、板块造船法降低工长的权威,所以英国造船企业工会对于焊接造船法和板块造船法持观望与抵制的态度。[④⑤]

率先采用钉接造船法和板块造船法确实推动了日本造船企业降低成本,为其进入国际市场提供了条件。但是,获得世界第一的市场份额之后,造船业仍然在持续扩张。在 1962 年之后的很长一段时期内,世界造船市场的新增需求几乎全部由日本企业满足。这种持续的扩张显然不只是源于成本的降低。实际上,在 20 世纪 50 年代后期之后,日本企业持续地推

---

① 焊接法最早出现在美国。但是日本企业快速将这一技术投入应用。1948 年,20% 的日本造船企业已经采用了这一技术。在 1949 年和 1951 年,这一比例已经达到 50% 和 80% 以上。

② 所谓板块造船法指在船舶的设计阶段将船舶分割为一些板块分别进行设计,然后在陆地上制造这些板块,最后在船台上将这些板块拼装到一起。

③ 严格地说,不是所有的技术革新都具有这种倾向。从新技术和旧技术的关系的角度出发,技术革新可以区分为能力强化型技术革新和能力破坏型技术革新。前者指可以强化原有的技术的经济价值的技术革新,后者指可以降低或摧毁原有的技术的经济价值的技术革新。

④ 对于日本企业来说,引进焊接造船法和板块造船法当然也会涉及劳动者的收入和雇佣问题。这些问题之所以没有阻碍技术引进,主要原因有以下几点。第一,在终身雇佣制之下,企业尽可能地为员工提供新的工作机会。第二,不同于强调工种因素的英国企业的工会,工种因素对于日本企业的工会影响不大。换言之,如果说英国式的以工种为基础的工会阻碍了工人更换工种的话,日本式的以企业为基础的工会则为工人更换工种提供了条件。第三,由于产业规模在持续扩大,所以日本企业比较容易为需要调整工作岗位的工人提供新的工作机会。第四,日本企业中存在非正式员工。这些员工在一定程度上承担了伴随新技术而出现的社会成本。

⑤ 和钢铁产业一样,造船产业在引进焊接造船法和板块造船法的基础上,结合本国国情,进行了诸如先行建造横向移动方式和多起点建造方式等工序革新(沢井实, 1998: 20)。

动了以计算机设计、先行组装仪器、标准化船型、大型经济船等为代表的技术革新。正是这些技术革新为市场份额的扩张提供了条件。

上述技术革新得以出现的前提之一是大量的投资。在1961年至1968年间,造船业的生产能力扩张了1.6倍;在1971年至1974年间,主要造船企业的生产能力进一步扩大了1.5倍。

如果说石油危机之前日本造船企业的生产组织方式偏向于"通过大量生产来实现生产率的上升"的话,那么在石油危机之后,日本造船企业的生产组织方式则开始体现出"在多品种、小批量的生产过程中提高生产率"的特征。换言之,在这一时期,造船企业的生产组织方式开始更为明显地体现出典型日本企业的特征。[①] 在这种生产组织方式之下,日本造船企业持续地进行合理化改进,生产率和交船时间达到了世界先进水平。[②]

(二) 钢铁产业政策和造船产业政策的主要政策措施

1. 钢铁产业政策

一般而言,倾斜生产方式被认为是战后政企关系或产业政策的出发点。在倾斜生产方式之中,钢铁产业占据重要位置。[③④] 但是,倾斜生产方式的主要目的在于通过恢复钢铁产业和煤炭产业的生产来带动经济实现

---

① 在这一时期,日本造船企业开始进行以电子技术为先导的第二波技术革新。这种技术革新是日本造船企业在其后相当长的时期内得以维持竞争优势的原因之一。

② 在日本造船业成为世界第一的1956年,日本造船企业建造船舶所需的工作时间降低到1948年的一半左右。这种变化大大地推动了成本的降低。同时,工作时间的减少也意味着交货期的缩短。在1951年至1955年间,英国船厂建造32 000吨货船所需的交船时间约为517天,而日本企业仅需180天。在国际船主重视交船时间的背景下,日本企业的快速建造能力为其获得了大量订单。

③ 在明治时期,日本政府的钢铁产业政策曾经发挥过重要作用。关于这一时期的钢铁产业政策,请参考冈崎哲二(1993c)。关于战前日本的产业政策史,可以参考通产省商工政策史刊行会编纂的《商工政策史》。与本书使用的《通商产业政策史》相比,除分析对象的时期不同之外,《商工政策史》更重视部门层面的产业政策史。

④ 在战后复兴期,除倾斜生产方式之外,政府通过价格差补助金制度向钢铁产业提供了资金援助。当时,钢铁产品的价格居高不下,需要这些产品的企业难以购买。为了解决这一问题,政府以通过政府系金融机构向钢铁企业提供补助的形式来降低钢铁产品的价格。这种制度实际上是一种两重价格制度。在这种制度之下,一方面钢铁企业可以通过销售产品来获得资金;另一方面,其他产业的企业可以以较低的价格获得钢铁产品。

正向循环,具有短期对策的特点。因此,真正意义上的钢铁产业政策出现在倾斜生产方式之后,具体形式表现为三次合理化计划和其他政策措施。

从战败到1960年的15年间是钢铁产业政策的顶峰期。1951年和1956年开始执行的第一次和第二次合理化计划的投资重点分别是轧钢设备与高炉、LD转炉的增设。在第一次合理化计划期间,钢铁产业的总投资额为1 282亿日元,其中的12%由政府系的日本开发银行提供。在第二次合理化计划期间,日本开发银行提供的资金占总投资的1.5%。但是,在这一时期,政府安排的世界银行贷款发挥了重要作用。[①] 在政府系金融机构直接提供的资金之外,政府安排的特别折旧制度的作用也值得注意。在1956年至1960年的第二次合理化期间,六家主要钢铁企业投资总额的12.7%来自通过特别折旧制度筹措的资金。在上述制度之外,出口收入免税制度也发挥了作用。所谓出口收入免税制度指政府将企业的部分出口收入从征税对象之中排除。在1957年,大型钢铁企业总收入之中的11.8%来自这一制度。

1960年之后的投资在第三次合理化计划之下进行,重点是在临海地区建设大型制钢厂。第一次合理化计划期间,所有投资计划必须经过产业合理化审议会审议,通产省拥有事实上的决定权。在第二次合理化计划期间,尽管投资计划不再由审议会审议,但是通产省对于投资计划具有直接的影响。在第三次合理化计划期间,设备投资主要由企业自主进行。因此,政府对于钢铁产业设备投资的直接影响主要集中在1960年之前(山胁秀树,1984:256—261)。

在投资资金之外,政府在技术引进的过程中也发挥了重要作用。首先,在钢铁企业进口政府认定的重要设备或机械的时候可以享受特定的折旧税率。其次,为了促进企业引进特定设备,政府规定在进口这些设备时可以免除关税。在1959年,针对钢铁产业的设备进口免税额达到52亿日元。同时,当钢铁企业竞争性地进口国外关键技术时,政府出面协调,为日

---

① 政府为钢铁企业安排的世界银行贷款约为第一次合理化计划期间的总投资的28.7%(通商产业政策史编纂委员会,1994:385)。

本企业争取了优惠的进口条件。[①][②] 另外，在外汇紧张的情况下，政府优先安排钢铁企业使用外汇进口重要设备。

由于主要钢铁企业在1960年前后完成大规模的设备投资，钢铁产业开始进入激烈竞争的时期。在这一时期，通产省试图在设备投资、价格和生产量等方面对竞争进行协调。但是，在这一过程中，与其说通产省完全地将自身意图强加给了企业，不如说通产省为企业之间的自主协调提供了机会并成为这种自主协调的结果的保证人。实际上，除了成功地引导八幡制铁和富士制铁合并为新日本制铁之外，通产省的主动协调大多没有取得明显的效果。[③][④]

---

① 在这一问题上，政府在引进LD转炉技术的过程中所发挥的作用值得重视。LD转炉是战后初期在钢铁产业中出现的重要的技术革新，有助于扩大生产规模，提高产品质量。在引进这一技术的过程中，政府在两个方面发挥了作用。第一，将LD转炉的引进列入第二次合理化计划，从税率和资金方面为企业进口这一技术进行支持。具体而言，在进口这一技术的第一年，设备进口额的一半被设定为免税制度的适用对象。同时，政府安排企业使用世界银行贷款进口这一技术。第二，政府直接介入技术进口的过程，为企业节约了专利使用费。本来，有两家日本企业准备分别进口LD转炉技术。在通产省的斡旋之下，日本钢管公司成为这项技术的代理企业，负责向其他日本企业转让这项技术。在这种安排之下，日本企业为这项技术所支付的专利使用费约为每吨0.36美分，而美国钢铁企业为这项技术所支付的专利使用费在每吨15美分至25美分（Lynn，1982）。在引进这项技术之前，在政府的支持之下，日本企业率先大规模地实现了高炉的大型化。高炉的大型化意味着前端工序的加工能力的大幅上升，这种变化要求制铁工序提高加工能力，而LD转炉技术可以大大地提高制铁工序的加工能力。这是日本企业积极地引进这项技术的重要原因。在引进这项技术之后，制铁工序加工能力的提高意味着后续工序进行技术革新的必要性开始上升。连续铸造、计算机控制等后续工序的技术革新就是在这样的背景下出现的。因此，日本企业之所以积极引进这项技术的原因之一在于政府对于高炉的大型化的倡导为引进这项技术提供了基础，而这项技术的顺利引进则为后续工序的技术革新提供了前提。

② 在引进LD转炉技术的过程中出现的企业共同引进技术的方式不但降低了专利使用费，而且促进了企业共同改进进口技术。这种引进方式后来也出现在钢铁产业的其他工序之中（富浦梓，2004：293）。

③ 八幡制铁和富士制铁都源于战前的日本钢铁。两者的合并更多地基于企业的战略决策。

④ 所谓住金事件典型地反映了通产省协调能力的下降和钢铁企业自主性的上升。在1965年第二和第三季度，通产省连续地指示钢铁企业自主地进行减产。住友金属在第二季度接受了通产省的指示，但是明确地反对第三季度的减产指示。在当时的六大钢铁企业之中，八幡制铁、富士制铁、日本钢管是早已进入钢铁产业的企业，而住友金属、川崎制铁和神户制钢所则是钢铁产业的后发企业。由于住友金属等新企业的市场份额正在持续扩张，在出口方面表现良好，所以通产省的指示实际上具有保护传统企业、抑制后发企业的含义。对于住友金属的反抗，通产省表示如果住友金属不服从协调，将动用煤炭法赋予的权力，削减住友金属的煤炭使用量。面对通产省的威胁，住友金属采取了决不退让的态度。结果，尽管住友金属最后还是部分地削减了产量，但是逼迫通产省收回了限制其出口产品的要求。在战后日本产业政策史之中，住金事件被认为标志着通产省在这一时期不得不开始尊重企业自主权。

2. 造船产业政策

战后初期造船产业政策主要有计划造船、粗糖进口收益补助制度和出口银行融资制度三个要点。和钢铁产业政策一样,在造船企业形成生产能力之后,产业政策的重点转向企业间关系的协调。

所谓计划造船指通过向海运企业提供造船资金来恢复海运能力,为造船企业创造需求。1947 年,政府成立船舶公团,先后通过复兴金融公库和日本开发银行等政府系金融机构向造船企业提供造船资金。具体做法是船舶公团和船主以分别负担造船经费的 70% 和 30% 的形式建造船舶,后者在 10 年内收购前者的权益。①②

日本造船业进入国际市场的直接契机是粗糖进口收益补助制度。尽管这一制度仅执行一年,但是对于日本企业的出口发挥了重要影响。在粗糖的国内外价格存在巨大差距的背景下,政府通过垄断粗糖的进口权而积累了大量收益。为了推动出口,日本政府将进口粗糖所带来的收益分配给战略性产业。1954 年,造船产业被指定为粗糖进口收益补助制度的支持对象。在这种事实上的补助金的支持下,日本企业的船价降低到国际水平,开始具有竞争力。受到这一制度支持的出口船只占到出口船只总量的约 80%。③

一般而言,船主应该在签约、建造、船舶入水和交船四个环节分别支付货款。但是,战后初期的船舶出口市场是买方市场。作为当时日本船舶的主要购买者,希腊船主提出以延期支付货款的形式购买船舶。尽管当时日本企业已经具备建造船只的技术能力,但是缺乏在这样的交易条件之下进行出口的资金能力。为了解决这一问题,政府系的日本进出口

① 1953 年之前的计划造船的主要目的在于恢复造船企业的生产能力。在 1954 年之后,计划造船的目的转向出口。在这一过程之中,日本进出口银行的重要性开始上升。

② 即使在战后初期之后,日本开发银行也是造船业的主要资金来源。1961 年,日本开发银行总融资额的 21% 被提供给造船业,1965 年,这一比例达到 45%(米泽义卫,1984:376)。

③ 这一制度不但直接降低了日本企业的船价,而且推动了部分没有出口经验的日本企业接受出口订单。

银行向承接出口订单的日本企业提供了大量贷款。[①] 随着出口市场转变为卖方市场,订单快速增加。但是,在船舶行业采取分期付款的交易方式、船东经常拖欠货款的情况下,船舶企业需要大量建造资金。在这一时期,日本进出口银行实际上承担了为出口企业提供建造资金的职责。1955 年和 1956 年,日本进出口银行贷款总额的 76% 和 80% 都提供给了造船业。

在第一次石油危机之中,船舶的需求下降。为了缓和这一冲击,运输省开始协调造船企业减少开工时间和生产规模。接下来,运输省试图限制设备投资。首先,运输省严格限制企业增设一定规模以上的船台和船坞。1976 年至 1978 年间,船台和船坞的总量基本没有变化。在这个意义上来说,运输省基本上实现了其政策目标。其次,运输省设立了特定船舶制造业安定事业协会,由后者收购部分船舶企业的土地和设备,试图通过这样的方式调整存量设备。这一政策意味着政府指定部分低效率企业退出市场。推行这一政策所需要的资金由造船业的高效率企业负担。在实践中,这一政策基本得以实行(米泽义卫,1984:380—383)。

(三)先行研究对于两项产业政策的评价

对于钢铁和造船产业政策,日本学术界总体上持肯定态度,学者之间的差别只在于在何种程度上肯定这样两项产业政策。部分管理学家和经济学家认为产业政策启动并维持了钢铁产业和造船产业的发展。相对于这种评价,尽管主流经济学家难以否认产业政策对于上述两个产业的资本形成的推动作用,但是他们强调,计量分析表明产业政策的支持者夸大了这种作用。同时,他们认为,政府在产业调整期所采取的协调政策或多或

① 1954 年,在日本进出口银行支持之下生产的船舶占到采用这种交易方式的船舶总量的 53%。

少地违背了市场机制,未必有助于产业的发展。①

总的来说,不同学科和同一学科内部不同流派的学者在如何评价钢铁产业政策和造船产业政策方面难得地取得了基本的共识。但是,需要指出的是,这些先行研究存在两个问题。第一,这些研究主要从政府对于企业资本形成的影响的角度展开,在研究范式上属于配置主义的产业政策观。第二,这些研究基本上是个案研究,难以回答为什么同样的产业政策在不同产业具有不同效果这一关键问题。因此,这些研究没有发展出可以应用到不同的产业、具有普遍解释力的分析框架。

第三节 产业政策的后续发展:广义的机械产业政策

在20世纪60年代之后,广义的机械产业和电子产业成为产业政策的重点。②③ 但是,不同于第二节讨论的钢铁产业政策和造船产业政策,学术界的主流对于机械产业政策和电子产业政策的评价较低。④

机械产业和电子产业都是覆盖范围比较广泛的产业。在机械产业中,我们主要关注作为轻型机械产业的缝纫机产业、作为典型机械产业的机床

① 在肯定钢铁产业政策对于企业的资本形成和技术进步的影响之后,新古典派经济学家特别指出,20世纪50年代后期之后钢铁产业发展的主要原因在于市场竞争(山肋秀树,1984:275)。这一学派的学者关于造船产业政策的评价也有类似的特点。比如,米泽义卫关于造船产业政策的回归分析的结果主要有三点:第一,日本进出口银行的融资对于造船业国际竞争力的影响不是决定性的;第二,这种融资具有正反两种作用;第三,造船业的设备调整得以顺利实现的主要原因在于企业的适应能力,政策的影响是第二位的(米泽义卫,1984:388)。

② 在机械产业和电子产业成为政策支持对象的时期,钢铁产业政策和造船产业政策仍在持续。因此,将钢铁和造船产业政策列在机械和电子产业政策之前主要是因为政策出现的时期不同。

③ 部分机械产业政策,比如本节讨论的缝纫机产业政策开始于20世纪50年代初期。但是,作为一个整体的机械产业政策的正式推行在这一时期之后。

④ 实际上,机械产业对于日本经济不但具有重要的现实意义,而且具有明显的理论意义。京都大学教授丰崎稔曾经指出,“日本资本主义的性格和命运典型地体现在机械产业之中”(转引自林信太郎,1976a:78)。

产业和作为运输机械产业的汽车产业。[①] 在产业政策研究中，不同于广受关注的汽车产业政策，缝纫机产业政策没有受到应有的重视。但是，缝纫机产业至少具有三个理论意义。第一，纺织产业几乎是所有后进国家实现追赶的过程中最早出现的主导产业，而缝纫机产业的发展对于纺织产业具有重要意义。第二，缝纫机产业是战后日本最早实现出口的产业。第三，尽管没有受到学术界的充分注意，但是战后的缝纫机产业政策的政策实践具有重要而独特的理论价值。在电子产业中，我们主要关注计算机产业。选取计算机产业作为电子产业的代表，不但因为计算机产业具有非常重要的战略意义、政策措施丰富，而且因为政府在计算机产业的不同发展阶段所采取的政策的效果不同。[②]

（一）广义的机械产业的发展

1. 缝纫机产业[③]

在战前，美国的辛格缝纫机（Singer）在所有国家都居于主导地位。[④] 在日本，辛格缝纫机同样具有重要影响。尽管存在若干家本土缝纫机企业，但是这一产业基本上被进口的辛格缝纫机所支配。在战后初期，由于美国国内市场迅速扩大，在有利的汇率政策的支持下，日本缝纫机开始向美国出口。但是，随着道奇路线的制定，日元汇率上升，质量不高的日本缝

① 机械产业的另外一种分类方法是将这一产业区分为以电子产品为中心的轻型组装量产产业、以汽车为中心的重型组装量产产业、以半导体为代表的精密部件产业、以机床为代表的生产机械系统产业和以能源装置为代表的社会机械系统产业。即使采取这种分类方法，本章所分析的缝纫机、机床、汽车和电子计算机产业大体上也涵盖了机械产业的主要类别。

② 在日本产业政策研究领域，一直有学者认为，消费者电子产业不是政策支持的对象。这些学者从他们认定的这一事实出发，对于产业政策的效果持怀疑态度（Porter *et al.*，2000）。但是，这种观点并不完全正确。正如负责轻工业产业政策的官员所回忆的那样，在20世纪50年代，政府对于部分消费者电子产业提供了政策支持（林信太郎，1976b）。

③ 除了有特殊说明的部分，本节关于缝纫机产业的发展历程以及缝纫机产业政策的说明，主要参考了在20世纪50年代初期负责缝纫机产业政策的林信太郎的回忆（林信太郎，1976a，1976b，1976c）。

④ 在很长的时期内，很多国家的缝纫机产业或者由辛格公司直接控制，或者由模仿辛格公司产品的企业主导。这些企业不但模仿辛格公司的产品，而且伪造原产地标识。比如，在19世纪后期，大量向英国出口缝纫机的德国企业将辛格的商标放在突出的位置，“德国制造”则被放在购买者难以发现的位置（张夏准，2006：99）。

纫机在美国市场遇到困难。

当时的日本缝纫机产业具有两个特点。第一,尽管存在一些本土品牌,但是当时的日本制缝纫机主要是辛格-15(Singer-15)型缝纫机的仿制品。第二,在以大阪和东京为中心的关西和关东地区存在两种相互竞争的生产组织方式。大阪地区的企业群以仿制辛格-15为主,采取社会分工的生产组织方式。具体而言,大阪地区的缝纫机组装厂向部件厂采购部件,然后进行组装。在这样的过程中,组装企业向相关部件企业提供图纸和设计信息(太田原准、昌山泰生,2005:127)。需要注意的是,由于仿制是由各个企业分别进行的,所以各个部件企业难以精确地解决公差等问题。[①] 这意味着这些部件不是标准化的,组装企业不得不对这些部件进行微调。在这样的背景下,大阪地区生产的缝纫机质量不高,产量有限。在关东地区,处于主流的生产组织方式是由组装厂主导的:这些组装厂内制主要部件,在企业内部进行组装。随着部件逐渐实现标准化,大阪地区以社会分工为中心的生产组织方式逐渐成为通行的生产组织方式。[②③]

部件标准化得以实现与政府等公共组织的介入有关。由于当时日本缝纫机企业不但仿制辛格-15,而且这些企业的商标也和辛格-15高度相似,所以美国占领当局命令这些企业停止仿制。为了解决这一问题,在政府的支持下,业界团体"纺织技术协议会"开始推动包括规格的标准化和部件的互换性在内的图纸标准化。当时的商务省积极支持这一努力。从

---

① 所谓公差指正规厂商在设计产品的时候对于部件的物理属性所设定的误差范围。一般来说,后进国家的企业在通过分解先进国家企业所生产的产品来掌握设计知识的过程中,难以在短时期内准确地掌握公差等技术细节。

② 在战后初期,以社会分工为基础的大阪地区的生产组织方式和以内制部件为基础的东京地区的生产组织方式各有优劣。前者的优势在于较低的成本,后者的优势在于较高的质量。随着部件逐渐实现标准化,前者的成本优势进一步强化,产品质量提高,可以分散风险等其他优势也开始显现出来。当时,大阪地区和关东地区的缝纫机企业竞争性地向美国出口产品。由于具有价格优势,订单主要被大阪地区企业获得。在这样的背景下,关东地区的缝纫机企业不得不开始向大阪地区的部件企业订购部件,即使是拥有全资部件企业的兄弟缝纫机(Brother)也开始部分地采用大阪地区部件企业的产品。在这样的过程中,大阪地区的生产组织方式成为主流。在1949年,采取内制方式的企业约为企业总数的25%。在两年之后的1951年,这一比例下降为5%。

③ 在照相机产业也出现了类似的生产组织方式。更为重要的是,政府在一定程度上推动了这种生产组织方式的出现和普及(林信太郎,1975b:82)。

1947 年 12 月开始，这一业界团体向所有企业提供标准化的图纸（HA-1 机型）。[①②] 在标准化图纸的影响下，部件企业开始专业化于标准部件的设计和生产，原来以组装企业为核心、由部件企业向特定组装企业提供非标准化部件的生产方式开始解体。[③④]

部件标准化和设计图纸的公开化确实提高了产品质量，但是也在相当程度上引起了产品的同质化。由于技术壁垒消失，所以大量中小企业和流通业者进入这一产业。尽管这些新进入的企业的生产量不足国内总产量的 20%，但是它们充分地发挥价格优势，以近乎倾销的价格大量向国外出口，一度占据 80% 的出口份额（太田原准、昌山泰山，2005：130）。

在这种背景下，能否成功地设计新机型就成为企业能力持续发展的关键。日本主要缝纫机企业从 20 世纪 50 年代开始研发非直线缝纫机（辛格-15 型和 HA-1 型都是直缝型的），并于 1961 年将新产品投入市场。日本企业开发的非直线缝纫技术与微电子技术相结合，以缝纫机的高速化、多样化和新素材、新技术的使用为特征。在这一过程中，组装企业开始内制或委托特定部件企业制造马达等关键部件。这样的变化意味着曾经占据主导地位的以社会分工为基础的开放式的生产组织方式逐渐为封闭式的生产组织方式取代。在完成生产组织方式的上述转变之后，日本的缝纫机开始真正具有国际竞争力，兄弟缝纫机等企业开始成为这一产业的世界级领先企业。

---

① 在这一过程中，协会提供的信息不但包括关于缝纫机的整机设计和部件的形状、规格的信息，而且包括关于部件的原材料、热处理方法、制造方法和加工精度的信息（太田原准、昌山泰生，2005：128）。

② 在 20 世纪 30 年代，日本企业已经注意到部件的标准化对于产业的发展具有重要的意义，部分组装厂也尝试过指导部件企业生产标准化部件（桑原哲也，2002：53）。但是这种尝试的影响是有限的。

③ 从 1954 年开始，加工部件的机械开始从通用机械转变为专用机械。同时，从 1955 年开始，加工机械开始实现自动化。加工机械的专用化和自动化推动了缝纫机的成本下降。

④ 在标准化的推动下，部件完全实现了互换性。在这样的背景下，部件企业可以大量生产单一部件，其结果是成本大幅下降。当时辛格公司所生产的部件为每月 3 万至 4 万件，而大量日本部件企业的月均产量很快超过 50 万件。这一变化不但阻挡了辛格公司在日本的扩张，而且成为日本企业进入美国和世界市场，实现世界第一生产规模的最大原因（桑原哲也，2002：55）。

2. 机床产业

和钢铁产业、造船产业不同,日本机床产业在进入世界前沿之前经过了更长的发展过程。出现于幕府末期的日本机床产业直到20世纪60年代后期才基本实现了对西方国家的追赶,在1982年生产规模才达到世界第一并将这一地位维持到2008年。在这个意义上来说,格申克龙对于19世纪的后进国家在钢铁产业和机床产业的追赶速度方面的差异的洞察在20世纪仍然适用。换言之,机床产业的技术特征和产业特性限制了后进国家在这一产业的进步速度。同时,即使在机械工业内部,机床产业获得国际竞争力的时期也晚于上文讨论的缝纫机产业。[①]

一般而言,日本机床产业具有以下特征。第一,机床对于机械产业其他部门的产品加工精度具有重要影响,机床产业的发展是以机床企业和用户之间频繁的技术交流和相互依存为基础的。第二,在日本,特定产业的地理分布往往具有空间集聚的特征,机床产业也主要集中在几个地区(吉本阳子、斋藤祯,2003:154—156)。第三,由于机床用户的技术要求不同,所以机床产业之中存在不同层次的企业。值得注意的是,日本机床产业中不断出现的新兴中小企业往往是从原来的企业之中独立出来的。更为重要的是,这些新兴企业在独立之后往往也和原来的企业保持合作关系(Friedman, 1988;吉本阳子、斋藤祯,2003:156)。另外,这些中小企业往往在特定技术领域具有优势(关满博,2006:60—62)。和这些特征有关,在日本机床产业之中,中小企业占有关键地位。[②] 第四,由于机床是典型的生产设备,具有宏观经济晴雨表的性质,所以这一产业的扩张和收缩都很剧烈。因此,机床产业的发展过程往往体现为盛宴和饥馑(feast or

① 在相当长的时期内,日本机床产业主要依托国内市场实现发展。尽管在20世纪60年代中期,机床产业的进口依存度已经下降到10%左右,但是直到70年代前期,这一产业的出口比率也只有10%左右(沢井实,2013:346)。只是在数控机床成为机床产业主力产品的70年代后期,这一比率才上升到40%左右(Friedman, 1988:26)。

② 1982年,日本从事机床生产的企业共有1 918家。其中,从业员数量在300人以上的企业仅有33家。同时,机床的主要消费者也是中小企业。这些企业购买了国产数控机床的约70%(Friedman, 1988:30—31)。

femine)的交替(沢井实,2013：1—5)。第五,和以上特征有关,日本机床产业发展出了强调小批量、多品种生产、以合作为基础的柔性生产体制(Friedman, 1988;关满博,2006)。第六,20 世纪 70 年代之后出现的数控机床大大地改变了机床产业的世界格局,日本企业正是在这一过程中进入世界前沿。①②

在日本机床产业的流通领域,存在四种主要的流通路径。第一种是生产企业直接销售,第二种是由销售企业负责销售,第三种是由代理企业和销售企业共同负责销售,第四种是由总代理企业、代理企业和销售企业共同负责销售。在高度成长期,机床产业流通方式的主要变化是生产企业直接销售比例的下降和流通企业地位的上升。随着竞争的激化,分期付款成为普遍的货款支付方式(沢井实, 2013：365—367)。值得指出的是,1961 年和 1963 年通过的机械产品分期付款信用保险临时措施法和机械产品分期付款金融措施推动了分期付款制度的确立和普及。③

机床产业的发展与机床产业设备的现代化以及技术引进密切相关。在设备的现代化方面,政府设计了多种政策。关于这些政策措施及其意义,我们将在下文中介绍。在技术引进方面,和其他产业一样,日本机床企业在引进技术的基础上进行了持续的革新。首先,在高度成长期的前期,日本企业主要通过引进先进技术来改变过于依靠工人的主观判断的局面,确立了科学管理的基础;在高度成长期的后期,随着质量管理运动的开展,机床企业开始注意将现场从业员的经验和科学管理相结合。其次,1965

---

① 根据《美国机械人》的统计,在数控机床充分普及的 1995 年,世界销售额的前五位企业全部来自日本(吉本阳子、斎藤祯,2003：157)。

② 需要注意的是,机床产业提供从低端到高端的大量产品。尽管日本机床企业的产量长期位居世界第一,并且在一些高端市场占据优势,但是欧美企业在高端市场仍然占据重要份额(沢井实,2013：413)。

③ 机械产品分期付款信用保险临时措施法的主要内容是政府和机床生产企业之间缔结的关于后者回收货款的契约。依据这一法律,为了推动中小企业生产设备的现代化和机床企业的销售,政府选定若干类型的机床,保证这些类型的机床生产企业在销售对象难以支付剩余货款的时候得到相应的补偿。政府制定机械产品分期付款金融措施的背景是,机械进口已经实现自由化,外国企业为了推动销售而对分期付款的剩余部分采取长期支付、低利率战略。为了对抗这些外国企业,政府系金融结构对于采取分期付款销售方式的国内企业进行金融支持。

年引进的集群加工技术(group technology)推动了机床产业的生产组织方式从以类似机种为中心转向以类似部件为中心(沢井实,2013:376)。值得注意的是,生产组织方式的这种变化和数控机床时代的主流生产方式具有一致性。在这个意义上来说,集群加工技术所引起的生产组织方式的变化为日本企业适应数控机床技术提供了基础。最后,在政府和大型机床企业的支持下,历史上一直存在于机床产业的转包体系(sub-contract system)得到强化,部件企业和中小企业的技术能力得到提高。在上述过程中,机床企业进行了大量的产品创新,生产率大大提高。

在机床产业的萧条期,政府多次试图以组织萧条卡特尔等形式介入产业的调整过程,但是效果并不明显。

数字控制装置于1952年由麻省理工学院开发,堪称工业革命以来机床产业最为重要的技术革新。尽管这一技术是美国研发的,但是美国企业主要将搭载数字控制装置的机床运用在飞机部件等精密加工领域。在日本,除精密加工之外,搭载数字控制装置的机床被缺乏劳动力的中小企业大量运用(吉本阳子、斋藤祯,2003:153;沢井实, 2013:391)。在日本数控机床产业的发展中,专业化地提供CNC(计算机数字控制装置)模块的FUNAC(法纳克)发挥了重要作用。值得注意的是,日本数控机床产业的发展在一定程度上是存在于生产部门和消费部门的两种柔性生产体系(flexible management system)结合的结果。一方面,在1980年之后,主要数控机床生产企业开始推行产品的系列化和柔性生产体系(沢井实, 2013:392—393);另一方面,如上文所述,购买数控机床的中小企业只需要对数控装置进行调整,就可以生产不同类型的产品,实现柔性生产体系(Friedman, 1988)。因此,数控机床的发展是以生产和运用领域的双向的柔性生产体系为依托的。

3. 汽车产业

日本汽车产业发端于明治末期,在1935年前后已经可以制造中等产量的卡车。但是,作为一个产业,汽车产业真正确立地位是在战后(中冈哲郎,1999:194)。联合国军占领当局于1949年年底正式允许日本企业进入乘用车市场。

但是,这一时期正值日本政府推行以紧缩财政为中心的道奇路线,同时,丰田和日产两大企业先后面临严重的劳资冲突。在解决争议的过程中,丰田等企业和劳动者达成了以稳定雇佣为核心的妥协。[①] 为刚刚经历劳资冲突的日本汽车产业提供喘息机会的是朝鲜战争带来的卡车需求。[②]

在度过战后初期的艰难时期之后,日本企业以受到保护的国内市场需求为依托,开始引进先进技术和现代管理方法。值得注意的是,这种引进伴随着基于国情的大规模改进。这一问题在20世纪50年代初期丰田的管理者对于福特鲁奇工厂——当时汽车产业的标杆——的观察之中体现得非常明显。

英国汽车企业奥斯汀的管理者在第一次世界大战后参观福特工厂时,为福特的规模和管理水平所压倒(兰德斯,2007:503)。但是,丰田管理者在参观福特工厂时的感受则完全不同。丰田英二在1950年对美国汽车产业进行了为期3个月的考察。丰田英二这样回忆福特鲁奇工厂的生产设备和制造技术给他留下的印象:

> 不愧是福特的最大工厂。我们被工厂的巨大的设备和组织规模所震惊。工厂建筑面积为1 500万平方英尺,是丰田举母工厂的将近10倍。工厂中有钢铁熔炉、玻璃工厂、码头、机械加工厂、组装线、铸造车间等自给自足地生产汽车所需要的一切设备。福特的员工为7万人,日产量为7 000台。……鲁奇工厂在规模上是福特公司最大的,

---

① 在经济萧条的背景下,丰田在1950年试图大量解雇劳动者,结果引起工会的强烈反弹。这就是战后日本经济史上著名的丰田事件。这一事件最后以资方保证以后尽量避免再次大规模解雇工人、公司管理者丰田喜一郎引咎辞职的形式落幕(下川浩一,1990:74—76)。1953年,日产也经历了类似的劳动争议。在这些事件之后,丰田等大企业开始控制核心员工的规模。随着高度成长的持续,企业对于劳动力的需求持续上升,企业和劳动者开始投资于企业特殊的技能(firm-specific skill),事实上的终身雇佣制度逐渐形成(桥本寿朗,2001:29—37)。

② 一种流行的观点认为朝鲜战争和石油危机等外在因素主导了日本汽车产业的扩张。但是,这种观点扩大了外在因素的影响:如果认为朝鲜战争带来的需求是日本汽车产业发展的关键,那么我们很难解释为什么在这种需求消失之后日本汽车产业仍然持续发展;如果认为石油危机扩大了节油型的日本汽车的市场,那么我们很难理解为什么其他国家的汽车企业没有充分地利用这一机遇,积极发展节油型汽车。

但是规模巨大的工厂并不能保证可以完美地进行生产。在我们看来,在生产组织方面鲁奇工厂还是有改进的余地。我们最感兴趣的,是福特工厂内部的运输体系。

和田一夫(2009:370—371)

类似地,对丰田生产方式的确立做出过具体贡献的现场管理者认为,"所谓丰田生产方式是从战后日本汽车产业背负的宿命——多品种、小批量——之中诞生的,是在与欧美已经确立的大量生产方式进行对抗的过程中,为生存下来而进行的长期摸索的结果"(大野耐一,1978:i)。从上文可以看出,对于丰田生产方式的形成具有重要影响的企业所有者和现场管理者在肯定现代化生产设备的作用的同时,认识到西方先进国家和日本在资源和市场需求方面的差异,发现了对当时世界上最为先进的福特体制进行改善的方向。实际上,丰田大规模地引进了福特式的生产设备,但是对福特的制造技术、特别是工厂内部的运输系统进行了改进,而这种改进是丰田生产方式(Toyota production system, TPS)或精益生产方式(lean production)(Womack *et al.*, 1990)的开端。值得注意的是,这种认识以及基于这种认识的改进对始于20世纪60年代的大规模设备投资以及其后的生产率上升产生了重要影响。

从20世纪60年代开始,日本汽车产业经历了大规模的投资和快速的生产率上升。但是,在不同时期,生产率上升的原因有所不同。60年代的生产率上升在相当程度上可以归因为设备投资的增加。但是,尽管70年代的设备投资规模已经大大下降,但是这一时期的生产率却仍在持续上升。因此,这一时期的生产率上升只能归因于企业内部组织协调的改进和企业间关系的紧密化。实际上,丰田生产方式或精益生产方式正是在这一时期开始在主要汽车企业内部普及(伊丹敬之,1988:17—18;伊丹敬之、伊丹研究室,1994:13—16)。也正是在这一过程中,日本汽车企业的生产量和生产率开始超越德国和美国。①②③

在日本汽车产业的发展过程中，政府曾经试图通过国民车构想和集团化构想来主动介入汽车产业的组织形态，但是这样两次尝试都遭到了汽车企业的抵制。所谓国民车构想指1955年政府提出由一家企业集中生产小型、低价的大众用车。这一构想的目的在于通过量产体制来实现规模的经济性。在这一构想遭到产业界的抵制之后，1961年政府再次提出集团化构想，倡导将量产车、专用车和轻型车的生产分别集中在两到三家企业。

---

① 一般而言，附加价值生产率可以表达为下式：

附加价值生产率 = 附加价值额/劳动者数

= (附加价值额/生产台数) × (生产台数/劳动者数)

= 制品单位附加价值 × 用产品数量表示的劳动生产率

因此，附加价值生产率由制品单位附加价值和用产品数量表示的劳动生产率共同决定(伊丹敬之、伊丹研究室，1994：5—6)。制品单位附加价值主要由产品的差异化程度和产品质量决定，而劳动生产率则主要由生产现场的组织原则决定。众所周知，丰田生产方式的主要特征包括小批量、多品种生产、快速的产品开发、高效的现场管理和高品质产品(Clark and Fujimoto, 1990, 1991；伊丹敬之、伊丹研究室，1994：9—10，269，277；Fujimoto, 1999)。因此，丰田生产方式与制品单位附加价值和用产品数量表示的劳动生产率密切相关。在上述意义上来说，丰田生产方式的确立推动了附加价值生产率的提高。

② 进一步地，对于丰田生产方式和劳动生产率的关系，我们可以进行如下分析。

一般而言，劳动生产率可以表达为下式：

劳动生产率 = 产量/劳动时间

= (产量/有效劳动时间) × (有效劳动时间/劳动时间)

= 有效劳动时间的效率 × 有效劳动时间的比例

所谓有效劳动时间指进行生产、创造价值的时间。无效劳动时间的典型是因为各种原因进行等待的时间。因此，提高有效劳动时间的效率和有效劳动时间的比例都可以提高劳动生产率。实际上，任何企业都试图同时提高以上两个指标。但是，相对而言，典型的美国企业更重视提高有效劳动时间的效率，而典型的日本企业更重视有效劳动时间的比例(藤本隆宏，2007：67—69)。判断美国企业更重视有效劳动效率的原因比较直接。一般而言，美国企业更重视专业分工的细化，而专业分工的细化必然带来劳动效率的提高。判断日本企业更倾向于重视有效劳动时间比例的原因如下。首先，即时生产体系(just in time, JIT)是丰田生产方式的要点之一。这一体系强调将必要数量的部件在必要的时间送到必要的场所。这意味着现场“等待”和“运送”原材料的时间的缩短，也就是有效劳动时间的增加。其次，生产可以区分为正常生产和有变化的生产两种情况。所谓有变化的生产指机器发生故障、转换工作器具(模具等)、更换生产线或产品品种等情况。这些情况发生时，都会产生劳动时间的浪费。丰田生产方式强调培养多能工、多工序工，而这样的工人在上述问题发生时更能缩短维修设备的时间、转换工作器具的时间、更换生产品种的时间，从而提高有效劳动时间的比例。由于构成丰田生产组织方式的上述要素基本形成于20世纪70年代，所以我们有理由认为生产现场的组织原则和多样化、高质量的产品共同推动了这一时期的生产率上升。

③ 日本汽车产业的生产量在1967年超过德国，成为世界第二，在1980年超过美国，成为世界第一(伊丹敬之、伊丹研究室，1994：2)。

但是，这一构想同样遭到失败。

4. 计算机产业

对于本章来说，日本计算机产业非常重要。首先，这一产业是在钢铁、造船、一般机械和汽车产业之后进入世界前沿的重要产业，其意义不仅在于其规模，而且在于这一产业对其他产业的支撑。① 在 20 世纪 80 年代之后，计算机技术对于大量产业开始具有重要影响。其次，日本计算机产业的发展和产业政策密切相关。一方面，在进入世界前沿之前，政府为这一产业提供了大量的政策支持；另一方面，在到达世界前沿之后，政府的政策在一定程度上阻碍了这一产业的持续进步。

战后初期，日本的计算机产业不但远远落后于美国，即使和欧洲国家相比也有 10 年以上的差距。但是，到 20 世纪 80 年代初期，美国计算机企业在日本国内的市场份额已经大大低于日本企业，日本企业的出口额也超过了进口额。实际上，在 90 年代中期之前，日本计算机产业已经稳居世界第二(新庄浩二，1984：297—298；伊丹敬之、伊丹研究室，1996：4；Fransman，1995：10—11)。但是，在 90 年代中期之后，随着计算机技术的变化，日本计算机产业的竞争力开始下降。②

尽管在战前已经进行过初步的尝试，但是日本在 1956 年才完成第一台计算机模型，在 1958 年才开发出第一台商业用计算机。在 60 年代之后，日本计算机产业才真正获得发展(伊丹敬之、伊丹研究室，1996：55—56；情报处理学会历史特别委员会，2010：1—6；武田晴人，2011：30—45)。

由于在基础科学方面与西方领先国家存在差距，所以在研究计算机技术的初期，政府已经开始介入。具有政府背景的电气试验所在 20 世纪 50

---

① 关于日本计算机产业和钢铁产业、流通产业、金融产业的关系，请参考武田晴人(2011)。

② 一般而言，计算机产业由硬件产业、软件产业和周边设备产业构成(伊丹敬之、伊丹研究室，1996：14—15，40—42)。在不同的历史时期，日本企业在上述三种产业的表现也有所不同。在 20 世纪 50—70 年代，日本的计算机硬件、软件和周边设备产业相继崛起。在 90 年代中期之后，日本计算机企业在硬件领域的竞争力开始下降，但是在软件和周边设备领域仍然维持一定的竞争力。

年代开发的MARK系列计算机是越过真空管计算机的电子管计算机。这一系列计算机的模型不但为日本电气(NEC)、日立(Hitachi)和富士通(Fujitsu)等企业提供了技术基础,而且影响了其技术路线,使其直接进入了电子管计算机的研发。为了鼓励日本企业进入计算机产业,通产省在1957年设立了专门管理机构电子工业课,负责推动包括计算机产业在内的电子产业的发展。同年,国会通过了《电子工业振兴临时措施法》。

日本计算机产业的早期历史在一定程度上是和IBM竞争的历史。不同于其他产业,在日本电气和日立开发出商用计算机的时候,IBM已经控制了日本市场。更为重要的是,IBM掌握100余件生产计算机所必需的基本专利。为了解决这一问题,电子工业课决定代表日本计算机企业和IBM就所有基本专利的使用权进行交涉。IBM的战略本来是不向竞争企业提供基本专利的使用权。但是,作为IBM在日本的分支机构,日本IBM需要向IBM汇出利润。当时日本政府制定的外汇法禁止向国外汇出外汇。为了规避这一规定,日本IBM试图以专利使用费的方式汇出利润。但是,日本IBM是IBM的全资分支机构,而日本的外资法禁止外资企业和其全资分支机构之间的专利转让。在交涉的过程中,电子工业课的战略是以外资法为后盾,要求IBM向日本企业提供基本专利的使用权。1960年,双方达成协议。通产省为IBM设定了特例,允许日本IBM汇出利润。作为回报,IBM向日本计算机企业提供基本专利的使用权(伊丹敬之、伊丹研究室,1996:190—191;武田晴人,2011:49—52)。[①] 在解决了基本专利的使用权问题之后,日本政府支持日本企业在不阻碍国内技术发展的前提下引进其他技术(武田晴人,2011:50)。

在基本专利和其他技术问题之外,日本政府规定了日本IBM在日本国内的产量上限,同时在政府采购中主动采购国产计算机(武田晴人,2011:46—47)。

---

① 当时,IBM被禁止在日本国内进行生产。IBM接受日本政府的要求的原因之一在于获得在日本国内进行生产的许可(伊丹敬之、伊丹研究室,1996:58)。

在获得基本专利、其他技术以及政府采购合约之后,日本计算机企业开始生产计算机。但是,接下来的问题是如何向企业销售。这一时期的计算机主要是大型机,产品价格高昂。因此,当时 IBM 等企业采取的主流销售方式是租赁制。所谓租赁制指顾客分期支付货款。实际上,租赁制意味着计算机企业向顾客提供长期贷款。这一制度要求计算机企业具有雄厚的财务能力,当时的日本计算机企业显然不具备这样的财务能力(武田晴人,2011:51)。为了解决这一问题,通产省在 1960 年以通过日本开发银行提供资金支持的方式,推动七家计算机企业成立了日本电子计算机公司(Japan Electronic Computer Company, JECC),专门负责国产计算机的租赁。该公司在政府的支持和七家注资企业的联合经营下开展以计算机租赁为核心的业务,在协调、稳定计算机市场的供求关系和支援各企业的营销等方面发挥了重大作用,推动了竞争力还不强的日本计算机企业的发展(伊丹敬之、伊丹研究室,1996:59)。[①]

在这一时期,日本企业克服了软件方面的劣势。随着硬件和软件的发展,周边设备产业也实现了进步。在取得这些成就之后,为了在和 IBM 的竞争中获胜,产官学各界持续发展大型计算机。1966 年,日本企业在政府资金的支持下开发可以对抗 IBM360 的第三代计算机并于 1968 年获得成功。在 1974 年,日本企业开发出可以对抗 IBM 的第 3.5 代计算机的 FS。但是,在计算机的产品建构开始转向开放型,模块化的小型计算机成为主流之后,日本计算机企业在硬件领域的竞争力开始下降。

① JECC 的运营模式可以归纳如下。客户与 JECC 签订租用合同之后,JECC 从厂家订购相应型号的计算机并租赁给客户。客户在此过程中可以享受 JECC 提供的维修保养服务以及其他技术支持。客户至少需要持有租赁的计算机 15 个月,之后才可以将其交还 JECC 并免费更换新计算机继续租赁。对于交还的计算机,生产厂家以其账面净值赎回。和 IBM 的销售战略相比较,JECC 的销售战略有以下特点。第一,JECC 主要销售小型计算机(mini computer),而不是 IBM 擅长的大型计算机(main frame computer)。第二,在销售的过程中,JECC 向顾客提供技术支持。第三,JECC 利用政府系金融机构提供的低息贷款以较高的价格向计算机企业购买计算机。1965 年,在日本计算机市场中,国内品牌计算机的租赁比例接近国外品牌。1968 年,日本企业的国内市场占有率达到 50%,日本成为唯一一个没有被 IBM 控制的市场。在 70 年代,JECC 的作用逐渐降低,但是通过 JECC 提供给企业的计算机仍然维持一定规模(Anchordoguy, 1989:59—91)。

(二) 广义的机械产业政策的主要政策措施

1. 缝纫机产业政策

由于产业的规模不大,政府也没有设计专门针对缝纫机产业的政策,所以在先行研究中,缝纫机产业政策不是研究的重点。但是,这并不意味着政府在缝纫机产业的发展中没有发挥作用。对于政府在这一产业的作用,可以从两个角度进行归纳。第一个角度是在政府制定的机械产业政策中确认和缝纫机产业相关的内容,第二个角度是根据负责缝纫机产业发展的官员的回忆和为数不多的相关研究,挖掘实践中的缝纫机产业政策的要点。

在政府制定的机械产业政策中,和缝纫机产业相关的有两项。第一项是关于出口轻型机械的政策。在轻型机械之中,缝纫机的出口规模最大。在日本缝纫机开始出口之后,美国出现了批评日本缝纫机质量的声音。为了解决这一问题,政府开始检查产品质量。为了抑制低价出口的现象,政府规定了作为主要出口产品的 HA-1 型缝纫机的出口价格;同时,政府主导设立了三家缝纫机出口振兴股份公司,在部分地区实行由其收购产品然后出口的做法(通商产业政策史编纂委员会,1994: 490—491)。第二项是《机械产业振兴临时措施法》(以下简称《机振法》)之中适应于缝纫机产业的政策。为了支持机械产业的发展,政府通过财政投资和政府系金融机构为机械产业提供了资金支持。其中,在 20 世纪 50 年代后期,日本开发银行为缝纫机产业提供了总额为 1.53 亿日元的贷款;指向机械产业的政府财政投资的 7.5% 投向了缝纫机产业(通商产业政策史编纂委员会,1994: 505, 506)。

在上述政策措施之外,政府部门还采取了以下没有受到主流学者重视的政策措施。

第一,地方政府参与推动部件标准化。在日本缝纫机企业由于汇率制度调整而失去对于美国企业的竞争优势的背景下,如何提高企业竞争力成为业界关注的主题。在以企业间分工为基础的关东地区,阻碍竞争力上升的主要问题是部件企业规模过小、部件精度不高,整个行业急需统一规格。为了解决这一问题,大阪府工业奖励馆的安富茂等技术专家进入部件企业,指导其改进产品质量。

第二,在地方政府的技术专家指导部件企业提高部件精度的过程中,业界团体购买了十五六台辛格-15型缝纫机,对其进行拆解,测算其技术指标。在当时的商务省的支持下,辛格-15型缝纫机的技术图纸开始在行业内部流通,极大地提高了部件的精度。在公布技术图纸之后,为了进一步提高生产技术、确立部件的标准,商务省和行业协会一起对部件企业所生产的部件进行了互换性测试。[①][②]

第三,如上文所述,当时的缝纫机产业存在以社会分工为基础的生产组织方式和组装厂主导的生产组织方式之间的竞争。值得注意的是,当时的日本社会普遍轻视第一种生产组织方式。在这种情况下,林信太郎和荒木忠次等政府官员从规模经济、劳动者的熟练度、出口风险的分散等角度对于两种生产组织方式进行了详细的比较,得出以社会分工为基础的生产组织方式更为适宜的结论并成为政府的主流观点。这里的一个关键问题是采取组装厂主导的生产组织方式的关东地区的松树缝纫机公司为了挽回劣势,试图和美国辛格公司合资。面对这一问题,政府相关部门依据关于合资企业的股权结构的法律规定,将合资申请拖延了多年,在最后批准合资计划的时候,对于合资企业的产量也进行了限制。需要注意的是,政府对于松树缝纫机公司和辛格公司的合资申请的处理具有两重意义。一方面,这种处理方式为国内企业争取了市场份额和发展时间;另一方面,更为重要的是,这种处理方式实际上推动了以社会分工为基础的生产组织方式

① 由于当时可以用于缝纫机部件生产的外国机床于1947年停止进口,部件企业所使用的机床主要是质量不高的国内产品。在这种情况下,部件的标准化有助于产品质量的提高。

② 所谓互换性测试指随机抽取依据上述图纸生产的部件,测试这些部件是否可以组装为质量合格的缝纫机(太田原准、昌山泰生,2005:128)。

的持续发展,而后者在相当长的时期内是日本缝纫机工业竞争力的源泉。①

2. 机床产业政策

战后最初的机床产业政策是1951年实行的机床进口补助金制度。为了提高机床产业的技术水平,政府为购买政府指定的外国机床的企业提供相当于购买费用一半的补助金。②③ 另外,政府在1951年制定了重要机械进口免税制度。同时,日本开发银行对主要机床企业的设备投资进行了支持(沢井实,2013:358)。随后,在存在外汇制约、难以大量进口先进机床的背景下,为了鼓励企业研发高水平的机床,政府在1953—1955年间推行了机床研发补助金制度。依据这一制度,在企业研发特定类型的先进机床的时候,政府负责提供一半研发经费(林信太郎,1976a:83—84)。在会计制度方面,政府先后在1951年和1952年制定了特别折旧制度与企业合理化促进法,后者规定企业可以在购买机床的第一年按照50%的标准进行折旧(沢井实,2013:359)。

战后机床产业政策集中地体现在《机振法》之中。为促进机床和机械部件企业的发展,《机振法》于1956以5年时限立法的形式出台,其后两次延期至1970年。在战后日本的产业政策体系中,该法具有重要意义,成为后续的《电子工业振兴临时措施法》和《特定机械情报产业振兴临时措施法》的模板。④《机振法》的支持对象包括机床和模具等基础性机械企

---

① 在缝纫机的出口过程中,政府也发挥了作用。这一点在日本缝纫机进入欧洲市场的时候体现得比较明显。为了抵制日本缝纫机,欧洲国家设计了复杂的关税制度。在这种关税制度之下,日本企业难以出口产品。日本驻外经济机构在经过长期的争取之后阻止了这种关税制度的实施。

② 在制定这一政策的时候,汽车和电子产业的生产规模很小,实际上受益于这一政策的主要是机床产业。

③ 政府为推行这一政策筹集了2.7亿日元资金,实际投入运用的有1.6亿日元,共有10家企业购买了26台进口设备(沢井实,2013:358)。

④ 战后的《机振法》是在战前以推动汽车和航空工业发展为目的的《制造事业法》和1952年颁布的《企业合理化促进法》的基础上出现的。《制造事业法》的重点在于扩充生产能力,没有强调产品质量和生产效率的提高。《企业合理化促进法》开始强调产品质量和生产效率问题,《机振法》延续了这一思路(尾高煌之助,2013a:2—3)。

正如我们在本章第一节讨论的那样,企业合理化的要点在于在企业层面提高企业的效率。因此,《机振法》和《企业合理化促进法》之间的联系意味着《机振法》的要点也是在企业层面推动机械产业的发展。

业、通用部件企业和汽车、缝纫机等产业的特定部件企业。但是，机床企业是这一法案的重点支持对象。

三期《机振法》的主要政策目标分别是通过“设备的近代化和提升生产技术”和强化通用部件的普及来将生产成本降低2/5、通过“增加出口”来进一步将生产成本降低1/5和“强化整个业界的体制”。所谓“强化整个业界的体制”实际上指强化整个业界的生产体制。

《机振法》的基本政策思路可以归纳如下。政府为选定的所有机械细分产业分别制订合理化基本计划。依据这一计划，为了达成政策目标，政府每年为这些机械细分产业制订年度合理化计划，政府通过日本开发银行和中小企业金融公库为这些工业实现计划目标提供金融与技术支持（沢井实，2013：371）。①

选定支持对象企业的过程具有以下特点。首先，业界团体根据通产省制定的推荐标准，对于候选企业进行第一次选拔。其次，通产省对被推荐的企业进行评价，将其中的优秀企业推荐给日本开发银行等金融机构。最后，日本开发银行等金融机构根据企业的技术水平、管理能力和资金偿还能力等进行专业审查（尾高煌之助，2013a：7—12）。在审查的过程中，日本开发银行往往对企业的资金使用计划和企业管理进行指导。通过审查的企业可以以优惠条件获得融资。②

在执行《机振法》的过程中，通产省积极地介入日本企业引进先进技术的过程。在通产省的推动下，技术引进协议往往快速达成，日本企业支

① 日本开发银行的支持对象主要是规模较大的中小企业或第一层承包企业（first-tier subcontractor），而中小企业金融公库的支持对象主要是规模较小的中小企业或第二层承包企业（second-tier subcontractor）。这种区分在《机振法》实施期间体现得尤为明显。

② 在1956年，市场利率为14%，而日本开发银行依据《机振法》提供的优惠融资的利率为6.5%（尾高煌之助，2013a：6）。

付的专利使用费较低。①

由于机床产业存在大量中小企业,所以如何提高产业的集中度一直是日本机床产业政策的重点之一。从20世纪50年代后期开始,通产省多次引导企业在景气下降期主动限制产量。但是,这些尝试基本上没有收到成效。随着资本自由化逐渐成为现实,从1965年开始,通产省试图在机床产业推行集团化。尽管机床产业确实出现了10大集团,但是这些集团更多的是企业在形式上的联合,同一集团内部的企业之间基本不存在竞争关系。因此,这次集团化对于调整产量——通产省的主要政策意图——没有产生实质影响(Friedman, 1988: 91—114;沢井实, 2013: 371)。

3. 汽车产业政策

战后日本汽车产业政策的主要内容有以下几点。②③

第一,通过各种限制措施,为国内企业提供了市场空间。

首先,在1964年日本加入OECD之前,外国汽车企业实际上被禁止在日本国内生产汽车。其次,在进口税率方面,对于日本企业擅长的小型车设定了最高的税率,在一定程度上保护了国内企业。最后,在战后初期,政

① 根据负责相关工作的政府官员的回忆,通产省在技术使用费、专利实施权和引进技术的出口权等方面为日本企业创造了有利条件。首先,在技术使用费方面,负责和外国企业进行谈判的实际上往往是通产省官员。在一般情况下,首先由日本企业和外国企业签订引进技术的意向协议,然后由通产省官员就技术使用费和外国企业进行谈判。通产省之所以采取这种做法,原因是当时的技术使用费体系比较复杂。比如,具有专利的技术的使用费为5%,不具有专利、只提供解决方法和图纸的时候,技术使用费为3%。提供技术、解决方案或图纸的外国企业当然希望收取更高的技术使用费,而当时的日本企业不了解国际技术市场的情况。在这样的背景下,由通产省直接和外国企业进行交涉有助于节约技术使用费。由于通产省强势地压低了技术使用费的费率,所以外国企业倾向于向复数的日本企业提供使用权。为了解决这一问题,通产省引导国内企业采用所谓"三家企业原则"。在这一原则之下,日本企业尽可能地分别从不同国家引进技术。比如,在一个产业内部,A企业从美国引进技术、B企业从英国引进技术、C企业从德国引进技术。这种原则在一定程度上解决了外国企业试图同时向多家日本企业提供同一技术的问题。另外,在当时的国际技术市场,一般情况下,引进的技术不允许向其他地区再次出口。通产省在很多时候为日本企业争取到了在国外使用引进的技术或向其他地区再次出口引进的技术的权利。在这样的过程中,通产省在国际技术市场被称为粗暴的通产省(notorious MITI)(上田利英,2013: 290—292)。

② 由于汽车产业政策涉及基础设施建设等问题,所以产业政策的主体包括通产省、建设省和运输省(武藤博道,1984: 279)。

③ 在20世纪40年代后期,政府系金融机构为日产、丰田、五十铃提供了大量贷款(Cusumano, 1985: 18—19)。考虑到当时这些企业已经接近倒闭的状态,我们有理由认为,这些贷款对于处于困难时期的汽车企业以及日本汽车产业的后续发展具有重要意义。

府通过设定外汇使用权限制了外国汽车的进口(武藤博道,1984:283)。但是,需要指出的是,日本政府采取的保护政策是建立在将来采取自由化政策的态度上的。因此,这种保护形式在相当程度上推动了日本企业强化技术能力、进行组织创新(伊藤元重,1988:174)。

第二,通过建设基础设施、改善制度环境,为汽车产业的发展创造了条件。

首先,政府为建设道路投入了大量资金。其次,从20世纪60年代后期开始,政府开始关注汽车尾气排放问题,对于符合排放标准的汽车和电动车的研发提供了资金支持(武藤博道,1984:280—281)。

第三,通过不同的形式为组装企业和部件企业提供了资金。

这种资金支持有两种,一种提供给组装厂,另外一种通过《机振法》提供给部件企业。在战后初期,企业的主要资金来源是内部资金和银行贷款(伊丹敬之、伊丹研究室,1994:158)。在20世纪50年代初期,政府系金融机构提供的资金大约为组装厂设备投资总额的4%,而这一比例在60年代持续下降。和钢铁、造船等产业相比,这一比例很低(武藤博道,1984:283;伊藤元重,1988:191—192)。[①] 对于部件企业,政府资金主要通过《机振法》提供。在战前,通产省对于机械产业的支持主要集中于最终制品。出于对这种政策的反省,《机振法》将强化基础机械和部件企业的技术能力作为政策重点。具体而言,机床等加工工具、齿轮等通用部件和汽车、缝纫机、手表、火车等的特定部件是支持的重点(尾高煌之助,2013a:3—5)。

如果说机床产业是第一次《机振法》的主要政策对象的话,那么在第二次和第三次《机振法》实施期间,汽车部件开始成为重点支持对象。在1961—1965年、1966—1974年间,日本开发银行为机械产业提供的融资总

① 有学者认为,政府系金融机构为汽车组装厂提供的资金有助于后者从银行获得贷款(伊丹敬之、伊丹研究室,1994:159;小野五郎,1999:182)。但是,考虑到政府系金融机构提供的资金的规模过低,这种假说说服力不强。另外,由于组装厂在资本市场具有较高的信用,所以政府的资金支持并不是组装厂能否进行设备投资的关键。

额的32.1%和54.2%被投向汽车部件企业(武藤博道,1984：284)。

第四,试图规划产业的技术路线、限制产业内部的竞争。在规划产业的技术路线方面,1955年的国民车构想是典型政策;在限制竞争方面,1961年的集团化构想是代表性尝试。如上文所述,上述政策和尝试没有赢得企业的支持。

第五,如果说上述政策措施是政府有意为之的话,那么这些政策具有一个意料之外的正面效果,那就是这些政策间接地促进了汽车产业主流生产组织方式的形成。关于这一问题,我们将在第四节进行详细的讨论。

4. 计算机产业政策

日本政府为计算机产业提供的政策支持几乎涵盖了从支持基础研究到推动商品销售的所有可能的政策选项。①

在基础研究方面,日本计算机产业的早期技术来源是政府系科研机构。同时,正如我们在上文所介绍的那样,政府在日本企业获得IBM的基本专利使用权、大型计算机和大规模集成电路等重要技术的研发方面也发挥了重要作用。同时,在和国外企业存在技术差距的背景下,日本政府对外国企业在日本的产量进行了限制,尽可能地推迟了自由化的开始时间,为日本企业争取了实现技术进步的时间。

在日本计算机产业获得初步发展之后,日本政府主要通过1957年制定的《电子工业振兴临时措施法》、1970年制定的《情报处理振兴事业协会法》、1971年制定的《特定电子工业及特定机械工业振兴临时措施法》和1978年制定的《特定机械情报产业振兴临时措施法》连续地对计算机产业进行支持。这些支持措施包括加速折旧的会计制度、设备投资免税制度、固定资产税的减免等政策措施。② 在上述政策措施之外,一项充满争议的政策措施是政府对于产业组织形态的介入。为了减缓自由化的冲击,日本政府在1971年推动主要计算机企业组织成富士通-日立、日本电气-

① 日本的主要计算机企业基本上由战前的通信企业发展而来,而战前的通信企业的发展和政府的保护密切相关。关于这一问题,请参考Fransman(1995)。

② 关于这些政策的细节,请参考伊丹敬之、伊丹研究室(1996：188—201)。

东芝和三菱-冲电器三大研发集团,并向这些集团提供了570亿日元的研发经费。政府推行这一政策的目的在于通过提高生产规模来降低生产成本、推动企业开发新产品。实际上,上述三大集团确实先后开发出可以对抗IBM370系列的计算机产品。但是,有研究者认为这一政策的意义仅仅在于加快了新产品的研发速度,以提高生产规模的形式来降低生产成本的意图没有充分实现(新庄浩二,1984:310—311)。

一般而言,在计算机产业中,政府可以扮演生产者、需求方和协调者三种角色,美国和日本政府的作用是扮演需求方和协调者。进一步地,如果说美国政府在这一产业中的主要作用是扮演需求方的话,那么日本政府在这一产业中的主要作用则主要是扮演协调者。具体而言,作为协调者的日本政府的作用主要体现在保护国内市场、提供资金和协调企业行动等方面(伊丹敬之、伊丹研究室,1996:186—187)。

(三)先行研究对广义的机械产业政策的评价

除计算机产业政策之外,先行研究在如何评价广义的机械产业政策的问题上存在争议。① 新古典经济学家对机械产业政策的政策效果的怀疑主要有两点。首先,他们指出政府向这些产业直接投入的政策资源的规模不大。其次,他们认为,政府对产业组织形态的介入不但违背了市场原则,而且受到产业界的抵制,在浪费资源之外没有产生明显的效果。不同于这些学者,部分管理学者和经济学家对机械产业政策持肯定态度。针对新古典经济学家的批评,他们在事实上提出了反驳。首先,他们认为,尽管政府向这些产业直接提供的资金支持的规模不大,但是这些政府资金具有诱导效果,有助于这些产业从资本市场获得支持。其次,关于政府对产业组织的介入,尽管没有直接使用生产组织方式这样的用语,但是他们间接地指

---

① 新古典经济学家对日本的计算机产业政策基本上采取比较正面的评价。出现这种现象的原因之一可能是美国也存在计算机产业政策,而没有及时采取类似政策的欧洲各国的计算机产业的发展速度落后于日本(新庄浩二,1984:318—319)。另外,创新政策或创新管理领域的学者对于日本的计算机产业政策在总体上也持肯定的态度(Fransman,1995)。

出,政府的介入不限于垄断问题,对企业间的协调关系的介入有助于竞争力的形成。

值得注意的是,尽管两派学者的观点不同,但是他们的研究主要都是围绕政府提供的资金支持而展开的,区别仅在于如何估计这种资金支持的规模以及如何评价这种资金支持的意义。同时,尽管产业政策的支持者们正确地指出了政府在企业间关系方面的介入有助于竞争力的形成,但是他们没有能够在一个清晰的理论框架之下对这一问题进行论述。

第四节　基于产品建构理论的产业政策评价

关于本章讨论的六项产业政策的政策效果,具有不同学术立场的研究者的观点既有共同点,又有区别。针对作为产业政策的早期典型的钢铁和造船产业政策,各派学者总体上肯定政府对于这些产业的资本形成的推动作用。但是,新古典经济学家倾向于认为政府对产业组织形态的介入降低了经济绩效。

如果说各派学者对早期产业政策的政策效果的评价之中的共同点大于差别的话,那么他们对广义的机械产业政策的政策效果的评价之中的差别则远远大于共同点。关于广义的机械产业政策,新古典经济学家不但批评政府对产业组织形态的介入,而且怀疑政府的财政支持和政府系金融机构的融资是否有效地推动了这些产业的资本形成。不同于钢铁和造船产业,政府和政府系金融机构对广义的机械产业的资金支持的规模较小,所以新古典经济学家的怀疑具有一定的事实和逻辑依据。

如表 6-1 所示,产业政策的支持者和反对者的论点涉及了贸易保护等研究议题,不限于资本形成、产业组织形态和技术进步问题。但是,资本形成、产业组织形态和技术进步问题是相关争论的焦点。

表 6-1　日本产业政策研究的争论焦点:以钢铁、造船和广义的机械产业政策为例

	产业政策的支持者	产业政策的反对者
保护国内市场	肯定	有保留地肯定
政策资金的诱导效果	肯定	怀疑或否定
政府对产业组织的介入	有保留地肯定部分内容	否定
政府介入和技术进步	肯定	怀疑或有保留地肯定

关于资本形成问题,产业政策的支持者的早期研究强调政府的财政支持和政府系金融机构的融资对于私人资金的诱导效果。由于产业政策的反对者难以从逻辑上否定这种诱导效果的存在,所以争论的焦点就成为诱导效果的规模问题。由于运用的计量方法不同,所以争论的双方在这个问题上没有取得一致。近年来,产业政策的支持者依据企业史和口述史资料,证明了政府的财政支持和政府系金融机构的融资确实有益于特定企业的资本形成(尾高煌之助、松岛茂,2013)。但是,需要指出的是,这些研究基本上是个案分析,没有上升到一般理论的高度。同时,产业政策的反对者在这个问题上的基本理论逻辑不但涉及所谓诱导效果问题,而且包括资金的机会成本问题。具体而言,他们实际上认为,即使确实存在诱导效果,但是这些被诱导到特定产业的资金在市场机制之下可能会有更有效的用途。因此,肯定产业政策的资金诱导效果的企业史家的研究很难说服产业政策的反对者。

在政府对特定产业的组织形态的介入方面,由于政府的这种介入确实在很多产业遇到了企业的直接抵制或消极应付,所以产业政策的反对者在这个问题上似乎居于上风。但是,值得注意的是,支持产业政策的一些学者在案例研究中发现政府对产业组织形态的介入具有正面效果(桥本寿朗,2001)。不过,由于这些研究不是在清晰的理论框架之下展开的,所以影响较小。

关于政府介入和技术进步的关系,产业政策的支持者的研究存在两个问题。首先,他们往往倾向于列举政府支持的研发项目,强调政策资金的规模,没有深入分析政策资金发挥作用的机制。其次,尽管一些学者讨论了受到政策支持的技术进步的具体情况，但是这些研究不是在具有普遍意义的分析框架之下进行的。

在这个问题上，产业政策的反对者倾向于强调政府提供的研发资金的规模不大，政策效果并不明显（Branstetter and Sakakibara, 2002）。

以上总结表明，关于本章讨论的六项产业政策的政策效果，争论的正反双方处于僵持的状态。笔者认为，出现这种局面的原因有二：第一，争论双方的主流研究都为配置主义的产业政策观所主导，将政策资源的规模及其对于市场资金的诱导效果作为研究的重点；第二，与第一个原因有关，争论双方的主流研究程度不同地将一般意义上的产业结构政策作为研究的主题，忽视了企业层面的产业合理化政策。

正如我们在上文中提及的那样，肯定产业政策的影响的部分研究者，特别是其中的企业史家们注意到了生产过程对于理解产业政策的本质的重要意义，间接地论及了企业层面的产业合理化政策。但是，这些学者不但没有提出生产主义的工业战略观，而且没有提出可以有效地从生产过程来理解产业政策的作用机制的分析框架。

为了解决上述问题，我们在生产主义的工业战略观的分析框架之下，从产品建构理论出发，把握产业政策的作用机制。需要指出的是，在产品建构理论的分析框架之下，企业能力的形成具有多个要点。但是，在具体的产业政策实践中，相关政策措施可能只是和企业能力形成的特定要点有关。因此，本节采取以下研究策略：首先，运用产品建构理论来确认具体的产业政策的作用机制的要点；其次，结合本章讨论的六项产业政策的具体实践，对产品建构理论视角下的产业政策的作用机制的要点进行系统化的总结。

（一）产品建构理论视角下的钢铁、造船产业政策

依据产品建构理论，我们可以发现，战后日本钢铁和造船产业的主要产品的建构特征的变化过程具有共同点，都经过了从模块型建构向集成型建构转变。在战后初期，上述两个产业的主要产品分别是建筑用钢和结构相对简单的船舶。依据产品建构理论，建筑用钢具有典型的模块型工序建

构的特征，而结构相对简单的船舶的产品建构也接近模块型。但是，随着其他产业的发展，这两个产业的主要产品的建构特征都向集成型的方向演变。[①②] 在分析战后初期钢铁产业和造船产业的产业政策或政企关系的时候，有必要将上述产业的主要产品的建构特征及其变化方向纳入分析范围。

如表 6-2、表 6-3 所示，依据产品建构理论，如果产品建构接近模块型，那么生产这种产品的企业形成竞争力的关键主要在于能否形成生产能力并销售产品；如果产品建构接近集成型，那么生产这种产品的企业形成竞争力的关键主要在于能否持续地进行组织和技术创新。从上述基本逻辑出发，我们可以将钢铁产业政策和造船产业政策的作用归纳如下：在主要产品的建构特征处于模块型的阶段，政府以推动资本形成，即生产能力的形成，协助企业销售产品的形式为企业竞争力的形成提供了基础；在主要产品的建构特征转向集成型的阶段，企业竞争力的主要来源是企业的创新活动。当然，在这一时期，政府在产业发展初期对企业生产能力的形成的推动为企业的后续创新提供了基础。

表 6-2 钢铁企业竞争力的形成机制

		竞争力形成的关键	
		生产能力、需求和价格	组织和技术创新
产品建构	偏向模块型	建筑用钢等 （战后恢复期）	
	偏向集成型		汽车用钢等 （高度成长期）

① 1959 年，日本钢铁产业的产品之中提供给建筑业和采矿业的产品占钢铁业总产品的 48%。在 1973 年，这一比例高达 51%。这些数据不但高于同一时期的美国钢铁业，而且高于同一时期同为战败国、同样需要进行大规模建设的德国的钢铁业（伊丹敬之、伊丹研究室，1997：242—243）。只是在 20 世纪 70 年代初期之后，日本钢铁产业的主要产品才转向汽车钢板等具有集成型建构特征的产品。

② 相对于后期开发的专用运输船舶，日本造船业在战后初期生产的基本是传统船舶。将这样两类船舶进行比较，我们可以发现日本造船业早期制造的船舶的产品建构相对简单。另外，相对于传统的钉接造船法，战后初期日本企业率先大规模引进的焊接造船法使得造船的工序大大减少（伊丹敬之、伊丹研究室，1992：53—55）。在这个意义上来说，战后初期日本造船业主要产品的建构特征也倾向于模块型。

表 6-3　造船企业竞争力的形成机制

		竞争力形成的关键	
		生产能力、需求和价格	组织和技术创新
产品建构	偏向模块型	普通运输船（战后恢复期）	
	偏向集成型		高级船舶（高度成长期）

正如我们在上文中所总结的那样，对产业政策持有不同评价的学者对钢铁产业政策和造船产业政策给出了相对一致的评价。但是，这种评价不是在一个清晰的分析框架之下给出的，同时，这种评价没有很好地解决在两个产业的不同发展阶段产业政策的作用有所不同这一重要问题。在引入产品建构理论之后，上述两个问题在一定程度上得到了解决。

（二）产品建构理论视角下的广义的机械产业政策

1. 产品建构理论与缝纫机产业政策

在日本产业政策研究中，缝纫机产业政策一直被忽视。但是，这并不意味着缝纫机产业政策不具有现实意义和理论价值。实际上，缝纫机产业政策可以帮助我们理解政府如何通过影响组织建构和产品建构为企业形成竞争力提供基础。

在战后初期，缝纫机的产品建构处于接近模块型的状态。但是，在生产具有这一建构特征的产品的过程中，存在两种互相竞争的生产组织方式：一种是由大企业主导的内部垂直统合型的生产组织方式；另一种是以部件的近似标准化和企业间合作为基础的社会分工型的生产组织方式。如果将企业间关系视为一种组织建构的话（Sako，2003），那么前者更接近集成型组织建构，而后者更接近模块型组织建构。在产品建构理论的分析框架之下，更接近模块型组织建构的社会分工更适于生产具有模块型产品建构特征的缝纫机。实际上，战后初期日本缝纫机产业形成竞争力的主要原因之一即在于社会分工型的生产组织方式成为主流。需要指出的是，我们关于缝纫机产业战后发展历史的分析表明，政府对部件标准化和社会分工的推动，对产品建构和组织建构之间的匹配性的出现以及缝纫机产业竞争力的形成发挥了作用。战后早期缝纫机产业两种生产组织方式的竞争过程可以归纳为表 6-4a。

表 6-4a　战后初期缝纫机产业竞争力的形成及政府的作用：以生产组织方式的竞争为中心

<table>
<tr><td colspan="2" rowspan="2"></td><td colspan="2">生产组织方式或企业间关系的组织建构</td></tr>
<tr><td>集成型(组装厂内制部件)</td><td>模块型(社会分工)</td></tr>
<tr><td rowspan="2">产品建构</td><td>偏向模块型</td><td>产品建构和组织建构的矛盾 →</td><td>产品建构和组织建构的匹配</td></tr>
<tr><td>偏向集成型</td><td></td><td></td></tr>
</table>

在模仿辛格-15 型缝纫机期间，由于产品部件没有实现标准化，所以采用社会分工型的生产组织方式的组装厂不得不对从部件企业采购的部件进行微调。因此，部件的标准化问题限制了这种生产组织方式充分地发挥作用。在政府和公共机构的支持之下，HA-1 型缝纫机的设计图纸成为由业内所有企业共享的信息。从产品建构理论的角度来看，这意味着产品建构知识和关于关键部件的设计知识成为公共知识，日本企业所生产的缝纫机成为真正意义上的开放模块型产品。[①②] 正是在发生这种变化之后，

---

① 产品建构知识指关于部件之间的关系或部件和功能之间的对应关系的知识(Henderson and Clark, 1990)。

② 这里的讨论涉及特定产品的产品建构的理论状态与实际状态之间的差异。产品建构的理论状态指特定产品的产品建构在原理上所应该具有的状态，产品建构的实际状态指特定企业所生产的产品的建构所处的状态。需要注意的是，由于领先企业和追赶企业的技术能力存在差距，所以领先企业所生产的产品的建构特征接近理论状态，而追赶企业所生产的产品的建构特征未必处于理论状态。由于主流的产品建构理论主要关注领先企业，所以产品建构的理论状态和实际状态之间的差异或领先企业和追赶企业所掌握的产品建构知识的差异没有受到充分的关注。

社会分工型的生产组织方式相对于大企业主导的内部垂直统合型的生产组织方式的竞争优势才得以显现出来,成为缝纫机产业的主流生产组织方式,日本企业的竞争力开始充分发挥出来。因此,我们有理由认为,政府对HA-1型缝纫机的出现以及设计信息的公开化的推动改变了产品建构,将其推向彻底的模块化的方向,而产品建构的这种变化,为日本企业发挥竞争力提供了前提。同时,政府对社会分工型的生产组织方式的推动也加快了缝纫机产业组织建构的模块化。

但是,产品建构彻底转向模块化和企业间关系的模块化也意味着不同企业所生产的产品开始趋向同质化,而产品的同质化意味着企业很难避免价格战。[①] 这正是在HA-1型缝纫机开始普及之后日本企业所面临的问题。使得这一问题得到解决的是部分缝纫机企业开发新的关键部件和新产品的努力。新的关键部件的出现往往意味着企业需要重新协调部件之间和企业之间的关系。在这样的过程中,成功地开发了新部件的企业开始形成关于关键部件的知识和关于部件之间的协调关系的知识,即产品建构知识,而关于新的关键部件和产品建构的知识只能是由特定企业专有的。换言之,在这样的过程中,产品建构重新向集成型的方向转变。我们曾经指出,产品建构和组织建构之间的匹配性是产品建构理论的基本原理。产品建构的集成化必然引起企业组织形态的集成化。实际上,那些成功地开发了新的关键部件的企业逐渐地构筑起相对封闭的交易和生产体系。产品建构知识和关键部件知识在导入HA-1型缝纫机前后的分布状态可以归纳为表6-4b。

---

① 有学者在讨论21世纪初期后进国家企业的产品的同质化问题的时候使用了标准产品的陷阱(commodity trap)这一术语(Ernst, 2001: 6—8)。在开发出全新的产品之前,日本缝纫机产业接近这一状态。

表 6-4b 缝纫机产业竞争力的形成及政府的作用:以 HA-1 型缝纫机为中心

		产品建构知识	
		企业专有	业界共享
关键部件知识	企业专有	阶段 1:引入 HA-1 之前 阶段 3:开发新的关键技术之后 (a)	(b)
	业界共享	(c)	阶段 2:引入 HA-1 之后 (d)

注:有研究者认为,在引入 HA-1 型缝纫机之前,缝纫机产业的产品建构知识和关键部件知识的分布处于表 6-4b 中(d)区域。笔者认为,这一认识没有区分产品建构的理论状态和实际状态。关于产品建构的理论状态和实际状态的区别,请参考本书第 155 页脚注②。

2. 产品建构理论与机床产业政策

从部件和功能之间的对应关系以及部件的通用性的角度来看,机床属于典型的封闭模块型产品。一方面,机床的部件和功能之间的对应关系接近一一对应,意味着组装企业可以将部件组装成大量的不同产品,满足客户的不同需求;另一方面,机床的部件之间的界面的标准化程度较低意味着组装企业既可以选择自制部件,也可以和部件企业构筑相对长期、稳定的交易关系。机床的这种产品建构特征意味着在理论上机床产业可以存在两种生产组织方式:由大企业主导、以内制部件为基础的生产组织方式和以企业间的密切合作为基础的生产组织方式。美国和日本的机床产业分别采取了以上两种生产组织方式(Friedman, 1988: 215)。实际上,在数控机床出现之前,由于美日两国的市场需求结构不同,两国机床产业的生产组织方式都适应了本国需求,没有绝对的优劣之分。但是,随着数控机床的出现,日本机床产业的生产组织方式的相对优势开始显现出来。

在数控机床成为主流产品之后,机床的产品建构特征之中模块化的特征被强化。具体而言，由于数控部件在一定程度上成为大量流通的标准化产品，所以小型机床企业可以通过外购数控部件来提高产品的技术水平，同时，可以通过强化原有的企业间合作关系来增加产品种类。日本机床产业的产量正是在这样的过程中达到世界第一。战后美国和日本的机床产业在数控机床出现前后经历的两轮竞争的过程可以归纳为表6-5。

表6-5　战后美日机床产业的两轮竞争

		产品建构	
		封闭模块型 （数控机床出现之前）	模块化程度提高的封闭模块型 （数控机床出现之后）
组织建构	柔性生产体制	日本机床产业 I	日本机床产业 II
	垂直统合型	美国机床产业 III	美国机床产业 IV

弗里德曼正确地指出，日本机床产业实现崛起的关键在于柔性生产组织方式（flexible production system）。但是，他认为，这种生产组织方式的出现既不是政府介入的结果，也和市场机制关系不大（Friedman, 1988）。确实，在机床产业政策中，关于卡特尔的部分没有取得实际效果，直接投入的政策资源的规模也不大。但是，关于《机振法》的运作过程的分析表明，在直接的资金支持及其诱导效果之外，政府对部件企业提高技术能力、改进管理方法的努力所进行的支持具有一定的意义。① 实际上，政府对机床产品流通方式的介入有助于日本机床产业的发展，政府的中小企业政策的主要政策对象之一就是机床产业的中小企业。另外，正如弗里德曼也承认的那样，地方政府对机床产业柔性生产体系的确立也发挥了积极作用。

因此，正确地评价机床产业政策的关键在于如何恰当地把握中央政府

① 关于《机振法》的运作细节，请参考下文关于汽车产业政策的分析。

和地方政府的介入和柔性生产体系的形成、发展之间的关系。机床产业政策的作用机制长期没有得到有效发掘的主要原因即在于没有可以恰当地揭示这种作用机制的分析工具。引入产品建构理论有助于解决上述问题。

在产品建构理论的视角之下,在日本的高度成长期,所谓柔性生产体系的要点是集成型的企业内组织形态、企业间关系和产品的集成型建构特征之间的匹配关系。在这种企业间关系的形成和发展过程中,政府至少在以下两个方面发挥了作用。第一,通过提高部件企业和中小企业的技术能力和管理水平为柔性生产体制的形成提供了基础。第二,具有弹性的销售模式或商业模式建构是柔性生产体系得以发挥作用的条件之一,而政府为这种商业模式建构的确立做出了贡献。正如我们在上文提及的那样,在机床产业的流通领域,代理销售和分期付款是高度成长期的主流销售模式,而政府对这种销售模式的发展提供了支持。从产品建构理论的角度来看,政府不是机床产业集成型企业间关系得以形成的主要原因。但是,政府的介入有助于生产企业之间集成型关系的形成。同时,在机床产业,柔性生产体制或集成型企业间关系发挥作用的基础之一是生产企业和流通企业之间集成型的企业间关系,而政府对这种关系的形成具有积极影响。[①]

3. 产品建构理论与汽车产业政策[②]

由于对立的意见长期并存,所以关于日本汽车产业政策的评价一直处于僵持的状态。就本书的问题意识而言,出现这种局面的原因主要在于产业政策的批评者实际上采取了配置主义的产业政策观,而产业政策的支持者则被批评者所设定的研究议题所误导。正如本书的第一篇所讨论的那样,问题的关键不仅在于政府为特定产业提供了多少资源,而且在于这些政策资源或政策诱导租是否促进了企业层面的组织和技术革新的出现,从而使得企业可以在市场上实现熊彼特租。产业政策的支持者们或者没有意识到这一要点,或者没有能够在一个清晰的理论框架之下就这一要点进

---

① 关于政府和流通模式或商业模式建构的关系的详细分析,请参考本节关于计算机产业政策的部分。

② 关于日本汽车产业政策的评论的部分内容来自宋磊(2015c)。

行论述。于是,他们所能做的基本上只是对政策资源的规模以及政策资源对企业从民间银行获取的融资的规模的影响等难以准确地进行实证研究的问题进行争论。

从生产主义的工业战略观出发,更有意义的研究思路应该是在确认汽车企业竞争力的形成机制的基础上,分析政府介入如何影响了企业的组织形态、技术水平以及两者之间的互补性并进而影响了企业能力或竞争力的形成。

关于汽车企业竞争力的形成机制的主流文献以以下认识为基础:第一,作为技术密集型产品,必要的技术设备和技术能力是企业竞争力得以形成的前提;第二,汽车是典型的集成型产品,对于部件之间的关系的微调对于产品质量具有重要影响,而这种微调必然涉及企业内部的组织形态以及企业间关系;第三,在获得基本技术设备、具备基本技术能力之后,组织形态创新能否出现、这种创新是否沿着符合汽车产业的技术-组织互补性的方向演进就成为决定企业竞争力的关键(Hounshell, 1984; Clark and Fujimoto, 1990, 1991)。

与国际学术界的上述主流认识一致,日本学术界普遍认为日本汽车企业的竞争力主要来自企业内部不同部门之间、组装厂与配件企业之间密切的协调关系以及劳动者积极的生产态度。这种现象,在丰田体现得尤为明显。生产领域的及时生产体系、全员质量管理、多能员工,开发领域的横跨多个部门的重量级开发经理制度(heavyweight project manager)、并行开发(concurrent design)、部件和材料企业参与开发(design in),采购领域的高比例部件外购、稳定的组装厂-配件厂关系、多层级的配套体系、组装厂对配件企业的技术指导等即体现了这些特征(Fujimoto, 1999: 25—26)。

理论上,企业内部和企业之间的上述组织形态具有典型的集成型特征(Sako, 2003)。由于与汽车的集成型产品建构特征之间存在互补性,所以这种集成型组织形态为企业带来了较高的品质、更快的产品开发速度,成为企业获得熊彼特租的组织基础(Cusumano, 1985; Womack *et al.*, 1990;

Nishiguchi, 1994; 藤本隆宏, 2007)。[①]

在明确了日本汽车企业竞争力的来源之后,我们关心的问题自然就成为以下两个:政府介入如何促进企业内部不同部门之间的协调;政府介入如何促进组装厂和配件厂之间的密切合作(subcontract system)。关于第一个问题,现阶段尚无直接的证据。[②] 但是,在第二个问题上则存在重要的资料。[③]

首先,一个经常被忽视的关键证据涉及政府介入如何在汽车企业的企业间关系形成的初期发挥了关键作用。企业史家发现,作为日本汽车产业的标杆,尽管密切的企业间合作一直被认为是丰田的精益生产方式的核心,但是在20世纪50年代初期,丰田并没有重视这一问题。1951年,中央政府中小企业厅和丰田所在地政府共同对丰田系列的配件企业进行了管理咨询。在这次咨询活动中,政府派出的管理专家对配件企业的管理状态进行评估,提出了具体的改进方向。咨询分析的结果提供给了配件企业和丰田公司。对于配件企业而言,这样的咨询显然有助于改进管理水平。对于丰田公司而言,这次咨询的意义更为重要。政府专家在报告中就丰田应该如何管理与配件厂的关系提出了两点建议。第一,建议丰田强化对于配件企业的指导。第二,建议丰田强化与配件企业之间的信息交流。参加了这次咨询的丰田管理人员认为,咨询让他们学习了管理企业间关系的方法(Wada, 1991)。

考虑到高水准的配件企业群的存在以及组装厂与配件厂之间紧密的技术和信息交流是后来形成的所谓精益生产方式的核心(浅沼万里,1997),我们有理由认为,政府在精益生产方式形成的初期,以提供管理咨

① 在经济学界享有很高声誉的比较制度分析(Aoki, 1988, 2001)实际上以藤本隆宏等人关于汽车产业的实证研究为基础,可以理解为对汽车产业组织形态和技术特征之间的互补性的经济学表述。

② 关于政府或政治因素对企业内部的劳资关系的影响,请参考本书第八章。

③ 政府以两种方式对汽车产业的企业间关系发挥了影响。第一种方式是间接和宽泛的,包括以立法的形式禁止组装厂对部件企业的过度压榨、通过组建部件企业协会的形式提高其谈判能力、设立面向部件企业的金融机构等政策(Nishiguchi, 1994: 69—87)。第二种是直接和具体的。本节主要讨论第二种政策措施。

询的形式推动了丰田在符合汽车产业的技术-组织互补性的方向上所进行的组织创新。对于本书来说，重要的是，政府的这种介入显然不是强调政府对于资源配置的影响的配置主义的产业政策观所能涵盖的，相反，这种介入的意义只能在生产主义的工业战略观之下才能得到关注和解读。

其次，如果说上述事例涉及的不是产业政策的典型政策措施的话，那么近年来关于《机振法》的基于企业史和口述史的研究则为理解政府如何通过常规的政策措施推动企业层面的技术创新、组织创新的出现以及推动组织创新沿着符合技术-组织互补性的方向演进提供了重要资料。

在战后日本的产业政策体系中，该法具有重要意义。对于本章来说，《机振法》将汽车配件企业作为重点支持对象，为我们理解政府介入对于汽车产业竞争力的形成提供了重要的资料。

尽管学术界一直重视《机振法》，但是在政策效果方面，长期以来并没有形成一致意见。针对该法的一般性批评包括该法过于强调平等地对待所有企业、没有提供清晰的长期展望等内容，最为强烈的批评则与针对汽车产业政策的批评一致，认为该法为相关企业提供的优惠融资占企业总投资的比例很低，因此该法的意义不明显（三轮芳朗，1998：128—137，168）。

笔者认为，上述批评具有两个特点。第一，这种批评实际上假设产业政策的制定者应该对产业的发展前景和组织形态具有明确的预期。但是，这种假设实际上排除了企业在产业政策的第二阶段的主体地位，将产业政策理解为可以完全由政府控制的过程。第二，以政府投入资源的规模来判断政策的效果。很明显，尽管持这种观点的学者大多对产业政策持否定态度，但是他们的分析思路实际上属于配置主义的产业政策观。从生产主义的工业战略观来看，政府可以完全掌控政策过程的假设是不切实际的，成功的政策实践往往具有“意料之外的成功”（unintended fit）的特征；在政策资源的规模以及广受重视的政企互动之外①,政府介入如何影响企业层面的技术创新、组织创新以及推动技术-组织互补性的形成也是评价政策效果的重要标准。

首先,《机振法》不但将提升汽车部件企业的技术水平和管理能力作为重要政策目标,而且取得了明显的成效。负责制定《机振法》的通产省官员在关于这一法案的解释中指出,“当下的重要问题是如何推动配件企业和基础机械企业形成不低于大企业或组装厂的技术与管理能力,使之摆脱作为承包企业(sub-contractor)的从属地位、发展成为具有独立地位的专业企业”(尾高煌之助,2013a:3)。第一次《机振法》以卡车部件为重点,涉及26种主要部件;第二次《机振法》的主要支持对象扩展到轿车部件,涉及42种主要部件。一般而言,汽车部件产业被认为是《机振法》支持对象产业中的优等生(大河原义广、尾高煌之助,2013:247,250—251)。

在提高企业的技术能力方面,《机振法》的成果是明显的。企业史研究表明,尽管政府系金融机构通过《机振法》直接提供的资金规模不大,但是这种融资提高了企业在金融市场的地位,有助于它们从商业银行获得融资,其结果是部件企业得以提前实施设备投资计划、更新设备(桥本寿朗,2013:64—71)。② 另外,政府倡导的部件标准化等也得到了企业的响应,在审查融资申请过程中政府系金融机构提供的技术指导也取得了效果

---

① 业界团体在法案的实施过程中发挥了重要作用。对于特定的产业而言,组织业界团体并在业界团体内部设立合理化委员会和技术委员会是成为《机振法》支持对象的前提。因此,《机振法》强化了同一产业内部不同企业之间的联系。同时,业界团体依据通产省设计的推荐标准,对于政策支持对象企业进行了第一次选拔。当然,最后的决定权在于通产省。在这样的过程中,基本不存在政治影响的介入(尾高煌之助,2013a:7)。在上述意义上来说,《机振法》的实施过程体现了阿姆斯登和维斯等学者所说的“嵌入自主性”或“管控下的依存”的特点。上述问题在关于产业政策的研究中已经被反复讨论,其要点在于强调官民合作网络的作用。但是,这种先行研究更多地具有配置主义的产业政策观的特点,强调的是官民合作网络如何影响了政府主导的资源配置过程。从生产主义的工业战略观的角度来看,在汽车产业之中,重要的不仅是官民合作网络的存在,而且是这种官民合作网络如何影响了企业的生产过程以及企业之间的合作网络的形成。

② 具有政府背景和企业管理实践经验的观察家估计,政府系金融机构为企业提供的融资提高了企业的信誉。一般而言,获得政府系金融机构支持的企业可以从商业银行获得的融资是从政府系金融机构获得的融资的五倍(大河原义广、尾高煌之助,2013:250)。

(米仓诚一郎,2013：154；黑田彰一、尾高煌之助,2013：380—381)。[①]

在提高企业的组织能力方面,《机振法》的影响也是明显的。首先,企业必须提出经营计划并接受政府系金融机构的审查,才能够获得融资。在这样的过程中,企业需要不断地改进经营方法并确立长期的经营目标,其结果是企业形成了基本的管理能力和确立长期经营目标的能力(桥本寿朗,2013：68—69)。其次,政府系金融机构和中小企业厅等政府机构在审查的过程中也向企业提供了包括科学管理和损益分歧点分析等财务管理方法在内的现代管理方法(松岛茂,2013：234;黑田彰一、尾高煌之助,2013：366—367)。这些先进的管理方法自然成为企业能力的一部分。

与上述影响相关,在《机振法》实施期间,汽车配件企业的生产效率和产品质量得到了明显的提升。在1956—1961年间,汽车配件企业的劳动生产率上升了21.4%,1956年设定的关于部分部件单价的指标在1959年已经基本达成(尾高煌之助,2013a：12)。

直接指向部件企业技术能力和组织能力的上述政策显然为部件企业形成竞争力提供了基础。但是,对于基于生产主义的工业战略观的研究而言,《机振法》的意义不仅于此。更为重要的是,《机振法》为后来成为日本汽车企业竞争力核心之一的组装厂与部件厂之间以企业系列为基础的紧密的合作关系的形成提供了基础,推动了两者的关系向符合国情和技术-组织互补性的方向演进。

我们知道,与美国汽车组装厂相比,日本的汽车组装厂在部件制造方面倾向于维持较低的部件内制率,与部件企业形成并发展长期、稳定的交易关系,在生产方面依靠部件企业配合、共同实现以精益生产方式为核心的生产管理方式,在产品开发方面更为广泛地依靠具有较高技术水平的部件企业参与新产品开发。一般而言,学术界往往将构成日本汽车产业竞争

① 企业成为政策支持对象的一个条件是需要拥有三名以上的专业技术人员。这样的规定有助于推动企业雇用技术人员、提高技术水平(米仓诚一郎,2013：155)。

力核心之一的这种企业间关系的形成视为企业主导的结果。但是,这种认识忽视了在汽车产业发展的初期,组装厂和部件厂都无法构筑这样的交易体系的事实。实际上,以《机振法》为代表的产业政策为这种企业间关系的形成提供了出发点。这种企业间关系的后续发展实际上是在这种出发点的基础上展开的。为理解这一关键问题,我们需要回顾《机振法》出台之前汽车产业的组装厂-部件厂关系。

在《机振法》开始实施之前,主要的组装厂全部忙于改善自身的生产效率,缺乏进行内制部件的资金能力(Adachi *et al.*, 1983)。受制于资金能力和生产规模,当时的组装厂普遍缺乏积极培育部件企业的意愿(尾高煌之助,2013a:44)。在这种情况下,组装厂自然希望部件企业能够依靠自身的力量来改变"部件价格高于国际水准60%""部件质量不高"的局面(尾高煌之助,2013b:78)。另一方面,当时汽车部件企业主要存在以下问题。首先,尽管组装厂的设备已经在相当程度上实现了更新,但是部件企业的设备主要是通用设备,缺乏专用设备,自动化程度不高。其次,部件企业管理水平不高、组装厂和部件厂之间没有形成有效的分工体制(尾高煌之助,2013a:40)。换言之,在当时的条件下,部件企业缺乏与组装厂形成长期稳定的交易关系的能力。

在上述背景之下,《机振法》所产生的一个重要但是经常被忽视的政策效果是对企业间关系的影响。就组装厂而言,上文提及的政府对丰田在企业间关系方面的咨询和建议是从组装厂的角度推动这种企业间关系形成的一个例证。就部件厂而言,政府对长期、稳定的企业间关系的形成的影响主要体现在以下方面。

第一,在制定《机振法》的1956年,通产省注意到,由于部件企业技术水平较低,组装厂不得不内制部件。在组装厂产量有限的情况下,内制部件显然意味着设备的闲置。因此,扶持部件企业不仅具有社会政策的意义,而且有助于建立适应国情的汽车生产体制。基于这种认识,政府没有采取支持组装厂内制部件的政策,而是积极支持部件企业的发展(米仓诚一郎,2013：128—129)。另外,在汽车产业产量开始上升的1960年前后,为保证组装厂的稳定生产,通产省开始鼓励组装厂和部件厂之间形成长期、稳定的系列关系(大河原义广、尾高煌之助,2013：260—261)。[①] 日本汽车产业和美国汽车产业发展出不同的生产体制的原因之一即在于此。

第二,如上文所述,政府介入对于部件企业的技术能力和组织能力的形成具有积极的影响。但是,值得注意的是,政府对特定部件企业的支持事实上提高了部件企业的信誉和组装厂对于部件企业的信任,降低了部件企业和组装厂之间的交易成本(桥本寿朗,2013：69),为两者之间长期、稳定的交易关系的形成提供了基础。

第三,在推动组装厂和部件厂之间形成长期、稳定的交易关系的过程中,针对重要的部件,政府没有强行规定组装厂只能和一家部件企业维持交易关系。相反,为了在降低成本的同时维持部件企业之间的竞争,政府根据当时最先进的经济学研究(Maxcy and Silberstone, 1959),规定重要部件基本由三家企业生产:其中的两家是丰田和日产指定的本系列内部的部件企业,另外一家是两大系列之外的部件企业。在理论上,交易关系的长期化可能产生的问题之一是由于缺乏竞争,部件企业在技术和组织创新方面可能倾向于减少投入。至少三家部件企业共存的局面基本解决了这个问题。实际上,关键部件同时向三家企业发包是今天丰田在管理企业间关系问题上的主要做法之一,也被认为是其竞争力的来源之一。很明显,这一管理惯例的出现和政府的政策具有联系。

需要强调的是,从产品建构理论的角度来说,汽车是典型的集成型产品,而在政府直接或间接的推动下形成的组装厂-部件厂关系实际上具有集成型组织建构的特征。严格的经济学研究表明,正是这种集成型组织建构和汽车的集成型产品建构之间的互补性构成了日本汽车企业竞争力的

---

① 在通产省推动《机振法》之前,中小企业厅已经开始为部件企业提供管理咨询。在《机振法》出台之后,这种管理咨询的重点逐渐转向针对企业系列内部的交易关系的诊断(松岛茂,2013：238—239)。

主要来源之一(Aoki, 1986, 1988)。进而言之,正是这样的互补性和其他管理惯例一起构成了日本汽车企业在市场上获得熊彼特租的基础。本节的总结表明,在日本汽车产业,熊彼特租的获得与政府在企业生产组织方式形成早期的介入,即政府提供的政策诱导租或状态依存租具有联系。

当然,在制定政策的时候,政策制定者未必已经预料到企业生产组织方式的演进方向,在产业政策的第二阶段,真正实现租金转化的仍然是企业。但是,对于后进国家的研究者和政策制定者而言,注意到日本汽车产业政策实践中的政府介入和企业组织形态演进方向之间的事实上的契合关系显然具有重要的理论价值与实践意义。

总的来说,在产品建构理论的视角之下,日本汽车产业竞争力的源泉是集成型组织形态和集成型产品建构之间的匹配关系,而政府的介入通过塑造企业组织形态和影响企业的技术路线的方式推动了这种匹配关系的形成。关于政府介入如何塑造了企业组织形态,我们在上文中进行了比较充分的讨论。所谓政府介入对于企业的技术路线的影响,主要和政府对于小型车的推动(伊丹敬之、伊丹研究室,1994：22)有关。这一问题往往被采取新古典经济学分析框架的学者所忽视。确实,政策的国民车计划没有实现。但是,政府倡导的小型车却成为日本企业的主要产品,日本企业的组织形态创新正是在小型车的框架之下出现的。[①] 政府的上述作用,可以归纳在表6-6之中。

---

① 在战后初期,三轮车在日本汽车产业之中占有重要地位(中冈哲郎,1999：118—120)。就产品建构而言,在汽车产品之中,三轮车最为接近模块型。在这个意义上来说,这种类型的小型车为战后日本汽车产业的发展进行了铺垫。但是,我们在这里讨论的要点是政府从国情出发倡导发展小型车和日本企业重点发展小型轿车(sedan)之间的关系。在典型的美国汽车企业的产品线之中,作为大型车的皮卡占有重要位置。但是,在相当长的时期内,日本汽车企业的产品线主要由小型轿车构成。只是在进入美国市场之后,为了和美国企业竞争,日本企业才提高皮卡的产量。

表 6-6　汽车产业竞争力的形成及政府的作用

		产品建构	
		偏向模块型的小型车（战后初期）	偏向集成型的轿车（高度成长期）
组织建构	偏向模块型	战后的国情和政府的政策导致汽车产业从小型车起步；战后初期的企业能力导致组织形态处于偏向模块型的状态	
	偏向集成型		企业持续的组织和技术革新将产品建构推向集成型方向；政府的政策促进了汽车产业技术-组织互补性的形成

4．产品建构理论与计算机产业政策

从产品建构理论出发，我们认为，在主流研究所充分讨论的研究议题之外，日本的计算机产业政策在两个方向上影响了企业竞争力的形成及其演进。一方面，政府介入使得日本企业得以形成有效的商业模式，在流通领域确立了和 IBM 进行竞争的基础。另一方面，日本政府在帮助计算机企业取得初步的成功之后，持续地推动后者研发大型计算机。但是，随着具有典型的模块型产品建构特征的个人计算机成为主流产品，执著于具有典型的集成型产品建构特征的大型计算机的日本政府的计算机产业政策实际上失败了。

在日本计算机企业形成生产能力之后，如何销售产品就成为关键问题。当时计算机产业的主流销售模式是租赁制。正如我们在上文提及的那样，租赁制要求计算机企业具有强大的资金能力。当时的日本计算机企业显然不具备这样的资金能力。如果难以采取租赁制，那么日本计算机企业将不得不采用一般的销售模式。但是，当时的计算机价格高昂，采用一般的销售模式意味着日本计算机企业的产品不但在质量上而且在价格上处于劣势。正如我们在本书的第三章所讨论的那样，企业如何根据产品的技术特征选择生产组织方式以及如何根据为产品的技术特征所规定的产品价格来选择和客户之间的关系模式涉及商业模式建构问题。租赁制意味着在货款的支付方面，产品的生产者和顾客之间的关系是长期、稳定的，具有集成型的特征;一般的销售模式意味着在货款的支付方面,产品的生产者和顾客之间的关系是界面清晰的,具有模块型的特征。当时,作为具有集成型特征的商业模式,租赁制具有竞争优势。但是,当时的日本企业难以构筑这样的商业模式。需要注意的是,尽管企业一般是商业模式建构的决定者,但是包括政府在内的公共组织可以对特定产业的商业模式产生影响。在日本政府的推动下成立的 JECC 帮助计算机企业确立了租赁制。这种变化实际上可以理解为政府成为了商业模式的主要决定者。

如表 6-7a 所示,从商业模式建构的类型和商业模式建构的主要推动者的角度来看,在当时日本的计算机市场之中,IBM 的销售战略处于表 6-7a 的(a)区域。如果日本政府不介入计算机产品的销售,那么日本企业的销售战略只能处于表 6-7a 的(c)区域。在这种情况下,在销售领域,将出现存在于表 6-7a 的(a)、(c)区域的两种销售战略之间的竞争。很明显,在这种竞争之中,日本企业很难获得优势。在现实中,日本政府的介入使得 IBM 和日本企业之间围绕销售所进行的竞争从存在于表 6-7a 的(a)、(c)区域的两种销售战略之间的竞争转变为存在于表 6-7a 的(a)、(b)区域的两种销售战略之间的竞争。正是在出现这种转变之后,日本企业才逐渐扩大了市场份额。

表 6-7a　计算机产业竞争力的形成及政府的作用:以商业模式建构为中心

		商业模式的主要推动者	
		企业	政府
商业模式建构	集成型	IBM 所采取的租赁制销售战略 (a)	日本企业在政府支持下采取的销售战略 (b)
	模块型	日本企业所可能采取的销售战略 (c)	(d)

正如我们关于汽车产业政策的分析所表明的那样,政府介入能否取得效果在一定程度上受到产品的建构特征的影响。我们知道,在计算机的主流产品的建构特征转为模块型之后,日本企业迟迟难以构筑可以适应这种技术变化的企业内组织形态和企业间关系,陷入所谓集成型陷阱。[①] 如表6-7b所示,这种情况的出现和日本政府持续地推动具有集成型建构特征的计算机产品的发展有关。具体而言,在计算机的主流产品的建构处于流动状态的时期,政府应该采取的战略处于表6-7b的(d)区域,即推动企业的组织建构向适应产品建构的变动的方向演进,但是,当时日本政府所采取的战略实际上处于表6-7b的(b)区域,这种战略在一定程度上强化了企业原有的集成型的组织形态。

表6-7b　计算机产业竞争力的形成及政府的作用:以产品建构和政府介入的特征为中心

<table>
<tr><td colspan="2" rowspan="2"></td><td colspan="2">产品建构的状态</td></tr>
<tr><td>稳定</td><td>变化</td></tr>
<tr><td rowspan="2">政府介入</td><td>指向固定方向</td><td>计算机主流产品的建构特征处于稳定时期政府应该采取的介入方式
(a)</td><td>计算机主流产品的建构特征处于流动时期日本政府实际采取的介入方式
(b)</td></tr>
<tr><td>适应技术变化</td><td>(c)</td><td>计算机主流产品的建构特征处于流动时期日本政府应该采取的介入方式
(d)</td></tr>
</table>

(三)基于产品建构理论的产业政策评价:一个系统化的总结

在产品建构理论之中,影响企业竞争力形成的关键环节包括生产能力和需求的形成、企业内组织形态和企业间关系、产品建构特征、技术-组织互补性和商业模式建构等。基于上述认识,我们可以对本章讨论的六项产

① 关于集成型陷阱和模块化陷阱,请参考本书第三章第二节。

业政策的作用机制进行总结。

如表6-8所示,本章讨论的六项产业政策涉及了产品建构理论视角下政府影响企业竞争力形成的所有可能环节。但是,值得指出的是,在产品建构理论的视角之下,作为早期产业政策的典型,钢铁产业政策和造船产业政策的主要作用是增强生产能力和创造需求;相对地,广义的机械产业政策不但和生产能力的增强有关,而且涉及了政府介入和组织建构、商业模式建构的关系以及产品建构、技术-组织互补性的政治根源等问题。从产品建构理论的角度对上述两类产业政策进行比较,不但有助于我们理解产业政策如何具体地影响了目标产业竞争力的形成和演变,而且有助于我们重新评价关于作为早期产业政策典型的钢铁、造船产业政策和作为后续产业政策的代表的广义的机械产业政策的作用的主流观念。

表6-8 基于产品建构理论的产业政策评价:一个系统化的总结

		日本产业政策的实践					
		钢铁	造船	缝纫机	机床	汽车	计算机
产品建构理论视角下的竞争力形成机制的关键	增强生产能力、创造需求	○	○	○	○	○	○
	影响组织建构			○	○	○	
	改变或影响产品建构			○		○	○
	塑造技术-组织互补性			○		○	
	协助构筑商业模式建构				○		○

注:这里所说的政府对组织建构的影响指政府对生产领域的企业内组织形态和企业间关系的影响。需要注意的是,日本政府在钢铁、造船、机床、汽车和计算机产业都试图影响组织形态。但是这种影响或者受到企业的抵制,或者直接引起企业合并,所涉及的主要不是产品建构理论所讨论的组织建构问题。

一般而言,学术界主流倾向于肯定钢铁、造船产业政策,对计算机产业政策之外的广义的机械产业政策的评价不高。本章的研究表明,政府介入确实增强了钢铁和造船产业的生产能力,为这样两个产业创造了需求。但是,政府对于这两个产业竞争力形成的其他关键环节的影响并不明显。相对地,政府介入不但增强了缝纫机、机床、汽车和计算机产业的生产能力,而且对于这些机械产业竞争力形成的其他关键环节也具有重要的影响。在上述意义上来说,主流研究对钢铁和造船产业政策的评价过高、对计算机产业政策之外的广义的机械产业政策的评价过低。

在接下来的第七章之中,我们试图运用产品建构理论来分析在中国的政策实践之中政策诱导租如何转化为熊彼特租。但是,在进行这种分析的时候,我们遇到两个问题。第一,在中国的政策实践中成功的案例不多;第二,中国的产业政策正处于转型过程之中。上述问题意味着第七章和第六章的研究策略不是完全一致的。具体而言,在第七章之中,我们将就中国汽车产业政策的政策范式的变迁进行深度分析。需要指出的是,尽管分析对象的数量不同,但是我们在第六、第七章中运用的分析方法是一致。在这个意义上来说,第六、第七章的内在逻辑是一致的。

第七章 熊彼特租的实现(2):中国的调整

21 世纪初期以来,中国的社会和经济政策经历了密集而持续的调整。值得注意的是,这样的调整具有政策范式变迁的特征。在这样的背景下,关于政策范式的研究开始增加。作为理解政策范式变迁的主流分析框架之一,豪尔的政策范式论(豪尔,2008;Hall, 1993)对于这些研究也产生了直接或间接的影响。

但是,在这些研究之中存在以下两个问题:一方面,豪尔的政策范式论没有得到全面的应用;另一方面,运用豪尔的政策范式论的学者所关注的政策领域是有限的。

实际上,豪尔的政策范式论包括政策形成论和政策范式变迁论,两者相互补充,构成一个整体:前者在重视结构性因素对于经济政策的形成的影响的同时,为把握一般意义上的经济政策的变迁预留了空间(豪尔,2008);后者强调理念的变化对于政策范式变迁的推动作用,为理解经济和社会政策的变迁提供了广为人知的分析框架(Hall, 1993)。在上述意义上来说,政策范式变迁论实际上是在政策形成论的基础上形成的。但是,在笔者的阅读范围之内,依据豪尔的分析框架讨论中国的政策调整的学者基本上没有注意到他的政策形成论。[①] 另外,豪尔在提出政策形成论和政策范式变迁论的时候,其分析对象是产业政策和财政、金融政策。但是,运用豪尔的分析框架的中国学者主要研究社会政策领域的政策调整,较少讨论经济政策的变迁。[②③]

总的来说,豪尔的政策范式论并没有全面地被我国学界所运用,而产业政策的调整也没有进入我国学者的视野。本章试图解决上述问题。具体而言,本章在将豪尔的政策形成论和政策范式变迁论整合为以组织结构和经济理论为中心的一个整体性的分析框架的基础上,依据这一分析框架讨论中国汽车产业政策,特别是中国汽车产业创新政策的范式变迁的动力机制,总结政策范式变迁前后政策诱导租向熊彼特租转化的过程的特征。[④]

关注汽车产业创新政策的范式变迁,不仅因为汽车产业在制造业中占有关键位置,而且因为汽车产业创新政策的范式变迁具有重要的理论意义。第一,中央政府和地方政府之间的关系以及国际分工体系的变化在中国汽车产业创新政策的调整过程中占有关键地位,而豪尔的分析框架既没有涉及府际关系问题,也没有就国际分工体系对于经济政策的影响进入深入的分析。[⑤] 因此,系统地讨论中国汽车产业创新政策变迁的动力机制有助于深化豪尔的相关理论。第二,自主创新战略自 2006 年以来成为中国

---

① 豪尔的研究横跨政策科学和比较政治经济学两个学科,政策范式变迁论和政策形成论是他在上述两个学科的代表性研究成果。但是,比较政治经济学只是在近年来才被引入中国(朱天飚,2006),没有对政策科学研究产生影响。中国的政策科学研究者没有注意到来自比较政治经济学领域的政策形成论的主要原因或许即在于此。

② 一般而言,比较政治经济学关注的是不同国家的政治经济体系的差异,而经济政策、特别是产业政策典型地反映了各国政治经济体系的特征。实际上,产业政策是比较政治经济学的传统研究主题之一。因此,为什么受到豪尔影响的中国比较政治经济学研究者没有将他的分析方法运用到关于产业政策的调整的研究之中是一个让人困惑的问题。出现这一现象的主要原因可能同样是比较政治经济学刚刚被引入中国。

③ 关于依据豪尔的政策范式变迁论对中国的社会政策的调整所进行的研究,请参考岳经纶、郭巍青(2007)。

④ 2005 年之后中国汽车产业经历了剧烈的政策变迁。但是,这些变化并没有撼动合资体制——20 世纪 90 年代以来的汽车产业政策的基础,涉及的主要是汽车产业的创新政策。

⑤ 豪尔分析了特定国家在世界经济结构中的位置对经济政策的影响。但是,这样的讨论主要不是针对制造业政策。

的国策,而汽车产业创新政策的范式转换是整个自主创新战略得以确立的起点。在这个意义上来说,理解汽车产业创新政策范式变迁的原因有助于把握自主创新战略的内在逻辑。第三,正如本章第三节所述,中国汽车产业创新政策的转变与宏观经济政策和社会政策的变迁具有明显的差异,是非典型的政策范式变迁:一方面,2005 年之前的政策并没有完全否认自主创新的意义,但是这一时期汽车产业在自主创新方面进展不大;另一方面,在自主创新成为国策之后,相关的政策措施并没有立即形成,一些政策难题至今没有解决,政策诱导租转化为熊彼特租的过程并不顺利。因此,全面地分析汽车产业创新政策的范式变迁有助于理解相关政策的理论基础。

第一节　在结构与理念之间:豪尔的政策范式论的内在逻辑

在中国学术界,豪尔的政策范式变迁论的知名度远高于他的政策形成论。但是,他的政策范式论由政策形成论和政策范式变迁论组成,政策范式变迁论处于政策形成论的延长线之上,是对前者的发展。[①] 因此,从政策形成论开始来讨论豪尔的政策范式是合适的。

豪尔在分析为什么英法两国在战后类似的经济情况下发展出不同的经济政策时提出了政策形成论。以对英法两国的政策经验的详细分析为基础,豪尔雄辩地论证了不同国家的经济政策在根本上是由五种结构性因素,即劳工的组织结构、资本的组织结构、国家的组织结构、政治体系的组织结构和国家在世界经济结构中的位置决定的,而这些组织结构是相互作用的(豪尔,2008：309—310)。但是,这一理论在逻辑上必然面对以下诘问:既然政策主要是由结构性因素决定的,而结构性因素在特定的时期内

① 社会学习这一范畴是政策范式变迁论的基础。但是,在政策形成论中,豪尔已经注意到社会学习问题的重要性(豪尔,2008：19)。

是相对固定的,那么我们应该如何解释现实世界中存在的明显的政策变迁?

需要指出的是,在政策形成论中,豪尔没有完全回避政策变动的问题,讨论了结构性因素和经济理念的互动(豪尔,2008：3, 26)。所以,正如豪尔自我辩护的那样,他的政策形成论不完全是静态分析。但是,他的自我辩护存在两个问题。第一,政策的形成机制和稳定运行是他的早期研究的主要因变量,政策的变化则是次要的因变量。第二,更为重要的是,在政策形成论中,豪尔关于政策变化的内在逻辑的分析并不充分。

从总体上看,在政策形成论中,豪尔关于政策变化的内在逻辑的分析具有两个要点。首先,他将政策的变化归因为国家-社会关系的变化。在这里,所谓国家-社会关系的变化实际上指国家和他所强调的结构性因素之间的关系的变化。关于这一问题,尽管他指出国家和社会或所谓结构性因素之间的关系是双向的,但是他更多地强调国家的影响。以下两段论述比较典型地反映了这种特点。

> 每一方都对另一方施加了影响。一方面,国家本身就是社会斗争积累的产物。这些斗争影响了各国内部民主制度的发展、立法和行政机构之间的权力平衡,甚至是国家经济计划的政策工具。另外一方面,虽然国家的经济战略回应了社会的组织结构,但这些战略对社会性组织也施加了自身的影响,改变了社会集团或阶级之间的相对权力平衡。政策的结果能够逐渐改变一国的社会组织结构,正如政策的形成最早更多地受到组织结构影响一样。
>
> 因此,国家和社会之间的关系虽然对于决定经济政策十分重要,但这种关系并不是静止不变的。有许多经济政策,其设计目的就是旨在改变社会组织结构的某些方面,而另外一些政策则无意间影响了社会组织结构以及社会集团的相对权力。
>
> 豪尔(2008：317, 319)

以上论述表明,在政策形成论中,尽管豪尔认为国家和结构性因素的互动导致了政策变化,但是他仍然有意无意地强调国家的作用,而对于国家的作用的强调显然和政策的稳定性具有联系。因此,我们有理由认为,提出政策形成论时期的豪尔关于政策变化的内在逻辑的分析的第一个要点并不充分。

或许是意识到上述问题,豪尔将理念的变化作为理解政策变化的内在逻辑的第二个要点。他指出,国家-社会关系之中还存在动态因素或外来因素。这里所说的动态因素或外来因素就是理念或意识形态。在这里,理念或意识形态指一套充分发展的、可以用来指导一系列经济或政治活动的观念体系。这些理念或意识形态不仅包括了界定什么样的公共活动才是可能的与合适的的政治观点,而且包括了凯恩斯主义这样界定了经济政策的绩效的经济理论。引入理念这一变量,显然有助于解释政策的变化。但是,在讨论理念的作用的时候,豪尔仍然倾向于强调组织结构对于理念的影响。①

总的来说,豪尔的政策形成论强调结构性因素对于政策的决定性作用,但是以引入作为政策制定主体的国家和结构性因素之间的互相影响和作为外部因素的理念的形式为解释政策变动预留了空间。由于分析的重点在于结构性因素对于政策形成的意义,所以豪尔的政策形成论关于政策变动的分析是不充分的。豪尔在 20 世纪 90 年代提出的政策范式变迁论(Hall, 1993)就是为了解决政策变动的原因问题。

政策范式是对科学哲学中的科学范式(Kuhn, 1970)这一范畴的模仿。所谓政策范式指由各种理念和标准构成的框架。这一框架不仅指明政策目标以及用以实现这些目标的工具类别,而且指明它们需要解决的问题的性质。政策制定通常包括了政策工具的精确设定、政策工具的选择和政策的总体性目标三个主要变量。和这样三个主要变量的变化相关的政

---

① 以下引文比较典型地体现了他的这种认识。“这里的讨论并不是想把理念简化为社会结构的产物。正如我们已经看到的那样,这样做是不可能的。然而,这表明,理念在政治中肯定发挥作用,这一观点在组织结构的分析中有其意义所在——事实上,这再次证实而非否定组织环境对政策制定的重要性”(豪尔,2008:334)。

策变化是第一、第二、第三序列的政策变化,第三序列变化就是所谓政策范式变迁。

在政策范式变迁论之中,理念的变化占有关键的位置。在豪尔看来,由相对稳定的组织结构所塑造的政策范式之所以发生变化是因为旧的政策范式在变化了的环境之中不断受到挑战、连续地出现失效的情形。以此为背景,旧的政策权威的威信降低,经济理念市场(marketplace in economics ideas)中开始出现竞争,构成政策共同体(policy society)的相关人员的经济理念开始发生变化。当政策权威核心(locus of authority of policy)发生变化,而这种变化对于决策当局具有政治吸引力的时候,新的政策理念取代旧的政策理念,政策范式就经历了变迁。

政策范式变迁论在两个方面对政策形成论进行了修正。一方面,如上文所述,不同于政策形成论过于强调结构性因素的影响,政策范式变迁论实际上指出理念的变化也可以影响政策制定。另一方面,针对政策形成论没有详细地讨论政策的内在逻辑这一问题,政策范式变迁论实际上指出,在某些政策领域,特定的经济理念能否对变化中的政策绩效给出合理的解释决定了政策范式的稳定性。当然,这种修正并不意味着豪尔不再重视结构性因素的影响。我们做出这一判断的原因有三。第一,在政策实践中,理念的变动以及起因于理念的变动的政策范式变迁不经常出现。第二,在政策范式变迁论之中,理念往往只能通过结构性因素发挥作用。① 第三,豪尔对于政策范式变迁论的运用是相当节制的,主要将其运用到某些技术性比较强的政策领域。②

至此,我们总结出了豪尔政策范式论的基本逻辑:在技术性较强的政

---

① 豪尔指出,“社会学视角的主要贡献是让我们关注理念在政治中的作用。它提醒我们,国家-社会关系不能完全从一方对另一方所施加的‘压力’这个角度来进行描述,无论压力是通过政党、有组织的利益集团、行政机构,还是政策网络来施加的。国家与社会两者之间的理念流动(flow of ideas)也可以把国家与社会联系起来。政治家、官员、社会利益代言人和政策专家都是在一个国家特定时期流行的政治话语中开展活动的”(Hall, 1993: 289)。

② 豪尔指出,“不是所有政策领域都会拥有与宏观经济政策制定相关的那种精细或有力的范式。这些范式最可能在那些涉及高技术性议题以及与这些议题有关的专业知识团体的政策制定领域中找到”(Hall, 1993: 291)。

策领域,结构性因素在相当程度上决定了政府采用何种政策,政策和经济绩效之间的对应关系强化或削弱了政策主体的权威,当政策难以带来相应的经济绩效的时候,竞争性的经济理念开始出现,经济理念之间的竞争决定了政策范式的变迁,经济理念是在由结构性因素构成的环境之中发挥其作用的。客观地说,豪尔的政策范式论为我们理解经济政策的形成和变化提供了有效的分析工具。但是,他的分析框架没有涉及为什么特定的政策范式或经济政策失败,而这一问题是政策范式变迁的出发点。如果不能解决这一问题,那么政策范式论的解释能力将是有限的。

笔者认为,豪尔的政策范式论之中隐含着解决这一问题的方向。实际上,他重视的结构性因素可以分为两组:劳工的组织结构、资本的组织结构和国家在世界经济结构中的位置属于经济方面的结构性因素,而国家的组织结构、政治体系的组织结构则属于政治方面的结构性因素。这里的关键是经济方面的结构性因素和特定的政策范式或经济政策的匹配性问题:在某些时期,由于两者匹配,所以后者可以取得预期的绩效;在另外一些时期,由于两者之间的匹配性消失,所以后者难以取得预期的绩效。另一方面,正如豪尔强调的那样,只有当特定的政策范式对政策制定者具有政治感召力的时候,政策范式变迁才可能出现。对于豪尔的相关研究的上述理解可以整理为表 7-1。需要指出的是,豪尔关于政治方面的结构性因素的分析主要是以西方政治体系为依托的。但是,中国的国家组织结构和政治体系的组织结构不同于西方。因此,在讨论中国的政策范式变迁问题时,有必要对他的相关分析进行扩展。本章的以下部分将依据表 7-1 的基本逻辑,在扩展豪尔关于政治方面和经济方面的结构性因素的分析的基础上来解释中国汽车产业创新政策的范式变迁。

表 7-1 结构、理念和政策范式的变迁

		经济方面的结构性因素和原有政策范式的匹配性	
		匹配	不匹配
新政策范式的政治吸引力	高	原有政策范式的持续期 (a)	政策范式变迁期 (b)
	低	原有政策范式的稳定期 (c)	新旧政策范式的竞争期 (d)

第二节 非典型的政策范式变迁:中国汽车产业创新政策的调整

从政策范式变迁的角度来观察中国汽车产业创新政策,我们发现,20世纪80年代出现的政策范式是粗糙的,2005年以来进行的政策调整也没有完全确立新的政策范式。因此,中国汽车产业创新政策的范式变迁处于从一个粗糙的政策范式向另一个形成中的政策范式转变的过程中。在这个意义上来说,中国汽车产业创新政策的范式变迁是非典型的。

20世纪80年代出现的汽车产业政策以合资政策为基础,政策目标是通过合资政策实现本土企业的技术进步和汽车产业的发展。近年来,这一经常被总结为“以市场换技术”的政策体系受到广泛的批评。在本土汽车企业长期没有实现明显的技术进步的意义上来说,这种批评是正确的。但是,认为这种政策的出发点是否定自主创新的必要性的观点则值得商榷。实际上,在80年代,中央和地方政府的决策者一直强调需要协调技术引进和自主开发或技术引进与自力更生之间的关系(朱镕基,1984:1—4;焦雄华,1995:72,87,98)。[①] 因此,依据豪尔的分析框架,关于80年代以来汽车产业政策范式的失败的原因,问题的关键不是政策目标的设定,而是政策工具的选择以及政策工具的精确设定。在80年代出现的政策范式之中,市场准入制度和国产化率是推动本土企业技术进步的主要政策工具(Harwit, 1995; Thun, 2006)。但是,这些政策工具没有实现政策目标。

实际上,尽管相关部门一直将国有大型汽车企业,即所谓三大三小汽车企业作为产业发展的主体,试图限制新企业进入,但是在地方政府和军工等政府部门的支持下,新企业还是不断地进入。在这样的背景下,市场准入制度实际上被搁置。但是,在豪尔的分析框架之下,这样的政策调整只是第二序列的政策变化,并不直接导致政策范式的变迁。在政策范式变迁的过程中,真正重要的是学术界发现,政策实践之中出现了原有的政策范式难以解释的现象。一方面,本土企业的技术进步并没有像原有的政策范式所预期的那样出现。另一方面,奇瑞、吉利等长期没有受到重点支持的新兴汽车企业在产品开发方面连续取得突破性进展。在国有大型汽车企业坚持如果不能达到年产200万台的生产规模则自主创新无从谈起的背景下,这些新兴企业所取得的进展构成了对于原有的政策范式的挑战。在研究者准确地指出这一现象,并将东亚三国的汽车产业政策进行比较(路风、封凯栋,2004, 2005)之后,媒体开始关注汽车产业的创新政策,政府内部倾向于自主创新的官员也开始介入(梅永红、封凯栋,2005)。在这样的过程中,汽车产业创新政策开始出现范式变迁并推动自主创新政策在2006年成为国策。

---

① 自主创新在形式上一直是中国经济政策的基调。毛泽东时代的"自力更生、艰苦奋斗"和邓小平时代的"科学技术是第一生产力"等政策术语实际上都在一定程度上体现了这一基调。因此,我国政府自20世纪90年代以来所推行的合资政策并没有直接否定我国企业实行自主创新的必要。所谓"以市场换技术"不意味着中央政府鼓励我国企业在合资的过程中放弃自主创新。当然,正如我国学者正确指出的那样,国有企业在合资过程中没有积极地进行自主创新、放弃了开发自有品牌产品的努力(路风、封凯栋,2005)。但是,这样的现象应该归因为企业在实践中背离了中央政府设定的政策目标以及中央政府没有及时地对政策工具进行调整。

从现象上看,上述政策范式变迁的过程似乎符合豪尔对于典型的政策范式变迁过程的描述。[①] 但是,尽管政府投入了大量的政策资源,这次政策范式变迁的效果却并不明显。从市场份额来看,尽管本土汽车企业的市场份额在政策调整之后出现了上升,但是近年来这样的趋势似乎没有得到持续。同时,尽管本土企业的市场份额有所上升,但是没有出现关键性的技术突破。从政策工具来看,尽管政府在政府采购等方面向本土企业倾斜、对于自主品牌的研发也给予了支持,但是这些政策工具和原有的政策范式之下的政策工具似乎没有本质区别。需要指出的是,在豪尔的政策范式论之中,政策范式的变迁伴随着政策工具的更新和政策工具的精确设定。在这个意义上来说,这次政策范式的变迁仍然没有完成。[②]

第三节以结构和理念以及两者的关系为中心,分析这次政策范式变迁的发生机制,解释为什么这种变迁仍然没有完成。第四节总结政策范式变迁前后政策诱导租向熊彼特租转化的过程的特征。

第三节　产品建构、组织建构、政府建构、经济理念与政策范式变迁

关于中国汽车产业创新政策范式的非典型变迁,笔者的基本认识可以归纳如下。首先,产品建构、组织建构和政府建构规定了中国汽车产业创

---

① 关于一般意义上的自主创新或自主开发问题的讨论在 20 世纪 90 年代后期和 21 世纪初期就出现过(谢伟、吴贵生,1997a: 34, 1997b: 9;安维复,2003)。但是,这些讨论并没有引起持续的关注,更没有引起政策范式的变迁。这些讨论和 2005 年前后的大规模论战的影响之所以不同的原因有二:第一,这些研究没有分析政策支持对象之外的新兴企业的崛起,因此,没有充分地揭示原来的政策范式已经失败的事实,用库恩或豪尔的术语来表达,这些研究没有揭示原有的政策范式难以解释的悖论;第二,在这些讨论出现的时候,本土汽车企业仍然高度依赖合资对象。对于相关部门来说,在这样的背景下转换政策范式的政治吸引力不高。

② 一般而言,所谓政策范式的变迁是基于完全不同的经济理念的政策转换,新的政策范式会引发一系列的后续具体政策。20 世纪 80 年代初期英国金融政策在凯恩斯主义和货币主义之间的变化即是一个典型的例子。在这个意义上来说,中国汽车产业创新政策的范式变迁不是教科书式的。

新政策范式的应然形态。其次,支撑20世纪80年代出现的政策范式的经济理念没有体现上述结构性因素的影响,这一政策范式失败的根本原因即在于此。第三,尽管推动2005年以来的政策范式变迁的一组研究间接地体现了基于结构性因素来设计政策措施的思路,但是这样的思路没有为相关部门准确地认识。2006年之后本土汽车企业面临的挑战的原因和上述现象有关。

正如我们在本书的第一篇提及的那样,汽车的产品建构是典型的集成型。但是,在中国的合资政策和中国汽车企业发展的过程中,国际分工网络的变化使得中国汽车企业的产品建构向模块化的方向倾斜。① 产品建构的模块化在推动中国汽车产业快速发展的同时,也规定了中国汽车企业技术进步的方向。进一步地,这种模块化不但限制了20世纪80年代以来的汽车产业政策范式的效果,而且影响了2006年以后的汽车产业政策范式的应然形态。

首先,对于中国汽车企业来说,合资政策实际上将汽车的产品建构引导到模块型的方向。在80年代的合资体制之下,汽车的概念设计(conceptual design)、建构设计(architectural design)和详细设计(detailed design)由外资企业负责,关键部件往往由外资企业提供,关键部件之间的微调(fine-tuning)也由外资企业的驻厂工程师负责;中国企业主要负责组装工序。在这样的合资体制之下,中国企业实际上将设计和生产过程的复杂工序中的相当部分发包给合资伙伴,而这些复杂工序正是汽车的产品建构之所以是集成型的主要原因。因此,对于中国企业来说,在合资体制之下,汽车的产品建构被大大简化,实际上转向了模块型的方向。在这样的背景之下,中国汽车企业显然难以实现明显的技术进步。

① 在管理学文献之中,产品建构主要被认为是技术现象或企业战略选择的结果。但是,我们曾经指出,政治因素也可以影响产品建构(宋磊、吴志翔,2011)。

其次,奇瑞、吉利等新兴企业的崛起和专业化服务企业的出现密切相关。[①] 和日本、韩国汽车产业的发展过程相比较,中国汽车产业发展过程的一个重要特征是在中国汽车产业快速发展的时期,专业化的设计企业、关键部件企业和技术服务企业大量出现。实际上,正如我们在上文提及的那样,新兴汽车企业——这些企业在发展的初期被排除在允许合资的对象之外——在自主品牌汽车的研发方面取得的突破性进展动摇了社会各界对于原有的政策范式的信心,对于政策范式的变迁具有关键影响。但是,一个重要的问题是,在技术积累方面远远落后于三大三小等传统主流企业的新兴企业何以能够开发出在质量上值得信赖的产品。关于这一问题,新兴企业管理者的抱负水平(Winter, 2000)显然是一个关键的解释变量。但是抱负水平这一主观因素如何能够转变为企业的产品开发绩效是一个需要认真讨论的问题。笔者认为,地方政府的支持和专业化服务企业的出现推动了新兴汽车企业的管理者的抱负水平转化为产品开发绩效。实证研究表明,奇瑞和吉利等企业在开发自主品牌汽车的过程中积极地和西方国家的专业设计企业、发动机研发企业、发动机生产企业进行了合作(梅永红、封凯栋, 2005;封凯栋等,2007)。正是这样的合作为新兴汽车企业提供了技术基础。类似地,倾向于从管理学的角度观察中国汽车产业的研究者发现,在初步解决了汽车的设计和生产中的基本技术问题之后,奇瑞和吉利等新兴企业开始面临如何协调构成汽车动力系统的各个复杂部件之间的关系等技术问题。实证研究表明,外资专业化技术服务企业在这一过程中发挥了关键作用。这些技术服务企业依照本土新兴汽车企业的要求,对于构成动力系统的复杂部件之间的关系进行微调,并将微调之后的

---

① 本章涉及的本土新兴汽车企业和专业化技术企业之间的合作关系和所谓“模块化生产网络”既有共同点,也有区别。“模块化生产网络”主要指起因于构成产品的关键部件之间的界面的标准化、关键部件的复杂化和关键部件的大规模流通的企业间关系。这种企业间关系最早出现于消费者电子产业,在 20 世纪 90 年代之后扩展至汽车产业(Borrus and Zysman, 1997; Sturgeon, 2002)。相对于“模块化生产网络”之中以消费者电子产业中的苹果和富士康之间的关系(宋磊、孟捷,2013)为代表的相对垂直的企业间关系,本土新兴汽车企业和专业化技术企业之间的合作关系是相对水平的。

动力系统提供给本土新兴汽车企业(谢伟,2006;Song and Ge, 2013)。客观地说,本土新兴汽车企业的产品质量的上升和这种技术合作有关。需要强调的是,和不同类型的外资专业化技术服务企业的合作在降低了本土新兴汽车企业的技术进入壁垒的时候,也在相当程度上将本土新兴企业所生产的汽车的产品建构推向了模块化的方向。

产品建构的模块化意味着组织建构或企业间关系的模块化。汽车产业存在两种理念型(ideal type)意义上的组装厂-配件厂关系。一种具有集成型的企业间关系的特点:组装厂和配件厂之间存在长期、稳定的合作关系,部件更多的是特制件,这种合作关系不但涉及生产过程,而且涉及设计环节(design in)。另一种具有模块型的企业间关系的特点:组装厂和配件厂之间的界面清晰,部件更多的是通用件,交易关系的形成和维持的关键要素是价格,企业间合作关系较少涉及设计环节。在现实中,日本汽车产业的组装厂-配件厂关系更接近第一种形态,美国汽车产业的组装厂-配件厂关系更接近第二种形态。在理论上,两种组装厂-配件厂关系似乎都可以推动汽车产业的发展。但是,需要指出的是,在实践中,第一种企业间关系似乎更有优势(Womack, *et al.* , 1990; Clark and Fujimoto, 1997),更为重要的是,第二种企业间关系需要组装厂具有坚实的技术积累和资金能力。但是,追赶型国家的组装厂往往不具备这样的技术积累和资金能力。因此,对于这些国家来说,能否形成第一种组装厂-配件厂关系对于汽车产业的发展具有重要意义。实际上,作为后进国家汽车产业中最为成功的两个案例,日本和韩国汽车产业的发展历程在一定程度上说明了这一问题。[①]

如果说集成型的企业间关系对于追赶型国家的汽车企业来说是更为理想的企业间关系,那么,我们发现,在2005年之前出现,并在2005年之

① 韩国的汽车产业政策被认为推动了汽车产业的发展(Kim, 1997)。但是,部件企业的发展落后于组装厂、两者之间缺乏密切的联系一直被认为是韩国汽车产业的主要问题之一(Biggart and Guillen, 1999)。这一现象和韩国汽车产业政策主要支持组装厂有关。相对地,正如我们在第六章所讨论的那样,部件企业在日本汽车产业政策之中占有重要地位。

后持续的中国汽车产业的企业间关系具有模块型的特征。在合资体制之下,在外国企业控制了产品建构知识和关键部件知识的背景下,外国企业和本土大型汽车企业就这些知识进行信息交换的动机不足。对于在本土新兴汽车企业的快速发展过程中发挥了关键作用的外国专业技术服务企业来说,和本土新兴汽车企业就关键技术进行信息交换将降低其技术优势。因此,我们有理由认为,合资体制之下的本土大型汽车企业以及近年来快速发展的本土新兴汽车企业和它们的外资合作伙伴之间的企业间关系都具有模块型的特征。

至此,我们发现,在中国汽车产业发展的两个阶段中,汽车的产品建构和企业间关系都具有模块型的特征。这种双重的模块化构成了中国汽车企业的生产组织方式的关键特征,对于中国汽车企业的生产活动和技术创新具有重要的影响:一方面,双重的模块化意味着中国汽车企业可以快速形成生产能力;另一方面,双重的模块化也抑制了中国汽车企业实现技术进步的空间。一言以蔽之,在双重的模块化之下,存在于日本汽车企业追赶过程中的生产能力和技术能力之间的正向的相关关系(learning by doing)被大大弱化。[①]

关于合资体制之下中国大型汽车企业为什么难以实现技术进步这一问题,先行研究已经给出了深入的分析(路风、封凯栋,2005)。类似地,如表7-2所示,案例研究表明,与日本汽车企业相比,在中国汽车企业扩张规模的时期,中国汽车企业的追赶过程之中存在生产能力和技术能力的乖离以及表层建构知识和深层建构知识的乖离,本土新兴汽车企业和外国技术服务企业之间的合作也在一定程度上限制了前者的技术进步。

---

① 这里所说的双重的模块化可以理解为企业生产过程中的结构性因素。实际上,尽管没有进入管理学的层面,豪尔近年来的研究也开始转向企业内部的制度安排或结构性特征(Hall and Soskice, 2001)。

表 7-2　生产能力和技术能力、建构知识和关键部件知识的乖离

		生产能力和技术能力乖离的程度	
		高	低
表层建构知识和深层建构知识乖离的程度	高	20 世纪 90 年代以来的中国汽车企业 (a)	(b)
	低	(c)	高度成长期的日本汽车企业 (d)

注:关于消费者电子产业的生产能力和技术能力的乖离以及建构知识和关键部件知识的乖离,请参考宋磊(2008)、Song(2011)和宋磊、孟捷(2013)。需要注意的是,建构知识包括表层建构知识和深层建构知识,而将两者区分开来的是关于核心部件的知识以及关于产品设计逻辑的知识的有无:前者只是关于如何将部件连接起来的知识,与核心部件知识以及关于产品设计逻辑的知识无关;后者是建立在对核心部件的理解之上的、关于产品设计逻辑的建构知识。对于中国汽车企业来说,无论是和外国企业进行合资还是向专业技术服务企业进行外包,都只能获得表层建构知识,难以获得深层建构知识。在日本汽车企业进行追赶的 20 世纪六七十年代,汽车产业中的上述两种乖离的程度很低。

正如我们在上文提及的那样,本土新兴汽车企业在自主品牌汽车开发中取得的突破性进展对于政策范式变迁的出现具有重要意义。在产品建构和组织建构的模块化之外,广义的府际关系——中央政府和地方政府的关系以及中央政府各部委之间的关系——也是本土新兴汽车企业得以出现并有效地进行技术创新活动的重要原因。为了保持分析框架的一贯性,我们从西蒙意义上的建构理论出发,在对于这种广义的府际关系进行分类的基础上,分析中国的府际关系如何影响了本土新兴汽车企业的创新活动并间接地推动了汽车产业创新政策范式的变迁。

尽管西蒙关于建构问题的分析对于府际关系问题——行政学中的主要研究议题之一——具有明显的理论意义和应用价值,但是在笔者的阅读范围之内,很少有学者直接将两者联系起来。一些政治学研究者使用了政治建构和政府建构等术语,但是这些研究不是以西蒙的分析为基础的。

在这些政治学研究者看来,所谓政治建构指决策体制的分散程度。在决策体制的光谱之中存在两个极端,一个是高度分散的决策体制,另一个是高度集中的决策体制(MacIntype, 2002: 4—5)。相对地,所谓政府建构主要指地方政治主体之间的关系。在这种关系之中存在两种类型,一种是彼此之间在居民、投资等问题上不存在明显的竞争,另一种是彼此之间在居民、投资等问题上存在明显的竞争(Treisman, 2007: 75—103)。我们认为,从西蒙的分析框架出发,在将以上两种研究整合到一起之后,我们可以获得分析中国的府际关系的基础性角度。

在西蒙关于建构的分析之中,构成人工物的各个系统之间的界面是一个关键的范畴。克拉克等人正是从这一问题出发构筑了产品建构理论(Clark and Fujimoto, 1990, 1991; Baldwin and Clark, 1997, 2000)。从这一范畴出发,我们可以从决策体制和中央政策和地方政府之间的关系来把握中国的广义的府际关系的建构特征。

在本章的语境之下,在中国的经济决策体系之中,中央政府层面的决策体制主要指相关部委之间的关系。如果部委之间的决策职责或分工是明确的,那么这种决策体制的建构特征接近模块型;如果部委之间的决策职责或分工并不明确,那么这种决策体制的建构特征接近集成型。在经济政策领域,如果中央政府可以完全控制地方政府的决策或地方政府没有自主性,那么两者之间的关系的建构特征接近集成型;如果中央政府难以完全控制地方政府的决策或地方政策具有自主性,那么两者之间的关系的建构特征接近模块型。关于中国的广义的府际关系的建构特征的上述分析框架可以归纳为表 7-3。

表 7-3 广义的府际关系的建构

<table>
<tr><td colspan="2" rowspan="2"></td><td colspan="2">部委关系的建构特征</td></tr>
<tr><td>集成型</td><td>模块型</td></tr>
<tr><td rowspan="2">中央政府和地方政府关系的建构特征</td><td>集成型</td><td>集成型的部委关系;
集成型的央地关系
(a)</td><td>模块型的部委关系;
集成型的央地关系
(b)</td></tr>
<tr><td>模块型</td><td>集成型的部委关系;
模块型的央地关系
(c)</td><td>模块型的部委关系;
模块型的央地关系
(d)</td></tr>
</table>

注:钱颖一等学者在对苏联和中国的经济体系进行比较的时候,借用管理学的术语,将两国经济的组织原则归纳为 U 形(Unitary form)和 M 形(Multi-divisional form)。他们认为,苏联的地方经济主体被全面地纳入经济计划体制之中,整个苏联经济是一个组织严密的体系;相对地,中国的地方经济主体较少被中央政府的经济计划约束,具有较高的自主权,在一定程度上类似于大型企业的事业部。依据这种分类,这些学者解释了苏联和中国的改革方式为什么不同等问题(Qian and Xu, 1993a,1993b)。进一步地,钱颖一等学者将中国的央地关系归纳为中国型的联邦主义(Montinola *et al.*, 1995)。值得指出的是,这些研究的基本思路和本章关于中央政府和地方政府的关系的建构特征的讨论具有共同点,即都从构成体系的子系统的相互关系来分析一般意义上的府际关系的特征。

在经济政策的决策主体方面,随着国家计委、国家经贸委的撤销以及作为国家计委、国家经贸委的后续机构的国家发改委的权限的收缩,在一些具体的产业政策的决策过程之中存在不同部委同时拥有发言权的情况。汽车产业政策就是一个典型的案例。[①] 在作为主流管理机构的国家发改委和工信部之外,由于直接或间接地管理着本系统的汽车企业,国防科工委等机构对于汽车产业政策也具有发言权。实际上,长安等军工系汽车企业能够成为政策支持的对象和国防科工委的支持有关。在央地关系方面,正如先行研究所指出的那样,中央政府制订的经济计划覆盖的范围较小,省级行政单位具有较大的自主权,地方政府有摆脱中央政府束缚的动机。在本章的语境之下,中国的中央政府的经济职能部门之间的建构接近集成

① 这种情况也存在于核电工业政策(路风,2009)。

型,中国的央地关系的建构接近模块型。在上述意义上来说,中国的广义的府际关系的建构处于表 7-3 的(c)区域。[1] 正是这样的广义的府际关系使得中央的各个经济系统和地方政府都倾向于在自己主管的领域或辖区之内支持本土新兴汽车企业的发展。实际上,奇瑞、吉利等企业就是在这样的制度环境之下实现发展的(路风、封凯栋,2005)。

在产品建构、组织建构和广义的府际关系的建构等结构性因素之外,经济理念也是理解中国汽车产业创新政策范式变迁中的重要变量。支撑汽车产业创新政策的两种政策范式的是两种经济理念。但是,前一种经济理念没有反映上述结构性因素,后一种经济理念没有为相关部门准确地理解。

支持合资政策的经济理念在本质上是产量的增加或生产能力的扩张必然带来技术能力的上升,即所谓干中学效应。在一定程度上,这种经济理念的核心是资源配置问题,具有配置主义的产业政策观的特征。具体而言,这种经济理念实际上认为生产规模的扩张将推动中国汽车企业实现技术进步,而生产规模的扩张是政府和市场主导的资源配置的结果。但是,这种理念没有将产品建构和组织建构的模块化对中国汽车企业的技术进步的影响纳入分析范围。更为重要的是,以这种经济理念为基础的政策范式的主要政策工具只能是数量调整。这里所说的数量调整包括对于进入汽车产业的企业数量的调整以及对于国产化率等政策指标的调整。由于缺乏清晰的微观基础,尽管连续地进行了数量调整,这种政策范式并没有带来中国汽车企业的技术进步。[2]

支撑 2005 年之后的汽车产业创新政策范式的经济理念具有比较明显的演化经济学和基于资源和能力的企业理论的特点(路风,2006)。考虑到这一理念的主要推动者的一贯研究思路(路风,1989,2000;路风、慕玲,2003;路风、封凯栋,2005;路风、余永定,2011),我们有理由认为,这一经

① 这一点也是所谓中国式发展主义或中国式发展型国家的主要特征之一。

② 在国产化方面,上海取得了相对明显的进展(谢伟、吴贵生,1997a: 37;Thun, 2006)。

济理念具有从企业的生产过程出发,为政策寻找微观基础的特征。从这样的研究思路出发,必然会将本章讨论的产品建构、组织建构的模块化问题纳入关于政策措施设计的研究之中。但是,相关部门只是注意到了这种研究思路的总体政策主张,没有深入地理解企业层面的生产过程对于具体的政策工具的影响,而后者是这种研究思路的真正要点之一。因此,尽管倡导自主创新的研究推动了政策范式的变迁,但是相关部门没有设计出可以解决中国汽车企业面临的结构性问题的政策工具。

至此,我们可以依据结构性因素和经济理念的相互关系,对中国汽车产业创新政策范式的非典型变迁过程给出一个比较系统的解释。

在20世纪80年代出现的政策范式之下,中国汽车产业在规模上实现了快速的发展。但是,这种规模扩张是在产品建构和组织建构的模块化的基础上出现的,而这样的模块化必然限制本土企业实现技术进步的空间。[①] 在这样的过程之中,相关部门连续地在市场准入和国产化率方面对政策工具进行了调整。用豪尔的术语进行描述,市场准入政策和国产化率政策的调整是对于政策工具设定的微调,属于第一序列的政策变化。这种政策工具设定的微调处于原有的政策范式的保护带,没有触及原有政策范式的理论硬核。[②] 因此,尽管这样的调整或多或少地影响了相关部门的威信,但是没有动摇原有的政策范式的基础,合资是本土企业形成自主研发能力的必由之路这一信念在这一阶段没有受到挑战。但是,当本土新兴汽车企业在模块型的央地关系和集成型的部委关系之下出现,并借助专业技术服务企业的支持开发出自主品牌汽车、迅速扩张市场份额之后,原有的政策范式的理论硬核受到了挑战。正是在这种挑战出现之后,新的经济理念开始获得影响力。在这个阶段,由于中国的经济规模已经进入世界前列,中国本土汽车企业也具备了一定的影响力,对于决策部门来说,调整汽

① 客观地说,中国企业在与外资企业进行合作的过程中不但获得了管理生产过程的能力(谢伟、吴贵生,1997b),而且获得了一些产品技术。比如,一汽获得了奥迪100和皇冠、马自达6的部分技术。但是,由于缺乏稳定的产品开发平台,这些技术没有转化为持续地开发新产品的能力(路风,2007)。

② 关于社会科学理论的保护带和硬核,请参考拉卡托斯(1984)。

车产业创新政策的政治吸引力上升,于是中国汽车产业创新政策进入政策范式的变迁期。①

以上分析表明,以经济理念为核心的豪尔的政策范式变迁论无法对中国汽车产业创新政策的范式变迁给出令人满意的、全面的解释。与关于宏观经济政策和社会政策的理念不同,关于产业政策的理念的形成和传播明显地受到企业层面的生产活动的影响,而后者是一系列结构性因素共同作用的结果。进而言之,如果说自主创新政策的确立是由经济理念的变化所推动的话,那么这样的理念变化则与产品建构、组织建构和广义的府际关系的建构等结构因素密不可分。换言之,由于没有将理念背后的结构性因素纳入分析框架,所以政策范式变迁论无法单独地对中国汽车产业创新政策的转变给出完整的解释;类似地,由于政策设计者没有认识到上述结构性因素在相当程度上塑造了经济理念并潜在地规定了自主创新政策的政策措施的理想形态,所以汽车产业创新政策的范式转换没有真正完成。实际上,2005 年之后出现的政策范式只是借用了自主创新的倡导者们的政策目标,没有依据本节讨论的结构性因素来设计具体的政策工具。2006 年之后中国汽车企业在市场份额和关键技术方面没有取得本质上的突破的原因之一即在于此。

① 我们曾经在上文指出,在 2005 年之前已经有学者提出过自主创新问题。对于在不同时期主张自主创新的研究进行比较,我们可以发现两种研究在两个方面存在不同。首先,两种研究和媒体、政策制定者等“政策社区”的关键成员之间的联系不同。自主创新的早期倡导者的影响主要局限在学术界,而在 2005 年前后推动了自主创新的学者的研究则在媒体和政策制定者中间产生了巨大影响,并与后者一起成了政策创新者。其次,与早期倡导者的研究相比,在 2005 年前后推动了自主创新的学者的研究和创新政策领域的理论前沿联系起来,具有令人信服的逻辑力量。值得注意的是,在这些研究者的论述中,他们依据创新政策领域的主流分析框架对奇瑞、吉利等非主流汽车企业在自主创新方面所取得的成就所进行的分析占有关键位置。这种研究的重要性体现在两个方面:这组研究让我国各界认识到了自主创新的政策主张是创新政策领域的主流理论的必然归结;同时,非主流汽车企业的成功实践破除了主流汽车企业在自主创新问题上的错误认识。这一时期的相关文献表明,对于非主流企业的成功实践的理论化是自主创新成为我国各界的共识的关键之所在。换言之,自主创新的推动者的成功是在创新领域的主流理论和采取自主创新战略的非主流企业的成功实践共同推动下出现的。

第四节 政策范式变迁、政府能力与租金转化效率

政策范式规定了政策工具的类型,而政策工具的具体设定决定了政策诱导租的性质、形态、规模,并在相当程度上影响了政策诱导租向熊彼特租转化的效率。因此,在逻辑上,政策范式变迁也应该改变政策诱导租的性质、形态、规模以及租金转化效率。但是,中国汽车产业创新政策的范式变迁似乎不具有上述影响。

在20世纪80年代形成的政策范式之下,政策诱导租具有两种形态。首先,事实上的市场准入制度和限定合资企业的数量的政策实际上向大型国有汽车企业提供了政策诱导租。考虑到这一时期汽车市场的供需状态,我们有理由认为这种租金的规模是庞大的。其次,政府以财政补贴等传统方式向上述企业提供了支持。但是,从受到支持的企业长期没有在产品开发方面取得进展这一事实来看,政策诱导租更多地转化为这些企业的财务收益,没有充分地转化为熊彼特租。2005年之后出现的政策范式变迁本来具有提高租金转化效率的可能性。但是,由于没有真正地重视企业的生产活动,所以相关部门基本沿用了原有的政策工具。在上述意义上来说,设计可以抑制产品建构和组织建构的模块化的负面影响、重建生产能力和技术能力之间的内在联系的政策工具是提高租金转化效率、推动中国汽车产业发展的关键。

对于宏观经济政策范式的调整来说,政府能力不是一个关键的变量。但是在产业政策的范式变迁的过程中,政府能力是一个关键的变量。① 关于政府能力的研究大多由政治学者推动。在这些研究之中,迈克尔·曼关于政府能力的类型学研究堪称经典(Mann, 1993)。依据他的分析,政府权力可以区分为专制权力(despotic power)和基础权力(in-

---

① 本节关于政府能力和企业能力的分析参考了宋磊(2015)。

frastructural power),前者指政府不与社会协商也可以强制地执行的权力,后者指政府通过与社会的协商来行使的权力。即使不与社会协商,政府也可以有效地行使专制权力,达成政策目标。但是,政府只有在与社会协商之后才可以有效地行使基础权力,达成政策目标。换言之,专制权力代表了政府对于社会的优势(over society),基础权力则以政府与社会的相互依存(through society)为前提。在政治学文献中,权力被视为政府对于社会的影响(Dahl, 1957)。因此,我们在这里讨论的政府权力在一定程度上就是政府能力。实际上,在曼的研究之中也存在政府权力等于政府能力的构图。

曼的研究以政府与社会的关系为基础,并不是直接讨论政府与产业或企业之间的关系。但是,这一研究对于我们具有参考意义。依据他的研究,我们有理由认为,对于政府来说,既有可以不受制约地行使权力或发挥能力并达成政策目标的政策领域,也有必须与其他经济主体协调之后才可以有效地行使权力或发挥能力并达成政策目标的政策领域。本书分析的产业发展问题明显属于后者。

参考曼的分类,模仿林毅夫的用语(Lin, 1989),我们可以将政府影响产业发展的能力区分为强制能力(imposing capacity)和诱导能力(inducing capacity)。尽管在不同的国家多少有所不同,但是在产业发展领域,强制能力主要指政府设定经济制度、制定经济政策或给予特定企业在竞争中的优势地位的能力,而诱导能力主要指政府推动特定产业或企业实现实质性发展的能力。这里所说的强制能力和诱导能力的差异与曼所说的专制能力和基础能力的区别有相似之处。政府在行使强制能力的时候不以和政策对象的协调为前提。只要发挥国家意志,政府就可以通过发挥强制能力来实现政策目标。与此相对,政府在发挥诱导能力的时候,只有在获得政策对象的合作、符合产业发展规律的情况下才能够实现政策目标。

如果模仿曼的分析,那么我们可以说,政府的强制能力代表了政府在设计经济制度、制定经济政策和选定目标企业等方面对于其他经济主体所具有的优势,政府能否有效地行使诱导能力则以政策对象的能力积累为前提。比如,在经济体制转型的过程中,在放弃计划体制、引入市场经济原则或者在特定产业中优待特定企业的过程中,中国政府无须与其他经济主体进行协商。这种政府能力相当于强制能力。但是,在试图推动特定产业的发展的时候,即使政府恰当地发挥了诱导能力,比如提示了明确的发展规划、投入丰富的政策资源,由于产业的发展归根结底是企业的发展的结果,政府投入的政策资源不能自动地转化为企业能力,所以政策目标未必一定实现。

不同于政府能力,经济学和管理学之中存在大量关于企业能力的类型学研究。在这里,我们以技术进步为中心,将企业能力区分为生产能力和技术能力。[①][②]

在一定意义上,后进国家的经济发展就是获得技术能力并依据技术能力形成可以制造或提供产品或服务的生产能力的过程(Pack, 1986)。后发优势的倡导者格申克龙及其追随者们间接或直接地论及了生产能力和技术能力之间的不同(格申克龙, 2009: 13; Amsden, 2001: 3)。但是,依据他们的分析,技术能力反映了组织能力的水准(Kim, 1986: 136),基本上和生产能力具有同样的变动方向(Amsden, 1989: 183)。这些研究者们之所有具有这样的认识,原因在于在20世纪90年代初期之前,作为他们的主要研究对象,日本和韩国企业的生产能力和技术能力没有发生明显的乖离,两者之间存在干中学(learning by doing)的机制。但是,正如Bell and Pavitt(1993)所指出的那样,在出现急剧的技术变化的时候,生产能力和技术能力可能出现乖离。依据他们的分析,生产能力指在特定的技术体制下进行生产的能力,技术能力则指管理技术变化、推进技术进步的能力。正

---

① 在企业战略理论之中,组织能力占有重要地位。因此,在分析企业能力的类型时,有必要考虑组织能力。但是,组织能力的定义稍嫌暧昧。相对地,技术能力的定义则比较清晰。另外,本书的主题涉及产业发展。因此,将企业能力区分为生产能力和技术能力有助于深化本书的研究。

② 本章关于生产能力和技术能力的分析,参考了宋磊、葛东升(2012)。

如我们指出的那样，中国制造业开始迅速扩张的时期与世界范围内的模块化这一急剧的技术变化基本同步出现（宋磊，2015b）。因此，在分析中国汽车产业的发展时，有必要注意生产能力和技术能力的关系，推动组装厂和配件厂建立长期、稳定的合作关系。① 如果相关部门不能将上述问题作为选择和设计政策工具的出发点，那么中国汽车产业创新政策的范式变迁将难以完成，租金转化效率也将难以提高。

---

① 较早地从产品建构的角度研究中国汽车产业的学者倾向于强调组装厂内制关键部件的重要性（谢伟，2006：73，81）。这一主张显然是正确的。但是，在汽车产业的内制和外购问题（make or buy）方面，存在三个关键问题。第一，如何确定何种部件适于内制、何种部件适于外购是关键的理论问题。关于这个问题，已经有学者从产品建构理论的角度给出了具体的分析（Ge，2013）。第二，组装厂强化内制关键部件的能力并不意味着组装厂需要内制所有关键部件。丰田和电装、爱信精机的关系即反映了这一点。第三，正如我们在第六章所分析的那样，即使具有内制关键部件的能力，紧密的组装厂-配件厂关系也是企业能力的重要来源。

第四篇

扩展和总结

我认为有必要客观地确认组装型生产组织方式的优点。当时,和歌山地区有完全采取内制部件方式的企业。但是,这样的企业的产量每月只有三四百台。我们将这样的生产组织方式和大阪、兵库、京都、奈良地区以区域的、社会的分工为基础的组装型生产组织方式进行比较。现场调查表明,在成本、规模经济、熟练度、出口风险等方面来看,后者具有优势。……以后通产省的产业政策必须支持这种生产组织方式。

林信太郎(1976a:81)

(企业的)组织建设是产业政策所面临的最困难的任务。那些认为丰田、三星、塔塔、巴西航空工业公司可以在市场逻辑的推动下自然地涌现的想法不过是苍白的童话而已。实际上,在追赶的过程中,生产者的特性、他们的组织特化、国籍对他们的学习方式具有重要的影响。

赛默里等(2007:4)

第八章 生产组织方式与追赶型工业战略研究

本书在理论上的一个尝试是以生产组织方式为中心,将比较政治经济学和追赶型工业战略研究联系起来。本章对于这种尝试进行简要的说明。第一节以回顾美国早期的追赶型工业战略的历史的形式引出生产组织方式这一具有政治经济学特色的范畴。第二节简要地讨论基于比较政治经济学的产业政策研究取得的进展和存在的问题,指出基于比较政治经济学的产业政策研究的潜在方向是从生产组织方式的角度来分析产业政策。第三节在总结日本和中国的生产组织方式的特点的基础上,从比较政治经济学的角度对两国的追赶型工业战略进行比较。

第一节 生产组织方式:追赶型工业战略研究的潜在主题

依据本书第一章的界定,建国初期的美国所推行的工业战略是典型的追赶型工业战略。关于这一时期美国经济的发展,存在一个经典的研究议题:为什么工业革命发生在英国,但是美国最大化地实现了工业革命的成果?

关于上述问题,存在两种主要解释。主流解释是旺盛的企业家精神推动了美国企业积极地进行了连续的创新,大型的管理者资本主义企业制度和现代企业管理模式是美国经济发展的基础(钱德勒,1987, 1999;钱德勒等,2004:50)。处于挑战性地位的解释则是19世纪的美国是贸易保护主义的最大壁垒,美国政府的贸易保护主义为美国经济的发展创造了条件(张夏准,2006:38—55)。尽管上述两种解释似乎是对立的,但是实际上两者存在妥协的空间:企业层面的组织形态创新往往需要有利的制度环境配合;政府不是经济发展的直接主体,政府创造的有利的制度环境只能通过企业的创新来转换为经济发展。[①] 因此,更为现实的理解方式是将以上两种解释结合起来。

实际上,上述两种解释的关键词都是所谓美国体系(American System),但是两派学者强调的美国体系具有不同的学科背景:强调企业层面的创新的学者所重视的美国体系是一个管理学范畴,指在生产中广泛使用可互换部件和专用设备、进行细致的分工、雇用专业管理人员(Hounshell,1984:331—336;钱德勒,1987:85—86, 323—324);强调政府作用的学者所重视的美国体系则是一个经济学或政治学范畴,指美国学派[②]的学者亨利·克雷倡导的,以保护本国产业、推动基础设施建设为主体的政策体系。因此,我们似乎可以将美国早期经济发展中的工业战略的逻辑归纳为政治学或经济学意义上的美国体系为管理学意义上的美国体系的发展提供了条件。但是,这种归纳过于简单化。

在管理学文献中,企业层面的美国体系被认为是美国企业竞争力的主要来源。但是,值得注意的是,这样的美国体系最早源于具有公共性的美国兵工厂。实际上,正是这些兵工厂第一次大规模地引进了构成管理学意义上的美国体系的主要元素。同时,兵工厂推行这样的生产组织方式带动

① 张夏准承认,保护主义的贸易政策和工业政策并不一定带来经济发展(张夏准,2006:108)。沿着这一认识进行延伸性思考,我们自然可以发现企业层面的创新活动的意义。作为发展经济学家和一般意义上的发展型国家论者,尽管张夏准注意到生产活动的意义(Akyuz *et al.*,1998),但是他对企业的生产活动没有进行深入的分析。

② 关于美国学派,请参考贾根良(2011)。

了为其配套的金属加工企业等周边企业向提供标准化产品和标准化服务的方向发展。在南北战争之后，这种生产组织方式开始向钟表、缝纫机和农用机械等产业传播，并进入汽车产业，成为管理学意义上的福特主义的基础（Hounshell, 1984）。

从关于美国早期追赶型工业战略的上述介绍之中，我们可以概括出这一时期美国政府和企业关系的特点。首先，企业层面的美国体系是美国经济在这一时期的竞争力的基础。其次，企业层面的美国体系不但是在政治层面的美国体系的保护之下出现的，而且最早出现于具有政治属性的产业。值得指出的是，这里所说的企业层面的美国体系在一定程度上和本书使用的生产组织方式这一范畴是重合的。在这个意义上来说，美国早期的追赶型工业战略的历史表明，这样的工业战略的成败归根结底取决于生产组织方式的效率，而生产组织方式的形成具有政治根源。

尽管产业政策研究领域的部分发展经济学家注意到生产过程的重要性，但是他们大多是从宏观的角度讨论这一问题（Akyuz and Gore, 1996）。因此，微观层面的生产组织方式对于产业政策研究的重要意义一直没有受到重视。

第二节　比较政治经济学和追赶型工业战略研究

生产组织方式是具有政治经济学基础的范畴。在本书之中，我们在企业层面上的生产活动是如何组织起来的或劳动和技术是如何结合的意义上（拉佐尼克，2007）使用这一范畴。[①]

本书的主体部分、特别是第三篇的分析表明，产业政策只有在企业的生产组织方式适合产业的技术特征或者产业政策推动企业的生产组织方

① 关于生产组织方式的内涵以及生产组织方式和生产方式（mode of production）的关系的详细讨论，请参考吴易风（1997）。

式向适应产业的技术特征的方向演进的时候才有可能成功。由于不同国家的生产组织方式是在特定的政治经济条件下形成的,而不同产业具有不同的技术特征,因此,不同国家的产业政策的绩效或租金转化效率必然具有差别。在这个意义上来说,主要分析不同国家的政治经济体系的差别的比较政治经济学本来应该是产业政策研究领域的基础性分析方法之一(Aoki, *et al.*, 1996: 4)。

需要注意的是,尽管部分学者已经将比较政治经济学引入产业政策研究领域,但是这些研究没有明显地推动产业政策研究的发展。出现这一局面的原因有二。

第一,比较政治经济学之中存在更为重视政治因素和经济因素的影响的两个流派。在这些研究之中,真正将政治因素和经济因素有效地结合起来的研究较少。对于更为重视政治因素的比较政治经济学家来说,产业政策主要是由政治条件或经济意识形态决定的因变量(卡赞斯坦,2009;道宾,2008;高柏,2008)。因此,尽管这些研究比较清晰地解释了产业政策的政治根源,但是并没有准确地揭示产业政策的经济逻辑。类似地,对于更为重视经济因素的比较政治经济学家来说,产业政策主要是由经济原因决定的因变量(Boyer, 1986;桥本寿朗,2001)。因此,尽管他们讨论了产业政策的经济逻辑,但是没有对产业政策的政治根源给予充分的重视。值得强调的是,产业政策是由政治根源和经济逻辑共同决定的。由于具有不同学术背景的比较政治经济学家往往只重视政治根源或经济逻辑,所以在他们的研究之中,政治因素和经济因素并没有真正地结合起来,产业政策的政治经济背景没有被充分地展现。[①] 对于本书来说,上述问题的存在意味着我们难以解释为什么不同国家的产业政策的租金转化效率有所不同。

第二,近年来,部分比较政治经济学家试图将产业政策的政治根源和

---

① 对于那些生产过程不具有决定性影响的产业来说,政治因素或许具有决定性影响。因此,重视政治因素的比较政治经济学家关于铁路产业政策的比较研究具有说服力(道宾,2008)。但是,在那些生产过程具有决定性影响的产业,这样的研究策略存在问题。

经济逻辑结合起来,将不同经济体的产业政策或同一经济体的不同产业政策的形态和绩效的差异理解为政治根源和经济逻辑互动的结果(Segal, 2003;Thun, 2006; Breznitz, 2007)。客观地说,这些尝试具有较高的理论价值和现实意义。但是,这些研究没有明确地指出生产组织方式的重要性。同时,这些研究也没有提出可以解释上述差异的标准的分析工具。

本书试图在上述研究的基础上,以提出生产主义的产业政策观、将产品建构理论引入产业政策研究,回应为什么在不同国家随着产业政策而出现的寻租成本的规模不同、为什么同一国家的类似产业政策措施在不同产业的效果有所不同两个研究问题的形式来推动基于比较政治经济学的追赶型工业战略研究。在回应上述两个研究问题的时候,笔者尝试将政治因素和经济因素结合在一起。具体而言,在讨论寻租成本的规模的时候,笔者强调在不同的政治经济体系之下政策设计与包括劳资关系在内的制度环境影响了日本和中国的寻租成本的规模。类似地,在分析产业政策的政策效果在产业间的差异的时候,笔者强调生产组织方式在产业政策研究中的重要地位并对政策因素对生产组织方式的影响给予了关注。[①]

第三节　生产组织方式与租金转化效率

正如美国早期追赶型工业战略的历史表明的那样,后进国家推行追赶型工业战略的时期往往也是主导性的生产组织方式形成的时期。这一结

① 近年来,更为关注政治因素的比较政治经济学家开始将研究的重点之一转向企业层面的制度和组织形态(Hall and Soskice, 2001)。因此,我们有理由认为,基于比较政治经济学的工业战略研究有可能取得进展。

论基本上也适用于日本和中国。[①][②]

生产组织方式是20世纪80年代以来日本经济研究的主要议题，学术界对于日本式生产组织方式的基本特点存在共识（Aoki，1988；Boyer and Yamada，2000）。一般而言，日本式生产组织方式的特点体现在所有权结构、交易行为和创新行动等方面。在所有权方面，至少在90年代后期之前，日本企业具有准共同体的特征，在事实上为从业员集团控制（Dore，1973；伊丹敬之，2000）。在这种比较稳定的内部控制之下，日本企业倾向于在金融、劳动和制品市场进行长期的、相对固定的交易。这样的交易活动意味着企业管理者在一定程度上可以摆脱资本市场要求实现短期利润最大化的压力、劳动者易于形成企业特殊的技能（firm-specific skill）、组装厂和配件厂之间易于形成稳定的合作关系。在创新活动方面，上述制度安排推动日本企业更多地进行工序创新、增加产品品种以实现市场份额最大化。需要注意的是，这样的生产组织方式之所以可以为日本企业带来竞争优势在相当程度上是因为在90年代之前制造业的主要产品具有集成型产品建构特征，而这种技术特征和具有集成型组织建构特征的日本企业组织形态之间具有匹配性。[③]

关于中国的主导性生产组织方式，我国学术界没有给予充分的关注。

---

① 关于日本型市场经济的制度、组织特征或日本式生产组织方式的形成时期，日本学术界有源流说和战后说两种主要观点。持源流说的研究者认为，日本式生产组织方式在政治逻辑的影响之下形成于20世纪30年代至战败期间（冈崎哲二、奥野正宽，1993）。持战后说的研究者认为，日本式生产组织方式主要形成于战后，政治逻辑不是主要影响因素（桥本寿郎，2001）。实际上，两种学说存在妥协的空间：持源流说的研究者难以否认日本式生产组织方式是在战后实现制度化的这一事实；持战后说的研究者同样难以否认在战后实现制度化的日本式生产组织方式和存在于两次世界大战之间的生产组织方式的类似性。

② 对于本书来说，如果支持战后说，那么日本式生产组织方式的形成自然和战后日本政府推行产业政策的时期一致，我们有理由认为产业政策和生产组织方式之间可能具有联系。即使支持源流说，我们仍然可以发现生产组织方式和产业政策之间的关系。一方面，日本政府在20世纪30年代也推行了产业政策，支持源流说的研究者们强调的那些影响了日本式生产组织方式的政策的相当部分实际上就是这一时期的产业政策；另一方面，由于日本式生产组织方式是在战后实现制度化的，所以即使采用源流说，我们也有理由认为产业政策至少存在于日本式生产组织方式实现制度化的时期，两者之间可能具有联系。

③ 在20世纪90年代后期之后，大量产品的建构特征转向模块型。正是在这样的变化发生之后，日本企业在消费者电子等产业之中开始失去竞争优势。

比如,有学者认为,“在我国经济学界,对资本主义劳动过程进行研究的学者极少,至于对中国企业劳动过程及其社会关系的研究则几乎近于空白”(高峰,2012：32)。[①] 至于构成生产组织方式的另外一些要素,比如中国企业的技术创新和企业间关系,尽管存在比较充分的研究,但是这些研究大多不是从政治经济学的角度进行的。笔者曾经指出,相对于美德日等成功地实现了赶超的后进大国的企业,中国企业在现阶段没有创造出具有原创性的或具有范式变迁意义的组织形态(宋磊, 2015b)。因此,中国的主导性生产组织方式仍然处于形成过程之中。但是这并不意味着我们难以发现这种生产组织方式的基本特征。笔者近年来进行的研究表明,模块化在中国的生产组织方式之中占有重要位置。具体而言,在这种生产组织方式之中,不但中国企业更倾向于生产或组装具有模块化产品建构特征的产品,而且中国企业的企业间关系和劳资关系都在一定程度上呈现出短期化和流动化的特征。正如产品建构的技术特征为20世纪90年代后期之前的日本企业组织形态发挥竞争优势提供了基础一样,中国企业在90年代之后所实现的规模扩张在一定程度上也是以产品建构的模块化为基础的。

笔者认为,日本和中国的主导性生产组织方式的基本特征以及两国企业实现快速发展时期的主要产业的技术特征实际上规定了产业政策或政府介入的应然形态。正如本书第三篇的讨论所表明的那样,日本的产业政策在总体上推动了经济发展的主要原因之一就在于政府的介入或者适应了产业的技术特征的要求、或者推动了企业组织形态向适应产业的技术特征的方向演进。日本的产业政策在不同产业的绩效差异也和政府介入是否接近由不同产业的技术特征所规定的政府介入的应然形态有关。类似地,中国的产业政策没有取得明显的效果的原因之一也是因为政府介入的实际形态和由产业的技术特征以及中国企业的主导性生产组织方式所规

① 关于中国企业的劳动过程和劳资关系问题,请参考 Zhang(2008)、Zou and Lansbury(2009)、Lüthje(2014)。

定的政府介入的应然形态之间存在差距。

如果说成功的产业政策的政策实践的关键是在抑制寻租成本的同时，以推动企业提高技术和组织能力并形成技术–组织互补性的形式来提高租金转化效率的话，那么政府介入和生产组织方式之间的关系自然应该成为追赶型工业战略研究的关键议题。

第九章 东亚实践与追赶型工业战略理论的发展

如果说格申克龙开启了关于后进国家追赶过程的研究的话，那么以下论述则典型地体现了他在这一领域的主要观点。

> 本文的主要命题是：在许多重要的历史实例中，当一个落后国家最终发起工业化时，其工业化进程与更先进的国家相比将显示出相当大的不同。这不仅体现在发展的速度（工业增长率）上，而且体现在从这些进程中产生的工业的生产结构与组织结构方面。不仅如此，在工业发展的速度与特征方面的这些差异，在相当大的程度上还是采用各种制度性手段的结果，而这些手段在已经实现工业化的国家很少或者根本就没有类似的存在。此外，工业化进程所处的文化氛围，即它的“精神”或“意识形态”，在先进国家与落后国家之间也有显著的不同。最后，这些落后的属性在各个实例中显现的程度，看起来是与当事国的落后程度以及其天然的工业潜力直接相关的。
>
> 格申克龙（2009：10—11）

尽管上述引文被反复引用，但是其含义及其局限未必已经被充分地理解。正如先行研究所指出的那样，上述论述的主旨确实是指出后进国家追赶过程中政府介入的必要性。但是，这段论述的含义是丰富的，不限于强调政府介入。

首先,格申克龙在上述论述中实际上指出,非市场的制度安排在后进国家的追赶过程中具有重要作用。在这个问题上,上述论述的要点有二。第一,非市场的制度安排包括政府介入,但是不限于政府介入。这里所说的政府介入之外的非市场制度安排主要指“工业的生产结构和组织结构”,即宏观和微观意义上的生产组织方式。第二,这种宏观和微观意义上的生产组织方式在“相当大的程度上还是采用各种制度性手段的结果”,而政府介入是最为重要的制度性手段之一。换言之,政府介入归根结底要通过工业的生产结构与组织结构来发挥作用。因此,将格申克龙强调的后发优势(advantage of backwardness)的实现直接归结为政府介入的结果是过于简单的处理方式。实际上,尽管格申克龙确实将政府介入,特别是政府对于资本形成的影响作为研究的主题,但是他也分析了追赶过程中微观意义上的生产组织方式的特征。问题在于格申克龙的追随者们基本上忽视了后者。①②③

其次,上述论述表明了格申克龙关于后进国家追赶过程的一般规律和具体措施的认识。如果说格申克龙关于前者的认识受到广泛关注的话,那么他关于后者的认识则没有受到重视。在这个问题上,格申克龙认为后进国家的追赶是在特定政策措施的推动下出现的,但是他同时指出,这种政策措施“在已经实现工业化的国家很少或者根本就没有类似的存在”。换言之,尽管不同时代的后进国家都需要借助后发优势来实现追赶,但是不同时代的后进国家所应该采取的政策措施是不同的。格申克龙曾经指出,“在每一个工业化的场合,对于先进国家发展过程的模仿看起来都要伴之

---

① 关于格申克龙对于成功地实现了追赶的国家的企业层面的生产组织方式的分析,请参考宋磊(2015b)。

② 在其代表作的结论部分,格申克龙提到,后进国家的政府在追赶过程中除推动资本形成之外,也应该为企业提供具有丰富信息量的指导(格申克龙,2009:429)。这一论述接近本书第三篇的结论。

③ 格申克龙对于资本形成问题的重视影响了他的追随者们的研究方向,是配置主义的产业观占据学界主流的原因之一。

以不同的、本土性的决定因素。……这一点对于在推行产业发展过程中所采取的制度手段而言尤其真实”（格申克龙，2009：32）。[1] 但是，先行研究基本上忽视了不同时代的后进国家所应该采取的政策措施的差异。[2] 就本书的主题而言，这样的研究态度意味着格申克龙的追随者们只是建议后进国家推行产业政策，没有关注时代背景对于这些国家的产业政策的应然形态的规定作用。[3][4] 但是，起步于不同时代的后进国家在发挥格申克龙提出的后发优势的过程中显然应该在遵循一般规律的同时，发展出适应时代背景的具体的政策措施。实际上，中国实践之中的一些现象和上述问题密切相关（宋磊，2015b）。

上述分析表明，格申克龙在强调政府介入的必要性的同时，提及了政府通过生产组织方式来影响经济发展的重要性，为基于后发优势的追赶型工业战略理论的持续发展预留了理论空间。本书所进行的理论尝试之一是以政府和生产组织方式的关系为中心，通过关于日本和中国的政策实践的国际比较来发展追赶型工业战略理论。在这个意义上来说，本书是对于格申克龙长期被忽视的洞见的呼应。

作为交易的政策过程论和生产主义的工业战略观共同构成本书的分析框架。笔者之所以采取作为交易的政策过程论和生产主义的工业战略观，主要是因为东亚地区的工业战略的实践既是一个典型的政治经济学现

---

① 逻辑上，在上述引文中，格申克隆显然为不同时代的后进国家的政策措施的差异预留了空间。但是，在格申克龙的代表作之中，这种认识确实是间接的。出现这种现象的原因可能在于格申克龙倾向于相信后进国家在工业化进程中所采取的制度安排并非是长期存在的，后进国家在实现追赶之后，这些制度安排将和先进国家的制度安排趋同。因此，在本章的语境之下，尽管我们有理由认为格申克龙打开了将比较政治经济学引入后进国家追赶进程研究的窗口，但是他自己又将这扇窗口关闭了。

② 格申克龙的分析对象主要是欧洲的后进国家，即一般意义上的后发国家（late comer）的追赶进程和英国的发展过程的区别。因此，他没有充分地分析在欧洲的后进国家实现追赶之后开始赶超进程的后发国家（late late comer）的追赶进程。在上述意义上来说，根申克龙没有对在不同时期开始追赶进程的后发国家应该采取的具体政策措施进行分析是可以理解的。但是，在欧洲之外的后进国家连续地实现追赶的时代进行研究的格申克龙的追随者们没有注意到这一问题则是令人难以理解的。

③ 在这个问题上，Whittaker *et al.*（2010）是少数例外之一。

④ 在笔者的阅读范围之内，有韩国学者以提出后进国家经济发展的代际理论的形式间接地涉及了这一问题（金泳镐，1988）。

象,也是一个管理学问题。一方面,是否推行工业战略以及如何推行工业战略在相当程度上是国家意志的体现;另一方面,在工业战略广泛地存在于后进国家的政策实践的背景之下,如何切实地抑制政策的负面影响、提高政策收益是一个需要解决的现实问题。

如果将工业战略区分为开拓型工业战略和追赶型工业战略,我们可以发现,追赶型工业战略几乎存在于英国之外所有国家的经济发展之中。长期以来一直对本书的研究主题——东亚的工业战略——持激烈批评态度的美国在经济发展的不同阶段采用过而且正在采用工业战略。在经济发展的早期,美国所采取的是追赶型工业战略;在成为世界第一经济体之后美国所运用的是开拓型工业战略。前者明确地体现在所谓"美国生产方式"的形成与发展过程之中,而后者则典型地表现在当代美国的技术政策之中。

东亚地区在20世纪50年代以来实现的经济发展是人类工业发展历史之中后发展国家所取得的最大成就之一。追赶型工业战略几乎存在于这一地区所有主要经济体的发展过程,在日本和中国——东亚奇迹的最早版本和最新版本——的发展过程中,追赶型工业战略的存在尤为明显。但是,赶超型工业战略究竟是促进还是阻碍了这一地区的经济发展一直是一个充满争论的问题。这种争论始于美国商界和政界为日本企业的强大竞争力所震撼并"发现"政府主导的追赶型工业战略与日本经济的快速增长之间似乎存在某种关系之时,并在日本经济进入世界前列之后达到高潮。[①] 从这个意义上来说,关于东亚地区的追赶型工业战略的争论从开始的时候即有意识形态、国家意志和国家利益的背景。类似地,关于中国的发展战略的讨论,也充满着意识形态色彩(Ramo, 2004; Bremmer, 2010)。更为重要的是,在后进国家,工业战略的推行未必是建立在某种学术派别彻底征服整个学术界的基础上的。在很多时候,工业战略是以格申克龙所

---

① 这一现象典型地体现在日本股份公司论的两个版本的演变之中。正如我们在本书第四章所讨论的那样,日本股份公司论本来是比较典型的学术研究。但是,在美日两国在国际市场展开激烈竞争的过程中,学术版本的日本股份公司论逐渐演变为通俗版的日本股份公司论。

说的关于工业化的意识形态(格申克龙,2009：31)或国家意志为基础的。与上述背景有关,东亚地区的工业战略不是一个纯粹的学术问题;也正是与这一背景有关,关于东亚地区的工业战略的争论也一直没有得出令所有研究者首肯的结论。因此,简单地将工业战略完全还原为一个经济学问题是不合适的。或者说,只有将工业战略理解为一个政治经济学问题,我们才能够全面地把握工业战略出现和运行的基本逻辑。本书之所以引入作为政治交易和经济交易的产业政策的政策过程论,主要目的即在于通过这样的分析框架,将工业战略的政治侧面和经济侧面统一在一个分析框架之下。

基于经济学或政治学理由,后进国家必然推行工业战略。因此,如何抑制伴随工业战略的实施而出现的负面影响、提高政策收益就成为一个重要的问题。但是,对于这个问题,经济学家和政治学家往往满足于提供高屋建瓴的宏大思路。比如,政治学家倾向于提出政策设计过程应该体现民主原则、政府应该缓和政策引起的社会矛盾等观点。类似地,近年来,经济学家则倾向于强调政府在制定和执行工业战略的过程中应该重视功能性政策。确实,缓和伴随政府介入而出现的政治冲突在一定程度上决定了相关政策能否顺利推行,而功能性政策也是今后产业政策的要点之一。但是,这些政治学家没有提供可以用于分析如何缓和这样的政治矛盾的分析工具,强调功能性政策的经济学家则似乎忘记了产业政策在本质上是选择性的,过度强调功能性政策将弱化产业政策。

工业战略的设计和执行既是政治学和经济学问题,也是管理学问题。但是在这一研究领域,管理学的视角长期没有受到重视。本书倡导生产主义的工业战略观的目的在于将产业政策的政策过程理解为主要由政府和企业分别主导的两阶段过程,将工业战略研究还原为具有政治学和经济学背景的管理学问题。

需要指出的是,本书提出的两个分析框架的内在逻辑是一致的:由政府和企业分别主导的两阶段过程可以理解为主要是政治交易和主要是经济交易的两阶段过程;但是,生产主义的工业战略观更为具体,是对作为交易的政策过程论的具体化。

正如笔者在本章的开篇部分所指出的那样,不同时代背景之下的工业战略的应然形态之间既有共同点,也有区别。本书提出上述分析框架的现实意义就在于以发现中国的工业战略的应然形态的方式来推动追赶型工业战略理论的发展。但是,在本书中,中国的工业战略的应然形态是在和日本的工业战略的比较之中浮现的。

日本是战后第一个成功地跻身先进工业国之列的后发国家。即使将研究的视野扩展到整个 20 世纪,我们也很难发现比日本的经济成长更为成功的故事。战后,一些东亚国家和地区在不同程度上经历了持续的经济成长。学术界在提及这些国家和地区的经验的时候往往以各种“奇迹”来对这些国家和地区的经济成长进行形容。但是,这些国家和地区的经济成长不但直接或间接地受日本经济的影响,而且其经济规模远远无法与日本经济相比。

如果说日本经济中的制度安排和组织惯例的经济合理性一直被迷雾所围绕的话,那么日本的追赶型工业战略的内在逻辑则处于迷雾的最深处。20 世纪 80 年代之后,随着经济学和管理学的发展,日本经济中的相当部分的制度安排和组织惯例的原理和意义获得了正面的解释(Aoki, 1986,1988; Aoki and Dore, 1996; Hamel and Phraharad, 1996; Itami, 1991; Nonaka and Takeuchi, 1995),但是关于其工业战略的研究却大大落后于这些进展。

出现上述局面的原因之一在于先行研究缺乏可以有效地把握日本的追赶型工业战略的政策过程的本质以及追赶型工业战略的作用机制的分析框架。为了解决这一问题,本书试图通过作为交易的政策过程论和生产主义的工业战略观来理解日本的工业战略的政策过程的本质、把握日本的工业战略的作用机制。我们认为,日本的追赶型工业战略之所以比较成功的主要原因有二。首先,伴随政府介入而出现的寻租成本在公共领域和企业内部都得到抑制。在高度成长期,寻租成本的抑制机制由意识形态、社会结构、政策设计和企业层面的生产组织方式共同构成。其次,政府提供的政策诱导租以较高的效率转化为企业在市场竞争中获得的熊彼特租。这种租金转化的效率之所以较高，主要是因为在不同的产业之中政府介入或者推动了具有日本特色的生产组织方式的形成，或者促进了生产组织方式向适应产业技术特点的方向演进。如果说追赶型工业战略是一个由政治交易和经济交易组成的交易过程的话，那么上述要点则是我们在本书的第一篇提出的决定交易的成败的康芒斯意义上的关键因素。

相对而言，中国的产业政策的政策实践引发的寻租成本较高，租金转化效率较低。关于寻租成本的抑制，由于可以借鉴包括日本实践在内的国际经验，所以问题不难解决。但是，租金转化效率的提高涉及相关部门能否转变政策理念、重塑政策的微观基础。

需要注意的是，日本的成功建立在主要产业的产品建构处于集成型阶段的基础之上。类似地，中国所面临的问题则和产品建构的模块化有关。所以，中国的相关部门能否依据产业的技术特征，特别是产品的建构特征来设计具体的政策措施是确立政策的微观基础的关键。

不同时代的追赶型工业战略的应然形态之间既有共同点，也有区别。所谓共同点指任何时代的追赶型工业战略都必然涉及利益协调问题，是一个政治经济学问题；所谓区别指不同时代的追赶型工业战略都处于不同的国际背景和技术条件之下，需要解决的问题并不完全相同。如果说日本的政策实践回应了后进国家如何在产品建构处于集成型的阶段实现追赶的问题的话，那么中国的政策实践则必须解决后进国家如何在产品建构处于模块化的阶段实现技术进步的问题。

大国的追赶进程的理论价值和实践意义往往超出本国的范畴（宋磊，2015b）。

中国的相关政策部门能否成功地实现政策范式的转换，设计出适应模块化时代的技术要求的政策措施不但将影响中国制造业的转型，而且将在一定程度上决定中国的政策实践的影响范围。在讨论中国的追赶型工业战略的时候，我们不应该忘记，为其他后进国家的追赶进程开辟新路是中国这样的大国的历史使命。

参考文献

中文文献

埃里克·赖纳特(2010)《富国为什么富、穷国为什么穷》,杨虎涛等译,北京:中国人民大学出版社。

安维复(2003)《技术创新的社会建构:建立健全国家创新体系》,上海:文汇出版社。

彼特·豪尔(2008)《驾驭经济:英国与法国国家干预的政治学》,刘骥、刘娟凤、叶静译,南京:凤凰出版传媒集团、江苏人民出版社。

彼特·卡赞斯坦 (2009)《世界市场中的小国家:欧洲的产业政策》,叶静译,长春:吉林出版集团。

查默斯·约翰逊(2010)《通产省与日本奇迹:产业政策的成长(1925—1975)》,金毅等译,长春:吉林出版集团有限责任公司。

陈楚(2014)《中国开始纠偏汽车零部件政策》,《青年参考》,2014 年 8 月 27 日号。

戴维·兰德斯(2007)《国富国穷》,门洪华等译,北京:新华出版社。

道格拉斯·诺斯等(2011)《交易费用政治学》,刘亚军译,北京:中国人民大学出版社。

封凯栋、尹同耀、王彦敏(2007)《奇瑞的创新模式》,《中国软科学》, 3:76—84。

弗兰克·道宾(2008)《打造产业政策:铁路时代的美国、英国和法国》,张网成、张海东译,上海:上海人民出版社。

弗里德里希·李斯特(2012)《政治经济学的国民体系》,陈万煦译,北京:商务印书馆。

高柏(2008)《经济意识形态与日本产业政策:1931—1965年的发展主义》,安佳译,上海:上海人民出版社。

高柏(2006)《新发展主义与古典发展主义:中国模式与日本模式的比较分析》,《社会学研究》,1: 114—138。

高峰(2012)《论"生产方式"》,《政治经济学评论》, 3(2): 3—38。

葛东升、宋磊(2014)《产品建构理论的日本学派为什么逆势发展》,《现代日本经济》,3: 72—79。

顾昕(2013a)《政府主导型发展的是是非非:林毅夫"新结构经济学"评论之一》,《读书》,10: 41—48。

顾昕(2013b)《政府积极干预主义的是是非非:林毅夫"新结构经济学"评论之二》,《读书》, 11: 36—45。

顾昕(2013c)《产业政策的是是非非:林毅夫"新结构经济学"评论之三》,《读书》,12: 27—36。

顾昕、张建君(2014)《挑选赢家还是提供服务?——产业政策的制度基础与施政选择》,《比较经济社会体制》,1: 231—241。

赫伯特·西蒙(1987)《人工科学》,武夷山译,北京:商务印书馆。

贾根良(2011)《美国学派:推进美国经济崛起的国民经济学说》,《中国社会科学》,4: 111—125。

贾根良(2012)《新李斯特主义:替代新自由主义全球化的新学说》,《学习与探索》,3: 95—103.

贾根良(2015)《新李斯特经济学作为一个学派何以成立?》,《教学与研究》,3: 6—17。

江飞涛、李晓萍(2012)《中国产业政策取向应做重大调整:从直接干预市场到增进与扩展市场》,《比较》, 3: 174—190。

江小涓(1991)《论中国产业结构政策的实效和调整机制的转变》,《经济研究》,2: 9—15。

江小涓(1993)《中国产业政策推行中的公共选择问题》,《经济研究》,6: 3—18。

江小涓(1996)《经济转轨期的产业政策》,上海:上海三联书店、上海人民出版社。

焦雄华(1995)《中国技术引进的经验与探索》,北京:中国标准出版社。

金雁、秦晖(2014)《“流血的星期日”之后:20 世纪初俄国的“维特选择”和“斯托雷平-列宁选择”》,《领导者》,2014 年 8 月、10 月号。

克利斯 · 弗里曼、罗克 · 苏特(2004)《工业创新经济学》,华宏勋、华宏慈译,北京:北京大学出版社。

林毅夫、蔡昉、李周(1994)《中国的奇迹:发展战略与经济改革》,上海:上海三联书店、上海人民出版社。

林毅夫、刘培林(2001)《自生能力与国企改革》,《经济研究》,9: 60—70。

林毅夫(2014)《新结构经济学:反思经济发展与政策的理论框架》,苏剑译,北京:北京大学出版社。

路风(1989)《单位:一种特殊的社会组织形式》,《中国社会科学》,1: 71—88。

路风(2000)《国有企业转变的三个命题》,《中国社会科学》,5: 4—27。

路风、慕玲(2003)《本土创新、能力发展和竞争优势——中国激光视盘播放机工业的发展及其对政府作用的政策含义》,《管理世界》,12: 57—82。

路风,封凯栋(2004)《为什么自主开发是学习外国技术的最佳途径?——以日韩两国汽车工业发展经验为例》,《中国软科学》,4: 6—11。

路风、封凯栋(2005)《发展我国自主知识产权汽车工业的政策选择》,北京:北京大学出版社。

路风(2006)《走向自主创新——寻求中国力量的源泉》,桂林:广西师范大学出版社。

路风(2007)《产品开发平台:实现自主创新的基石》,2007 年国家软科学研究计划项目成果选编之七,科学技术部办公厅调研室、中国科学技术促进发展研究中心。

路风(2009)《被放逐的“中国创造”——破解中国核电迷局》,《商务周刊》,2: 28—53。

路风、余永定(2011)《“双顺差”,能力缺口与自主创新——转变经济发展方式的宏观和微观视野》,《中国社会科学》,6:91—114。

梅永红、封凯栋(2005)《吉利造车现象:关于吉利自主创新的调研报告》,《中国软科学》,11: 1—10。

默里 · 韦登鲍姆(2006)《全球市场中的企业与政府》,张兆安译,上海:上海人民出版社。

沈立人、戴圆晨(1990)《我国“诸侯经济”的形成及其弊端和根源》,《经济研究》,3：12—19。

宋磊(2008)《中国版模块化陷阱的起源、形态与企业能力的持续提升》,《学术月刊》,2：88—93。

宋磊、吴志翔(2011)《非市场组织、产品建构的变化与企业能力的提升:兼论后进国家技术政策的微观基础》,《演化与创新经济学评论》第8辑,北京:科学出版社。

宋磊、葛东升(2012)《基于产品建构的能力构筑:自主创新的一个中层理论》,《学习与探索》,10：114—117。

宋磊、孟捷(2013)《富士康现象的起源、形态与演进》,《开放时代》,3：125—136。

宋磊(2013)《政企互动:从企业到政府》,载宋磊、朱天飚编著《发展与战略:政府、企业和社会之间的互动》,北京:北京大学出版社。

宋磊(2015a)《发展型国家论的研究传统与新李斯特主义的管理学基础》,《教学与研究》,3：15—18。

宋磊(2015b)《格申克龙-道尔命题与中国实践》,《开放时代》,5：183—198。

宋磊(2015c)《生产主义的产业政策观》,《经济学家》,8：13—23。

速水佑次郎、神门善久(2009)《发展经济学:从贫困到富裕》(第三版),李周译,北京:社会科学文献出版社。

藤本隆宏(2007)《能力构筑竞争:日本的汽车产业为何强盛》,许经明、李兆华译,北京:中信出版社。

通商产业政策史编纂委员会(1993)《日本通商产业政策史第1卷 总论》,通商产业政策史编译委员会译,北京:中国青年出版社。

通商产业政策史编纂委员会(1994)《日本通商产业政策史第6卷 第II期 奠定基础时期(2)》,通商产业政策史编译委员会译,北京:中国青年出版社。

通商产业政策史编纂委员会(1995)《日本通商产业政策史第3卷 第I期 战后复兴时期(2)》,通商产业政策史编译委员会译,北京:中国青年出版社。

万安培(1995)《租金规模的动态考察》,《经济研究》,2：75—80。

王振寰(2010)《追赶的极限:台湾的经济转型与创新》,高雄:巨流图书公司。

威廉·拉佐尼克(2007)《车间的竞争优势》,徐华等译,北京:中国人民大学出版社。

吴易风(1997)《论政治经济学或经济学的研究对象》,《中国社会科学》,2：

53—66。

小艾尔弗雷德·钱德勒(1987)《看得见的手:美国企业的管理革命》,重武译,北京:商务印书馆。

小艾尔弗雷德·钱德勒(1999)《企业规模经济与范围经济:工业资本主义的原动力》,张逸人等译,北京:中国社会科学出版社。

小艾尔弗雷德·钱德勒、曳野孝(2004)《大型工业企业与现代经济增长的原动力》,载小艾尔弗雷德·钱德勒、阿马托利·弗兰克、曳野孝主编《大企业和国民财富》,柳卸林主译,北京:北京大学出版社。

谢伟、吴贵生(1997a)《国产化作为技术学习过程:上海桑塔纳案例分析》,《科研管理》,1:34—40。

谢伟、吴贵生(1997b)《中国汽车工业的技术引进》,《北京汽车》,2:1—9。

谢伟(2006)《全球生产网络中的中国轿车工业》,《管理世界》,12:67—87。

许艳华(2014)《路在脚下——关于中国汽车零部件产业崛起的思考》,中国汽车工业协会网站。

亚历山大·格申克龙(2009)《经济落后的历史透视》,张凤林译,北京:商务印书馆。

伊姆雷·拉卡托斯(1984)《科学研究纲领方法论》,兰征译,上海:上海译文出版社。

杨治(1985)《产业经济学导论》,北京:中国人民大学出版社。

殷醒民(1996)《中国工业增长模式的实证研究》,上海:立信会计出版社。

约翰·康芒斯(2009)《制度经济学》(上、下),于树生译,北京:商务印书馆。

约翰·齐斯曼(2009)《政府、市场与增长:金融体系与产业变迁的政治》,刘娟凤、刘骥译,长春:吉林出版集团。

岳经纶、郭巍青主编(2007)《中国公共政策评论(第一卷)》,上海:世纪出版集团、上海人民出版社。

赵坚(2008)《我国自主研发的比较优势与产业政策:基于企业能力的理论的分析》,《中国工业经济》,8:76—86。

张鹏飞、徐朝阳(2007)《干预抑或不干预?——围绕产业政策有效性的争论》,《经济社会体制比较》,4:28—35。

张夏准(2006)《富国陷阱:发达国家为何踢开梯子?》,肖炼、倪延硕等译,北京:社会科学文献出版社。

周叔莲(1987)《国外产业政策研究》,北京:经济管理出版社。

周叔莲、吕铁、贺俊(2008)《新时期我国高增长行业的产业政策分析》,《中国工业经济》,9:46—57。

周振华(1995)《现代经济增长中的结构效应》,上海:上海三联书店、上海人民出版社。

中村隆英(1997)《概述1937—1954》,载中村隆英编《日本经济史7“计划化”和“民主化”》,胡企林等译,北京:三联书店。

中国改革与发展报告专家组(1994)《中国改革与发展报告(1992—1993)》,北京:中国财政经济出版社。

朱天飚(2005)《发展型国家的衰落》,《经济社会体制比较》,5:34—39。

朱天飚(2006)《比较政治经济学》,北京:北京大学出版社。

朱镕基(1984)《关于改进技术引进工作的几个问题》,《外国经济与管理》,2:1—4。

日文文献

アベグレン. J. C. 、BCG. (1970)『日本経営の探求:株式会社にっぽん』、東京:東洋経済新報社。

奥野信宏、烧田党、八木匡(1994)『社会資本と経済発展』、名古屋:名古屋大学出版会。

奥野正寛、堀宣昭(1995)「産業政策の機能と理論的評価」、『通産研究レビュー』、4:79—96。

長岡貞男(1995)「ソフトな予算制約と構造改革」、長岡貞男他編著『中国とロシアの産業変革』、東京:日本評論社。

城山三郎(1975)『官僚たちの夏』、東京:新潮社。

大河原義廣、尾高煌之助(2013)「機振法と自動車部品」、尾高煌之助、松島茂編著『幻の産業政策機振法:実証分析とオーラル・ヒストリーによる解明』、東京:日本経済新聞社。

大野耐一(1978)『トヨタ生産方式:脱規模の経営をめずして』、東京:ダイヤモンド社。

大塚久雄(1965)『国民経済』、東京:弘文堂。

児玉俊洋(1994)「中東欧諸国の市場移行経済と産業政策:日本の経験の適用可能性」、『通産研究レビュー』、4: 117—141。

富浦梓(2004)「鉄鋼産業の技術革新」、植草益、大川三千男、富浦梓編著『日本の産業システム2 素材産業の新展開』、東京:NTT 出版。

岡崎哲二(1993a)「戦後市場経済移行期の政府—企業間関係:産業合理化と企業」、伊藤秀史編著『日本の企業システム』、東京:東京大学出版会。

岡崎哲二(1993b)「日本の政府—企業間関係:審議会システムの形成に関する覚書」、『組織科学』、26(4): 115—123。

岡崎哲二(1993c)『日本の工業化と鉄鋼産業:経済発展の比較制度分析』、東京:東京大学出版会。

岡崎哲二(1999)「戦後日本の産業政策と政府組織」、青木昌彦、奥野正寛編著『市場の役割 国家の役割』、東京:東洋経済新報社。

岡崎哲二、奥野正寛(1993)「現代日本の経済システムとその歴史的源流」、岡崎哲二、奥野正寛編著『現代日本経済システムの源流』、東京:日本経済新聞社。

岡崎哲二、奥野正寛編(1993)『現代日本経済システムの源流』、東京:日本経済新聞社。

岡崎哲二、石井晋(1994)「戦後日本の産業政策:役割と制度的基礎」、『通産研究レビュー』、第 4 号, 55—76。

岡澤宏(1984)『産業政策概論(上巻)(下巻)』、京都:啓文社。

葛東昇、藤本隆広(2004)「疑似オープン・アーキテクチャと技術的ロックイン」、藤本隆広、新宅純二郎編著『中国製造業のアーキテクチャ分析』、東京:東洋経済新報社。

関口末夫、堀内俊洋(1984)「貿易と調整援助」、小宮隆太郎、奥野正寛、鈴村興太郎編著『日本の産業政策』、東京:東京大学出版会。

関満博(2006)「日本の精密機械工業集積の変容:長野岡谷の挑戦」、伊丹敬之、藤本隆宏、岡崎哲二、伊藤秀史、沢上幹編著『リーディングス日本の企業システム第 II 期 第 1 巻組織とコーディネーション』、東京:有斐閣。

和田一夫(2009)『ものづくりの寓話:フォードからトヨタへ』、名古屋:名古屋大学出版会。

鶴田俊正(1980)「目標の転換と産業政策の課題」、『日本経済政策学会年報』、東京:勁草書房。

鶴田俊正(1982)『戦後日本の産業政策』、日本経済新聞社。

鶴田俊正(1984)「高度成長期」、小宮隆太郎、奥野正寛、鈴村興太郎編『日本の産業政策』、東京:東京大学出版社。

黒田彰一、尾高煌之助(2013)「機振法と金属部品」、尾高煌之助、松島茂編著『幻の産業政策機振法:実証分析とオーラル・ヒストリーによる解明』、東京:日本経済新聞社。

吉本陽子、斉藤禎(2003)「生産機械システム産業」、森谷正規編著『日本の産業システム4 機械産業の新展開』、東京:NTT 出版。

今井賢一(1984)『総括コメント2』、小宮他編著『日本の産業政策』、東京:東京大学出版会所収。

金泳鎬(1988)『東アジア工業化と世界資本主義:第4世代工業化論』、東京:東洋経済新報社。

経済企画庁総合計画局(1975)『所得、資産分配の実態と問題点』、東京:大蔵省印刷局。

林信太郎(1976a)「戦後産業史への証言 産業政策(4)ミシン産業の育成」、『エコノミスト』、1976 年 6 月 1 日号, 76—83。

林信太郎(1976b)「戦後産業史への証言 産業政策(5)欧州市場の障壁を崩す」、『エコノミスト』、1976 年 6 月 8 日号, 82—89。

林信太郎(1976c)「戦後産業史への証言 産業政策(6)欧州市場に伸びる日本商品」、『エコノミスト』、1976 年 6 月 15 日号, 78—85。

林信太郎(1976d)「戦後産業史への証言 産業政策(7)失敗したプラント輸出の振興」、『エコノミスト』、1976 年 6 月 22 日号, 78—85。

鈴村興太郎、奥野正寛(1993)「日本の産業政策:展望と評価」、伊丹敬之、加護野忠男、伊藤元重編『リーディングス 日本の企業システム4 企業と市場』、東京:有斐閣。

米倉誠一郎(2013)『政府と企業のダイナミクス——産業政策のソフトな側面:機振法の金型工業に与えた影響から』、尾高煌之助、松島茂編著『幻の産業政策機振法:実証分析とオーラル・ヒストリーによる解明』、東京:日本経済新聞社。

米澤義衛(1984)「造船業」、小宮隆太郎、奥野正寛、鈴村興太郎編著『日本の産業政策』、東京:東京大学出版会。

楠木健、ヘンリー・W・チェスブロウ(2001)「製品アーキテクチャのダイナミズム:バーチャル組織の落とし穴」、藤本隆宏、武石彰、青島矢一編著『ビジネス・アーキテクチャ』、東京:有斐閣。

楠木健、ヘンリー・W・チェスブロウ(2005)「モジュラー化の罠:製品アーキテクチャのダイナミズム」、伊丹敬之、藤本隆宏、岡崎哲二、伊藤秀史、沼上幹編著『リーディングス日本の企業システム第期 II 第 3 巻 戦略とイノベーション』、東京:有斐閣。

浅沼万里(1997)『日本の企業組織:革新的適応のメカニズム』、東京:東洋経済新報社。

橋本寿朗(2001)『戦後日本経済の成長構造:企業システムと産業政策の分析』、東京:有斐閣。

橋本寿朗(2013)『機振法の経済効果:「会社史」を用いた評価分析』、尾高煌之助、松島茂編著『幻の産業政策機振法:実証分析とオーラル・ヒストリーによる解明』、東京:日本経済新聞社。

青島矢一、武石彰(2001)「アーキテクチャという考え方」,藤本隆宏、武石彰、青島矢一編著『ビジネス・アーキテクチャ』、東京:有斐閣。

青木昌彦(1995)『経済システムの進化と多元性』、東京:東洋経済新報社。

青木昌彦(1999)「官僚制多元主義と産業組織の共進化」、青木昌彦、奥野正寛編著『市場の役割 国家の役割』、東京:東洋経済新報社。

情報処理学会歴史特別委員会(2010)『日本のコンピュータ史』、東京:オーム社。

秋場勝彦、中川浩宣(2013)「産業政策の所得分配効果: HO 理論的解釈」、『青山国際政経論集』、91: 19—29。

三輪芳朗(1990)『日本の企業と産業組織』、東京:東京大学出版会。

三輪芳朗(1998)『政府の能力』、東京:有斐閣。

桑原哲也(2002)「初期多国籍企業の対日投資と民族企業:シンガーミシンと日本のミシン企業、1901 年~1960 年代」、『国民経済雑誌』、185(5): 45—64。

山崎修嗣(2003)『戦後日本の自動車産業政策』、京都:法律文化社。

山脇秀樹(1984)「鉄鋼業」、小宮隆太郎、奥野正寛、鈴村興太郎編著『日本の産業政策』、東京：東京大学出版会。

上田利英(2013)『機振法の運用をめぐって』、尾高煌之助、松島茂編著尾高煌之助、松島茂編著『幻の産業政策機振法：実証分析とオーラル・ヒストリーによる解明』、東京：日本経済新聞社。

榊原清則、香山晋編著(2006)『イノベーションと競争優位：コモディティ化するデジタル機器』、東京：NTT出版。

寺岡寛(1997)『日本の中小企業政策』、東京：有斐閣。

寺西重郎(1994)「比較経済の視点によりみた東アジア型開発モデルーセクタ間対立と開発戦略」、『ビジネスレビュー』、42(2)：1—22。

寺西重郎(1997)「戦間期の分配対立をめぐる政策と金融システム」、『経済研究』、48(4)：329—337。

寺西重郎(1999)「所得分配の見直しが焦点」、『日本経済新聞』、1999年2月12日。

松島茂(2013)「中小企業庁の設立と診断指導政策」、尾高煌之助、松島茂編著『幻の産業政策機振法：実証分析とオーラル・ヒストリーによる解明』、東京：日本経済新聞社。

松井隆幸(1997)『戦後日本産業政策の政策過程』、福岡：九州大学出版会。

宋磊(1999)「日本型産業政策の制度的基礎：非市場的利害調整、レント・シーキング、取引コストの視点から」、『経済科学』、47(3)：71—90。

宋磊(2001)「レントシーキング・コストの性質とその抑制：日本型産業政策の経験を中心に」、『国際開発研究フォーラム』、17：59—74。

宋磊(2002)「長期的ビジョンなき漸進型移行経済の限界」、『経済科学』、50(1)：65—84。

宋磊(2004)「政策誘導レントの分配効率、運用効率と中国における産業政策」、『比較経済体制研究』、11：45—64。

宋磊(2007)「企業能力、政府能力と政策誘導レントの運用効率：高度成長期の日本の経済の再解釈」、山田鋭夫、宇仁宏幸、鍋島直樹編著『日本経済における構造変動と調整』、東京：昭和堂所収。

宋磊(2015)「政府能力と企業能力との関係からみる中国の経済成長」、『季刊経済理論』、2015(3)：42—49。

太田原準、椙山泰生(2005)「アーキテクチャ論から見た産業成長と経営戦略:オープン化と囲い込みのダイナミクス」、藤本隆宏、新宅純二郎 編著『中国製造業のアーキテクチャ分析』、東京:東洋経済新報社。

藤本隆宏(1997)『生産システムの進化論』、東京:有斐閣。

藤本隆宏(2001)「アーキテクチャの産業論」,载藤本隆宏、武石彰、青島矢一編著『ビジネス・アーキテクチャ』、東京:有斐閣。

藤本隆宏(2004)『日本のものづくり哲学』、東京:日本経済新聞社。

藤本隆宏、武石彰、青島矢一編(2001)『ビジネスアーキテクチャ:製品・組織・プロセスの戦略的設計』、東京:有斐閣。

藤本隆宏、新宅純二郎編著(2005)『中国製造業のアーキテクチャ分析』、東京:東洋経済新報社。

土屋昌也(1998)「ロシア連邦の産業政策」、『経営学研究』、10(1):53—66。

丸谷冷史(1995)「所得分配の産業連関分析」、『経済学研究』、41(1):1—28。

尾高煌之助(2011)『通商産業政策史 1980—2000 第 1 巻総論』、東京:経済産業調査会。

尾高煌之助(2013a)『機振法序説』、尾高煌之助、松島茂編著『幻の産業政策機振法:実証分析とオーラル・ヒストリーによる解明』、東京:日本経済新聞社。

尾高煌之助(2013b)『機振法と自動車部品:高度成長期直前における産業政策の経済効果について』、尾高煌之助、松島茂編著『幻の産業政策機振法:実証分析とオーラル・ヒストリーによる解明』、東京:日本経済新聞社。

尾高煌之助、松島茂編著(2013)『幻の産業政策機振法:実証分析とオーラル・ヒストリーによる解明』、東京:日本経済新聞社。

武井安彦、寺西重郎(1991)「戦後経済成長と生産性、長期賃金」、『経済研究』、42(2):106—115。

武藤博道(1984)「自動車産業」、小宮隆太郎ほか編著『日本の産業政策』、東京:東京大学出版会。

武田晴人(2011)『日本の情報通信産業史:2つの世界から1つの世界へ』、東京:有斐閣。

下川浩一(1990)『日本の企業発展史:戦後復興から50 年』、東京:講談社。

香西泰(1984)「復興期」、小宮隆太郎、奥野正寛、鈴村興太郎編『日本の産業政策』、東京:東京大学出版社。

小宮隆太郎(1962)「日本おける独占と企業利潤」、『企業経済分析:脇村義太郎教授還暦記念論文集』、東京:岩波書店。

小宮隆太郎(1975)『現代日本経済研究』、東京:東京大学出版会。

小宮隆太郎(1984)「序章」、小宮隆太郎、奥野正寛、鈴村興太郎編著『日本の産業政策』、東京:東京大学出版会。

小宮隆太郎、奥野正寛、鈴村興太郎編著(1984)『日本の産業政策』、東京:東京大学出版会。

小椋正立、吉野直行(1984)「税制と財政投融資」、小宮隆太郎ほか編著『日本の産業政策』、東京:東京大学出版会所収。

小田切宏之、後藤晃(1998)『日本の企業進化:革新と競争のダイナミック・プロセス』、東京:東洋経済新報社。

小野五郎(1999)『現代日本の産業政策:段階別政策決定のメカニズム』、東京:日本経済新聞社。

新庄浩二(1984)「コンピュータ産業」、小宮隆太郎ほか編著『日本の産業政策』、東京:東京大学出版会。

伊丹敬之(1988)「産業成長の軌跡」、伊丹敬之、加護野忠男、小林孝雄、榊原清則、伊藤元重編著『競争と革新:自動車産業の企業成長』、東京:東洋経済新報社。

伊丹敬之(1998)『日本の産業 三つの波』、東京:NTT 出版。

伊丹敬之(2000)『日本型コーポレートガバナンス』、東京:日本経済新聞社。

伊丹敬之ほか編著(2005)『日本の企業システム(1—4 巻)』、東京:有斐閣。

伊丹敬之、加護野忠男、小林孝雄、榊原清則、伊藤元重(1988)『競争と革新:自動車産業の企業成長』、東京:東洋経済新報社。

伊丹敬之、伊丹研究室(1992)『日本の造船業:世界の王座いつまで守れるか』、東京:NTT 出版。

伊丹敬之、伊丹研究室(1994)『日本の自動車産業:なぜ急ブレーキがかかったのか』、東京:NTT 出版。

伊丹敬之、伊丹研究室(1996)『日本のコンピュータ産業:なぜ伸び悩んでいるのか』、東京:NTT 出版。

伊丹敬之、伊丹研究室(1997)『日本の鉄鋼業:なぜ、いまも世界一なのか』、東京:

NTT 出版。

伊藤元重(1988)「温室の中での成長競争:産業政策のもたらしたもの」、伊丹敬之ほか編著『競争と革新:自動車産業の企業成長』、東京:東洋経済新報社。

伊藤元重、清野一治、奥野正寛、鈴村興太郎(1988)『産業政策の経済分析』、東京:東京大学出版会。

原田泰、香西泰(1987)『日本経済発展のビックゲーム:レント・シーキング活動を超えて』、東京:東洋経済新報社。

沢井実(1998)「戦後まもないイノベーション:造船業におけるブロック建造法の確立過程」、伊丹敬之、加護野忠男、宮本又郎、米倉誠一郎編著『ケースブック日本企業の経営活動』、東京:有斐閣。

中岡哲郎(1999)『自動車が走った:技術と日本人』、東京:朝日新聞社。

中岡哲郎(2002)「総論:戦後産業技術の形成過程」、中岡哲郎編著『戦後日本の技術形成:模倣か創造か』、東京:日本経済評論社。

中根千枝(2013)『タテ社会の人間関係:単一社会の理論』、東京:講談社。

仲重人(1994)「戦後日本経済の制度選択と政治契約の取引コスト」、『公共選択の研究』、第 24 号, 73—86。

英文文献

Abegglen, J. C. (1958) *The Japanese Factory: Aspects of Its Social Organization*, Glencoe: Free Press.

Abegglen, J. C., and BCG. (1970) *Business Strategies for Japan*, Tokyo: Sophia University Press, TBS Britannica.

Abegglen, J. C. and Stalk, G. Jr. (1985) *KAISHA*, New York: Basic Books.

Adachi, F., Ono, K. and Odaka, K. (1983) Ancillary Firm Development in the Japanese Automobile Industry, in Odaka, K. ed. *The Motor Vehicle Industry in Asia: A Study of Ancillary Firm Development*, Singapore: Singapore University Press.

Akyuz, Y. and Gore, C. (1996) The Investment-Profits Nexus in East Asian Industrialization, *World Development*, 24(3): 461—470.

Akyuz, Y., Chang, H. J. and Kozul-Wright, R. (1998) New Perspectives on East Asian Development, *Journal of Development Studies*, 34(6): 4—36.

Amable, B. (2003) *The Diversity of Modern Capitalism*, Oxford: Oxford University Press.

Amsden, A. (1989) *Asia's Next Giant: South Korea and Late Industrialization*, New York: Oxford University Press.

Amsden, A. (1997) Bring Production Back in: Understanding Government's Economic Role in Late Industrialization, *World Development*, 25(4): 469—480.

Amsden, A. (2001) *The Rise of "The Rest"*, Oxford: Oxford University Press.

Anchordoguy, M. (1989) *Computers, Inc: Japan's Challenge to IBM*, Cambridge: Harvard University Asia Center.

Anderson, G. and Boettke, P. (1997) Soviet Venality: A Rent-seeking Model of the Communist State, *Public Choice*, 93(1): 37—53.

Anjali, K. (1994) *China: Internal Market Development and Regulation*, Washington: World Bank.

Aoki, M. (1986) Horizontal and Vertical Information Structure of the Firm, *American Economic Review*, 76(5): 971—983.

Aoki, M. (1988) *Information, Incentives, and bargaining in the Japanese Economy*, Cambridge: Cambridge University Press.

Aoki, M., Kim, H. K. and Okuno-Fujiwara, M. eds., (1996) *The Role of Government in East Asian Economic Development*, New York: Oxford University Press.

Aoki, M., Kim, H. K. and Okuno-Fujiwara, M. (1996) Beyond The East Asian Miracle: Introduction to the Market-enhancing View, in Aoki, M., Kim, H. K. and Okuno-Fujiwara, M. eds. *The Role of Government in East Asian Economic Development*, New York: Oxford University Press.

Aoki, M. (1996) Unintended Fit: Organizational Evolution and Government Design of Institutions in Japan, in Aoki, M., Kim, H. K. and Okuno-Fujiwara, M. eds. *The Role of Government in East Asian Economic Development*, New York: Oxford University Press.

Aoki, M., and Dore, R. eds. (1996) *The Japanese Firm: Sources of Competitive Strength*, Oxford: Oxford University Press.

Aoki, M. (2001) *Toward a Comparative Institutional Analysis*, Cambridge: The MIT Press.

Baldwin, C. and Clark, K. (1997) Managing in an Age of Modularity, *Harvard Business Review*, 75(5): 84—93.

Baldwin, C. and Clark, K. (2000) *Design Rules: The Power of Modularity*, Cambridge: The MIT Press.

Beason, R. and Weinstein, D. (1996) Growth, Economics of Scale, and the Targeting in Japan (1955—1990), *Review of Economics and Statistics*, 78(2): 286—295.

Bell, M. and Pavitt, K. (1993) Technological Accumulation and Industrial Growth: Contrasts Between Developed and Developing Countries, *Industrial and Corporate Change*, 2(2): 157—210.

Bhagwati, J. (1982) Directly Unproductive Profit-seeking (DUP) Activities, *Journal of Political Economy*, 90(5): 988—1001.

Bhagwati, J. (1988) *Protectionism*, Cambridge: The MIT Press.

Biggart, N. W. and Guillen, M. F. (1999) Developing Difference: Social Organization and the Rise of the Auto Industries of South Korea, Taiwan, Spain and Argentina, *American Sociological Review*, 64(5): 722—747.

Block, F. (2008) Swimming Against the Current: The Rise of a Hidden Developmental State in the United States, *Politics and Society*, 36(2): 169—206.

Borrus, M. and Zysman, J. (1997) Wintelism and the Changing Terms of Global Competition: Prototype of the Future? BRIE Working Paper 96B.

Boyer, R. (1986) Industrial Policy in Macroeconomic Perspective, in William, J. and Christian, S. eds., *French Industrial Policy*, Washington: Brookings Institution.

Boyer, R. and Yamada, T. eds. (2000) *Japanese Capitalism in Crisis: A Regulationist Interpretation*, London: Routledge.

Boyer, R. (2005) Coherence, Diversity and Evolution of Capitalisms: The Institutional Complementarity Hypothesis, *Evolutional and Institutional Economics Review*, 2(1): 43—80.

Branstetter, L. G. and Sakakibara, M. (2002) When Do Research Consortia Work Well and Why? Evidence from Japanese Panel Data, *American Economic Review*, 92(1): 143—159.

Bremmer, I. (2010) The End of the Free Market: Who Wins the War between States and Corporations, London: Penguin Group.

Breznitz, D. (2007) *Innovation and the State: Political Choice and Strategies for Growth in Israel, Taiwan, and Ireland*, New Haven: Yale University Press.

Buchanan, J. (1980) Rent Seeking and Profit Seeking, in Buchanan, J., Tollison, R. and Tolluck, G. eds., *Toward a Theory of the Rent-seeking Society*. College Station: Texas A&M Univ. Press.

Burns, T. and Stalker, G. (1961) *The Management of Innovation*, London: Tavistock.

Byrd, W. (1991) *The Market Mechanism and Economic Reforms in China*, New York: M. E. Sharpe.

Coase, R. (1960) The Problem of Social Cost, *The Journal of Law and Economics*, 3: 1—44.

Coates, D. ed. (1996) *Industrial Policy in Britain*, London: Macmillan.

Congleton, R. (1980) Competitive Process, Competitive Waste, and Institutions, in Buchanan, J., Tollison, D. and Tullock, G. eds., *Toward a Theory of the Rent-seeking Society*, College Station: Texas A&M Univ. Press.

Corcoran, W. (1984) Long-run Equilibrium and Total Expenditures in Rent-seeking, *Public Choice*, 43(1): 89—94.

Chang, H-J. (1994) *The Political Economy of Industrial Policy*, London: Macmillan.

Chan-oong, K. D. (1995) *Profits of Doom: Transaction Costs, Rent-Seeking, and Development in South Korea and the Philippine*, Ph. D. dissertation, University of California at Berkeley.

Chesbrough, H. and Kusunoki, H. (2001) The Modularity Trap: Innovation, Technology Phase Shifts and the Resulting Limits of Virtual Organization, in Nonaka, I. and Teece, D. eds., *Managing Industrial Knowledge*. London: Sage Press.

Chesbrough, H. (2003) Towards a Dynamics of Modularity, in Prencipe, A., Davies, A. and Hobday, M. eds., *The Business of Systems Integration*, Oxford, Oxford University Press, 2003.

Cho, Y. J. (1996) Government Intervention, Rent Distribution, and Economic Development in Korea, in Aoki, M., Kim, H. K. and Okuno-Fujihara, M., eds. *The Role of*

Government in East Asian Economic Development, New York: Oxford University Press.

Christensen, C. and Rosenbloom, R. (1995) Explaining the Attacker's Advantage: Technological Paradigms, Organizational Dynamics, and the Value Network, *Research Policy*, 24(2): 233—257.

Christensen, C. (1997) *Innovator's Dilemma*, Boston: Harvard Business School Press.

Cimoli, M., Dosi, G. and Stiglitz, J. eds. (2007) *Industrial Policy and Development: The Political Economy of Capabilities Accumulation*, Oxford: Oxford University Press.

Clark, K. and Fujimoto, T. (1990) The Power of Product Integrity, *Harvard Business Review*, 68(6): 107—118.

Clark, K. and Fujimoto, T. (1991) *Product Development Performance*, Boston: Harvard Business School Press.

Cusumano, M. (1985) *Japanese Automobile Industry: Technology and Management at Nissan and Toyota*, Boston: Harvard University Press.

Dahl, R. A. (1957) The Concept of Power, *Behavioral Science*, 2(3): 201—215.

Davis, L. and North, D. (1971) *Institutional Change and American Economic Growth*, Cambridge: Cambridge University Press.

Dertouzos, M., Solow, R. and Lester, R. (1989) *Made in America: Regaining the Productive Edge*, Cambridge: The MIT Press.

Dixit, A. (1996) *The Making of Economic Policy: A Transaction-cost Politics Perspective*, Cambridge: The MIT Press.

Dogun, W. and Snyder, J. (1993) Are Rents Fully Dissipated? *Public Choice*, 77(4): 793—813.

Dogun, W. and Snyder, J. (1995) The Cost of Rent Seeking: Reply, *Public Choice*, 82(1 2): 185—188.

Dore, R. (1973) *British Factory, Japanese Factory: The Origins of National Diversity in Industrial Relations*, Berkeley and Los Angeles: California University Press.

Dugger, W. M. (1993) Transaction Cost Economics and the State, in Pitelis, C. ed. *Transaction Cost, Market and Hierarchies*, Oxford and Cambridge: Blackwell.

Ernst, D. (2001) Moving Beyond the Commodity Trap? Trade Adjustment and Industrial Upgrading in East Asia's Electronics Industry, East-West Center Working Papers (Economic Series No. 10).

Evans, P., Rueschemeyer, D. and Skocpol, T. eds. (1985) *Bringing State Back In*, Cambridge: Cambridge University Press.

Evans, P. (1995) *Embedded Autonomy: States & Industrial Transformation*, Princeton: Princeton University Press.

Evans, P. (1998) Transferable Lessons? Re-examining the institutional Prerequisites of East Asian Economic Policies, *The Journal of Development Studies*, 34(6): 66—68.

Fine, C. (1998) *Clockspeed: Winning Industry Control in the Age of Temporary Advantage*, New York: Basic Books.

Fransman, M. (1995) *Japan's Computer and Communications Industry: The Evolution of Industrial Giants and Global Competiveness*, Oxford: Oxford University Press.

Friedman, D. (1988) *The Misunderstood Miracle: Industrial Development and Political Change in Japan*, Ithaca: Cornell University Press.

Fung, K. (1987) Surplus Seeking and Rent Seeking throughout Backdoor Deals in Mainland China, *American Journal of Economics and Sociology*, 46(3): 299—317.

Fujimoto, T. (1999) *The Evolution of a Manufacturing System at Toyota*, Oxford: Oxford University Press.

Fujimoto, T. (2007) Architecture-based Comparative Advantage: A Design Information View of Manufacturing, *Evolutionary and Institutional Economics Review*, 4(1): 55—112.

Galbraith, J. (1985) Congress and the Industrial Policy Debate, in Zukin, S. ed. *Industrial Policy: Business and Politics in the United States and French*, Praeger.

Ge, D. S. (2013) *The Strategic Make-or-Buy Decisions on Design: From the Perspective of Product Architecture*, Berlin: LAP LAMBERT Academic Publishing.

Grant, R. (1991) The Resource-based Theory of Competitive Advantage: Implications for Strategy Formation, *California Management Review*, 33(3): 114—136.

Greenwald, B., and Stiglitz, J. (1986) Externalities in Economics with Imperfect Information and Incomplete Markets, *Quarterly Journal of Economics*, 101(2): 229—264.

Hall, P. (1993) Policy Paradigms, Social Learning, and the State: The Case of Economic Policymaking in Britain, *Comparative Politics*, 25(3): 275—296.

Hall, P. and Soskice, D. eds. (2001) *Varieties of Capitalism: The Institutional Foun-*

dation of Comparative Advantage, New York: Oxford University Press.

Hamel, G. and Prahalad, C. K. (1996) *Compete for the Future*, Boston: Harvard Business Review Press.

Harberger, A. (1954) Monopoly and Resource Allocation, *American Economic Review*, 44(2): 77—87.

Harwit, E. (1995) *China's Automobile Industry: Policies, Problems and Prospects*, New York: M. E. Sharpe.

Hausmann, R. and Rodrik, D. (2003) Economic Development as Self-discovery, *Journal of Development Economics*, 72(2): 603—633.

Hayes, R. and Wheelwright, S. (1984) *Restoring Our Competitive Edge: Competing through Manufacturing*, New York: John Wiley & Sons.

Henderson, R. M. and Clark, K. B. (1990) Architectural Innovation: The Reconfiguration of Existing Product Technologies and the Failure of Established Firms, *Administrative Science Quarterly*, 35(1): 9—30.

Hounshell, D. (1984) *From the American System to Mass Production 1800—1932: The Development of Manufacturing Technology in the United States*, Baltimore and London: The John Hopkins University Press.

Itami, H. (1991) *Mobilizing Invisible Assets*, Boston: Harvard University Press.

Johnson, C., Tyson, L. and Zysman, J. eds. (1989) *Politics and Productivity: The Real Story of Why Japan Works*, New York: Harper Business.

Kaplan, E. (1972) *Japan: Government and Business Relationship*, Washington: U. S Department of Commerce.

Khan, M. (2000) Rents-seeking as Process, in Khan, M. and Jomo, K-S. eds., *Rents, Rent-seeking and Economic Development: Theory and Evidence in Asia*, Cambridge: Cambridge University Press.

Khan, H. and Jomo, K. eds. (2000) *Rents, Rent-seeking and Economic Development*, Cambridge: Cambridge University Press.

Kim, L. S. (1986) Building Technological Capability for Industrialization: Analytical Frameworks and Korea's Experience, *Industrial and Corporate Change*, 8(1): 136.

Kim, L. S. (1997). *Imitation to Innovation: The Dynamics of Korea's Technological*

Learning, Boston: Harvard Business School Press.

Kohli, A. (2004) *State-directed Development: Political Power and Industrialization in the Global Periphery*, Cambridge: Cambridge University Press.

Kornai, J. (1986) Soft Budget Constraint, *Kyklos*, 39(1): 3—30.

Krueger, A. (1974) The Political Economy of the Rent-seeking Society, *American Economic Review*, 64(3): 291—303.

Krugman, P. ed. (1986) *Strategic Trade Policy and the New International Economics*, Cambridge: The MIT Press.

Kuhn, T. (1970) *The Structure of Scientific Revolution*, Chicago: Chicago University Press.

Lazonick, W. (2012) The Innovative Enterprise and the Developmental State: Toward an Economics of "Organizational Success", Paper Presented at the annual conference of the Institute for New Economics Thinking (http://fiid.org/? page_id = 1660).

Leibenstein, H. (1966) Allocative Efficiency vs. X-efficiency, *American Economic Review*, 56(3): 392—415.

Lester, R. (1998) *The Productive Edge: A New Strategy for Economic Growth*, New York and London: Norton.

Levy, D. (1990) The Bias in Centrally Planned Prices, *Public Choice*, 67(3): 213—226.

Lin, Y. F. (1989) An Economic Theory of Institutional Change: Induced and Imposed Change, *Cato Journal*, 9(1): 1—33.

Lynn, L. H. (1982) *How Japan Innovates: A Comparison with the U. S. in the Case of Oxygen Steelmaking*, New York: Westview Press.

Lüthje, B. (2014) Labour Relations, Production Regimes and Labour Conflicts in the Chinese Automobile Industry, *International Labour Review*, 153(4): 535—560.

MacIntype, A. (2002) *The Power of Institutions: Political Architecture and Governance*, Ithaca: Cornell University Press.

Mazzucato, M. (2013) The Entrepreneurial State: Debunking Public vs. Private Sector Myths, London: Anthem.

Mann, M. (1993) *The Sources of Social Power: Volume 2, The Rise of Classes and Na-*

tion States *1760—1914*, Cambridge: Cambridge University Press.

Maxcy, G. and Silberstone, A. (1959) *The Motor Industry*, London: George and Allen Unwin.

McMillan, J. and Naughton, B. (1992) How to Reform a Planned Economy: Lessons from China, *Oxford Review of Economic Policy*, 8(1): 130—143.

Milgrom, P. and Roberts, J. (1990) Bargaining Costs, Influence Costs, and the Organization of Economic Activity, in Alt, J. and Sheples, K. eds., *Perspectives on Positive Political Economy*, Cambridge: Cambridge University Press.

Milgrom, P. and Roberts, J. (1992) *Economics, Organization and Management*, Upper Saddle River, NJ: Prentice Hall.

Montinola, G., Qian, Y. Y. and Weingast, B. R. (1995) Federalism, Chinese Style: The Political Basis for Economic Success in China, *World Politics*, 48(1): 50—81.

Morgan, G., Campell, J., Crouch, C., Pedersen, O. and Whitley, R. eds. (2010) *The Oxford Handbook of Comparative Institutional Analysis*, Oxford: Oxford University Press.

Nancy, R. (1987) Labor Rent Sharing and Regulation: Evidence from the Trucking Industry, *Journal of Political Economy*, 95(6): 1147—1177.

Nishiguchi, T. (1994) *Strategic Industrial Sourcing: The Japanese Advantage*, Oxford: Oxford University Press.

Nobel, G. (1998) *Collective Action in East Asia: How Ruling Parties Shape Industrial Policy*, Ithaca: Cornell University Press.

Nonaka, I. and Takeuchi, H. (1995) *The Knowledge-Creating Company: How Japanese Companies Create the Dynamics of Innovation*, Oxford and New York: Oxford University Press.

North, D. (1984) Government and the Cost of Exchange, *Journal of Economic History*, 44(2): 255—264.

North, D. (1986) The New Institutional Economics, *Journal of Institutional and Theoretical Economics*, 142(1): 230—237.

North, D. (1992) *Transaction Costs, Institutions and Economic Performance*, Occasional Papers, No. 30. ICEG.

OECD. (2013) *Perspectives on Global Development 2013: Industrial Policies in a Chan-*

ging World, Paris: OECD Development Centre.

Ohno, K. (2014) *Learning to Industrialize: From Given Growth to Policy-aided Value Creation*, London: Routledge.

Okimoto, D. (1989) *Between MITI and the Market: Japanese Industrial Policy for High Technology*, Stanford: Stanford University Press.

Onis, Z. (1991) The Logic of Developmental State, *Comparative Politics*, 24(1): 109—126.

Pack, H. W. (1986) Industrial Strategy and Technical Change: Theory versus Reality, *Journal of Development Economics*, 22(1): 87—128.

Partha, D. and Stiglitz, J. (1988), Learning-by-Doing, Market Structure and Industrial and Trade Policies, *Oxford Economic Papers*, 40(2): 246—268.

Pedersen, K. (1997) The Political Economy of Distribution in Developing Countries: An Rent-seeking Approach, *Public Choice*, 91(3,4): 351—373.

Piore, M. and Sable, C. (1984) *The Second Industrial Divide: Possibilities for Prosperity*, New York: Basic Books.

Porter, M. (1979) How Competitive Forces Shape Strategy, *Harvard Business Review*, 57(2): 137—145.

Porter, M. (1987) From Competitive Advantage to Corporate Strategy, *Harvard Business Review*, 65(3): 43—59.

Porter, M. (1991) Towards a Dynamic Theory of Strategy, *Strategic Management Journal*, 12(special issue): 95—117.

Porter, M., Takeuchi, H. and Sakakibara, M. (2000) *Can Japan Compete?* New York: Perseus Publishing.

Posner, R. (1975) The Social Costs of Monopoly and Regulation, *Journal of Political Economy*, 83(4): 807—827.

Qian, Y. Y. and Xu, C. G. (1993a) Why China's Economic Reform Differ: The M-form Hierarchy and Entry/Expansion of the Non-state Sector, *Economics of Transition*, 1(2): 135—170.

Qian, Y. Y. and Xu, C. G. (1993b) The M-form Hierarchy and China's Economic Reform, *European Economic Review*, 37(2, 3): 541—548.

Rama, M. (1997) Imperfect Rent Dissipation with Unionized Labor, *Public Choice*, 93 (1,2): 55—75.

Ramo, J. C. (2004) *The Beijing Consensus*, London: The Foreign Policy Centre.

Ruttan, V. and Hayami, Y. (1984) Toward a Theory of Induced Institutional Innovation, *Journal of Development Studies*, 20(4): 203—223.

Rodrik, D. (2003) *Growth Strategies*, NBER working paper 10050.

Rodrik, D. (2004) Industrial Policy for the Twenty-First Century, paper prepared for UNIDO.

Sako, M. (2003) Modularity and Outsourcing: The Nature of Co-evolution of Product Architecture and Organization Architecture in the Global Automobile Industry, in Prencipe, A., Davies, A. and Hobday, M. eds., *The Business of System Integration*, Oxford: Oxford University.

Sakoh, K. (1984) Japanese Economic Success: Industrial Policy or Free Market? *Cato Journal*, 4(2): 521—543.

Sanchez, R. and Mahoney, J. T. (1996) Modularity, Flexibility, and Knowledge Management in Product and Organizational Design, *Strategic Management Journal*, 17(special issue): 63—76.

Sands, B. (1990) Decentralizing an Economy: The Role of Bureacratic Corruption in China's Economic Reform, *Public Choice*, 65(1): 85—91.

Schiling, M. (2000) Toward a General Modular Systems Theory and its Application to Interfirm Product Modularity, *Academy of Management Review*, 25(2): 312—334.

Segal, A. (2003) *Digital Dragon: National Technology Policy, Local Governments, and Enterprises in China*, Ithaca: Cornell University Press.

Simon, H. (1962) The Architecture of Complexity, *Proceedings of American Philosophical Society*, 106(6): 467—482.

Simon, H. A. (2002) Near Decomposability and the Speed of Evolution, *Industrial and Corporate Change*. 11(3): 587—599.

Singh, I. (1992) *China: Industrial Policies for an Economy in Transition*, World Bank Discussiing Paper.

Song, L. (2011) Development Mode and Capability Building in the Age of Modularization and Regional Integration: Origins of Structural Adjustments of Chinese Economy, in Boyer, R. , Uemura, H. and Isogai, A. eds. , *Diversity and Transformation of Asian Capitalisms*, London: Routledge.

Song, L. , and Ge, D. S. (2013) Compressed Development and its Impacts on Innovative Activity: Analytical Framework and Evidences from China, in Hirakwa, H. , Lal, K. , Shinkai, N. and Tokumaru, N. eds. Servitization, IT-ization and Innovation Models: Two-Stage Industrial Cluster Theory, London: Routledge.

Stiglitz, J. and Yusuf, S. eds. (2001) *Rethinking The East Asian Miracle*, Oxford: Oxford University Press.

Sturgeon, T. (2002) Modular Production Networks: An American Model of Industrial Organization, *Industrial and Corporate Change*, 11(3): 451—496.

Stiglitz, J. and Lin, J. Y. F. eds. (2013) *The Industrial Policy Revolution I: The Role of Government beyond Ideology*, Palgrave Macmillan.

Sturgeon, T. and Lester, R. (2004) The New Global Supply-base: New Challenges for Local Suppliers in East Asia, in Yusuf, S. , Altaf, A. and K. Nabeshima, eds. , *Global Production Networking and Technological Change in East Asia*, Oxford: Oxford University Press.

Teranishi, J. (1996a) Sectror Resource Transfer, Conflict, and Macrostability in Economic development, in Aoki, M. , Kim, H. K. and Okuno-Fujiwara, M. , eds. *The Role of Government in East Asian Economic Development*, New York: Oxford University Press.

Teranishi, J. (1996b) Industrial Interests vs. Class Interests: Conflicts over Income Distribution in the Economic Development of Japan and Brazil, Paper presented at the round Table Conference of the International Economic Association.

Thun, E. (2006) *Changing Lanes in China: Foreign Direct Investment, Local Governments, and Auto Sector Development*, Cambridge: Cambridge University Press.

Tinbergen, J. (1956) *Economic Policy: Principles and Design*, Amsterdam: North-Holland.

Tollison, R. (1982) Rent Seeking: A Survey, *Kyklos*, 35(4): 575—601.

Tollison, R. and Wanger, R. (1991) Romance, Realism, and Economic Reform, *Kyklos*, .44(1): 57—70.

Tollison, R. and Congleton, R. eds. (1995) *The Economic Analysis of Rent Seeking*, Kluwer Academic Publishers.

Tullock, G. (1967) Welfare Cost of Tariffs, Monopolies and Theft, *Western Economic Journal*, 5(3): 224—232.

Tullock, G. (1971) The Cost of Transfer, *Kyklos*, 24(4): 629—643.

Tullock, G. (1981) The Rhetoric and Reality of Redistribution, *Southern Economic Journal*, 47(3): 895—907.

Tullock, G. (1987) Why is the Rent-seeking Industry So Small? A Nugatory Solution, University of Arizona Discussion paper.

Tullock, G. (1995) Are Rents Fully Dissipated? Comment, *Public Choice*, 82(1,2): 181—184.

Tullock, G. (1998) Which Rectangle? *Public Choice*, 96(3,4): 405—410.

Tushman, M. L. and Anderson, P. (1986) Technological Discontinuities and Organizational Environments, *Administrative Science Quarterly*, 31(3): 439—465.

Treisman, D. (2007) *The Architecture of Government: Rethinking Political Decentralization*, Cambridge: Cambridge University Press.

Tyson, L. and Zysman, J. eds. (1989) Development Strategy and Production Innovation in Japan, in Johnson, C., Tyson, L. and Zysman J. eds., *Politics and Productivity: The Real Story of Why Japan Works*, Cambridge: Ballinger.

Ulrich, K. (1995) The Role of Architecture in the Manufacturing Firm, *Research Policy*, 24(3): 419—440.

Ulrich, K. and Epinger, S. (1995) *Product Design and Development*, New York: McGraw-Hill.

Utterback, J. A. (1974) Innovation in Industry and the Diffusion of Technology, *Science*, 183: 620—626.

Vestel, J. (1994) *Planning for Change: Industrial Policy and Japanese Economic Development, 1945—1990*, Oxford: Clarendon.

Wada, K. (1991) The Development of Tiered Inter-firm Relationship in the Automobile Industry: Case Study of Toyota Motor Corporation, *Japanese Yearbook on Business History*, 8: 23—47.

Wade, R. (1990) *Governing the Market: Economic Theory and the Role of Government in East Asian Industrialization*, Princeton and Oxford: Princeton University Press.

Wernerfelt, B. (1991) A Resource-based View of the Firm, *Strategic Management Journal*, 5(2):171—180.

Weiss, L. and Hobson, J. (1995) *States and Economic Development: A Comparative Historical Analysis*, Cambridge: Polity Press.

Whittaker, D. H., T. Zhu, T. Sturgeon, M. H. Tsai and T. Okita (2010), Compressed Development, *Studies in Comparative International Development*, 45(3): 439—467.

Whittaker, H., Sturgeon, T. and Song, L. (2015) Compressed Development and Timing in East Asian Business Systems, in Whitley, R. and Zhang, X. K. eds., *Changing Business Systems in East Asia: Political Change, Internationalization and Economic Organization in Northeast and Southeast Asia*, Cambridge: Cambridge University Press.

Williamson, Q. (1979) Transaction-cost Economics: The Governance of Contractual Relations, *Journal of Law and Economics*, 22(2): 3—61.

Williamson, Q. and Manster, C. eds. (1995) *Transaction Cost Economics*, Kluwer Academic Publishers.

Winter, S. (2000) The Satisficing Principle in Capability Learning, *Strategic Management Journal*, 21(10,11): 981—996.

Womack, J. P., Jones, T. D. and Roos, D. (1990) *The Machine that Changed the World*, New York: Harper Perennial.

Woodward, J. (1960) *Industrial Organization: Theory and Practice*, New York: Oxford University Press.

Woo-Cumings, M. ed. (1999) *The Developmental State*, Ithaca: Cornell University Press.

World Bank. (1993) *The East Asian Miracle: Economic Growth and Policy Control*, Washington: World Bank.

World Bank. (1994) *China: Internal Market Development and Regulation*, Washington: World Bank.

WTO (2002) *Annual Report 2002*, Geneva: WTO.

Yamada, T. (2000) Japanese Capitalism and the Companyist Compromise, in Boyer,

R. and Yamada, T. eds. (2000) *Japanese Capitalism in Crisis: A Regulationist Interpretation*, London: Routledge.

Yoneda, K. (1985) Income Distribution and Agricultural Development Policy: Indonesian Case, in Yanagisawa, M. ed. *Income Distribution and the Role of Development Policy in Asia*, Institute of Development Economies.

Zhang, L. (2008) Lean Production and Labor Controls in the Chinese Automobile Industry in An Age of Globalization, *International Labor and Working-Class History*, 73(1): 24—44.

Ziya, O. (1991) The Logic of the Development State, *Comparative Politics*, 24(1): 109—126.

Zou, M. and Lansbury, R. (2009) Multinational Corporations and Employment Relations in the People's Republic of China: The Case of Beijing Hyundai Motor Company, *The International Journal of Human Resource Management*, 20(11): 2349—2369.

Zysman, J. (1977) *Political Strategies for Industrial Order: State, Market and Industry in French*, Berkeley: California University Press.